Benjamin Idriz | Stephan Leimgruber |
Stefan Jakob Wimmer (Hgg.)

Islam mit europäischem Gesicht

Islam mit europäischem Gesicht

Impulse und Perspektiven

Herausgegeben von
Benjamin Idriz, Stephan Leimgruber
und Stefan Jakob Wimmer

Butzon & Bercker

„Orientierung durch Diskurs“

Die Sachbuchsparte bei Butzon & Bercker, in der dieser Band erscheint, wird beratend begleitet von Tobias Licht, Susanne Sandherr, Johannes Bernhard Uphus und Marc Witzenbacher.

Bibliografische Information der Deutschen Nationalbibliothek

Die Deutsche Nationalbibliothek verzeichnet diese Publikation in der Deutschen Nationalbibliografie; detaillierte bibliografische Daten sind im Internet über http://dnb.d-nb.de abrufbar.

verlags gruppe engagement

Das Gesamtprogramm von Butzon & Bercker finden Sie im Internet unter www.bube.de

ISBN 978-3-7666-1397-4
E-BOOK ISBN 978-3-7666-4133-5
EPUB ISBN 978-3-7666-4134-2

Umschlagfoto: Islamische Gemeinde Penzberg
Umschlaggestaltung: Christoph M. Kemkes, Geldern
Satz: Schröder Media GbR, Dernbach
Printed in Germany

Inhalt

Vorwort

Bücher über „Islam in Europa“ gibt es bereits, und mit Blick auf die weiter zunehmende Brisanz der Thematik wird man in näherer Zukunft mit einer Flut von Beiträgen unter diesem oder vergleichbaren Titeln rechnen dürfen. Das Thema ist in Bewegung, es bewegt die Gemüter und es erhitzt sie auch. Dass wir Europäer, gleich welchen Hintergrunds, nicht mehr an einer Auseinandersetzung mit dem Islam – nicht nur als Vor- oder Nachbereitung exotischer Urlaubsreisen, sondern hier bei uns zu Hause – vorbeikommen, zeigen die dramatischen Entwicklungen, mit denen dieses Jahrzehnt begonnen hat. Die Abstimmung gegen den Bau von Minaretten in der Schweiz hat es auch mit erschreckender Deutlichkeit gezeigt, wobei ähnliche Ergebnisse zweifellos in vielen anderen Ländern, auch in Deutschland, zu erwarten wären, wo Plebiszite zu solchen Fragen freilich nicht verfassungskonform sind.

Das zeigen weiter Moscheebaupläne wie in Köln und an vielen anderen Orten, die unsere Städte verändern. Dass anstelle der *Aus*-einandersetzungen besser eine Form von aufrichtiger und fundierter *In*-einandersetzung treten sollte, dafür steht in München die neue Initiative für ein „Zentrum für Islam in Europa – München (ZIE-M*)“, die Perspektiven für eine gelingende Einbindung in die Stadtgesellschaft entwirft.

Das Anliegen des vorliegenden kleinen Bandes ist es ausdrücklich nicht, alle Aspekte dieses ebenso komplexen wie ergiebigen Feldes zu behandeln oder auch nur anzusprechen. Wir wollen hier einen Ansatz in den Mittelpunkt rücken, der einem prominenten, in Europa beheimateten und verwurzelten Muslim zu verdanken ist: die „Deklaration europäischer Muslime" von Mustafa Cerić, dem geistigen Oberhaupt der bosnischen Muslime. Dieser Erklärung mit Manifest-Charakter, die im Jahr 2005 verfasst und 2006 öffentlich vorgestellt wurde, zeichnet mit ihren Klarstellungen und Forderungen, an Muslime und an Nicht-Muslime, einen Entwurf, wie die gemeinsame Zukunft in Europa aussehen könnte. Dabei versteht sich das Dokument selbst als Diskussionsgrundlage, an der weitergearbeitet und über die in einzelnen Fragen auch kritisch gerungen werden soll. Wenn unser Buch einen Beitrag leistet, um diese Debatte in Gang zu bringen und zu fördern, dann trägt es hoffentlich zu einem konstruktiven und gedeihlichen Miteinander bei.

Wir danken daher dem Reisu-l-ulema* Dr. Mustafa Cerić für seine Initiative, wir danken den Autoren für ihre gründliche Beschäftigung damit und nicht zuletzt danken wir Herrn Dr. Johannes Bernhard Uphus vom Verlag Butzon & Bercker für die Anregung zu diesem Buch.

München, im April 2010 *Die Herausgeber*

Geleitwort

MICHAEL SCHMUNK[1]

Altbundespräsident Horst Köhler war hochinteressiert, wenigstens einen ersten Eindruck vom „Europäischen Jerusalem“ zu bekommen. So besuchte er am 5. Juli 2007 zu Fuß die auf engstem Raum zusammenliegenden historisch-zentralen Stätten der islamischen, christlichen und jüdischen Weltreligionen in Bosnien-Herzegowinas Hauptstadt Sarajewo. Dort, im Viertel der osmanischen Baščaršija[2] sowie der angrenzenden Ferhadija[3], das unter der Donaumonarchie errichtet wurde, finden sich die bosnische Hauptmoschee Gazi Husrev-Beg* (die sog. „Begova“), der Alte Jüdische Tempel (Sephardim), die römisch-katholische Herz-Jesu-Kathedrale und die serbisch-orthodoxe Kathedrale der Allerheiligsten Muttergottes. In der Vorbeifahrt hatte der Bundespräsident zudem die prächtige einstmalige Evangelische Kirche Sarajewos bestaunen können, die, als einzige erbaut unter der Habsburgherrschaft im Balkan, mangels ausreichend großer Gemeinde später die Akademie der Künste aufnahm. Auch heute noch sind alle diese Religionen in Bosnien-Herzegowina vertreten, wenn auch die jüdischen und vor allem protestantischen Gläubigen an Zahl gering sind. In diesem „Klein-Jerusalem“ befinden sich schier zahllose weitere Moscheen, Gotteshäuser der katholischen Amtskirche wie der einflussreichen Franziskaner, aber auch die Synagoge der Aschkenasim sowie die alte orthodoxe Erzengel-Kirche. Mit dieser Pluralität von Religionen geht eine Vielfalt der Kulturen und Lebensformen einher – alles gleichsam wie in einer Nussschale der Konfessionen. Da jede Mahala[4], zumal in der orientalischen Altstadt, eine Vielzahl von meist kleineren Moscheen aufweist, deren Muezzine mit ihren durchaus individuellen Gebetsrufen auch den Christenmenschen nolens volens frühmorgens wecken, eher melodisch, gar nicht aufdringlich, meist noch „live", gelegentlich aber auch unter Einsatz von bescheidenen Lautsprechern, vergisst man die Woche über beinahe die Präsenz der Kathedralen. Doch sonntags dann, auch in Sarajewo der Haupttag christlicher Gottesdienste, mischen sich morgens die sonoren Glocken der katholischen und orthodoxen Kirchen in das zum Gebet mahnende Rufen von den Minaretten.

Dieser polyphone Kanon hat mich immer wieder berührt und verzaubert – und irgendwie durchatmen lassen in der Hoffnung, dass nicht nur in Bosnien, wieder, sondern auch in ganz Europa die Religionen zu einem nicht nur friedlichen, sondern auch gesellschaftlichen Mehrwert schaffenden Neben-, wenn nicht gar Miteinander finden.

Nach Besichtigung der Begova-Moschee führte der Mutevelija[5] Bundespräsident Köhler zu dem berühmten zweirohrigen Brunnen an ihrer Außenmauer, der von Wasserleitungen gespeist wird, die der große Beg[6] im 15. und 16. Jahrhundert als Wohlfahrtsleistung für die Bürger erbauen ließ. Am nächsten Tag zeigten alle Photo- und Filmberichte seines Sarajewo-Besuchs, wie der Bundespräsident vom „muslimischen" Brunnenwasser trank. Das, so die Überlieferung, bedeutet, dass der Durststillende wieder nach Sarajewo kommen wird. Wichtiger noch: Bundespräsident Köhler schlug öffentlich als christliches Staatsoberhaupt eine Brücke zum bosnischen Islam, eine weithin beachtete Geste.

Die vorliegende Publikation nimmt sich mit dem „Islam in Europa" ein nicht zuletzt für Deutschland ebenso hochaktuelles und hochpolitisches wie religions- und gesellschaftswissenschaftlich komplexes Thema zum Gegenstand. Anlässlich des letzten Plenartreffens der Deutschen Islam-Konferenz[7] brachte der damalige „Bundesreligionsminister“ Wolfgang Schäuble am 25. Juni 2009 das Ergebnis des Dialogprozesses auf den Punkt:

„In den vergangenen drei Jahren haben wir das Verhältnis von Staat und Muslimen in Deutschland grundlegend verändert und einen Prozess der Integration auf den Weg gebracht. Die Konferenz setzt ein deutliches Zeichen, dass Muslime in Deutschland angekommen und aufgenommen und damit Teil Deutschlands geworden sind.“[8]

Damit ist sozusagen „amtlich“ bestätigt, was spätestens mit der Einwanderungswelle türkischer und „jugoslawischer“ Muslime in der Bundesrepublik Deutschland in den 50er-Jahren begonnen hatte und von der deutschen Bevölkerung wie der Politik nur zögerlich, teilweise sogar widerstrebend zur Kenntnis genommen wurde: Nach dem Christentum ist der Islam zur zweitgrößten Religion bei uns aufgerückt oder besser „eingewandert“, wie Hansjörg Schmid diesen unerhört bedeutsamen Prozess in diesem Band beschreibt. Dennoch blieb die Auseinandersetzung, der „Dialog“ zwischen den Konfessionen des Christentums und des Islams in Deutschland über Jahrzehnte eher eine Angelegenheit von Funktionären und Experten. Bedauerlicherweise bedurfte es erst der erhitzten Debatten über das Kopftuchtragen, sogenannte „Ehrenmorde“, Zwangsheiraten, Verletzungen der Schulpflicht, Teilnahme am Schwimmunterricht, Moscheen-Neubauten usw., um ein breiteres Bewusstsein dafür zu schaffen, dass der Islam auch in Deutschland wie in Westeuropa in einem Maße Fuß gefasst hat, dass nunmehr eine systematische und vor allem politische Befassung mit ihm staats- und gesellschaftspolitisch geboten war. Das Anwachsen eines weltweiten extremistischen Islamismus und die dramatischen Ereignisse vom 11. September 2001 beschleunigten diesen Prozess.

Die „Integrationsfrage“, und hier zumal der türkischen Muslime als bei Weitem größter Gruppe, entwickelte sich ebenso zum innenpolischen Dauerthema wie die Frage, ob muslimische Staaten bzw. Staaten mit muslimischer Mehrheitsbevölkerung Europas Vollmitglied der Europäischen Union werden sollen. Seitdem werden die Debatten über den Islam „bei uns in Europa“ und mit der muslimischen Bevölkerung mit nie gekannter Intensität und Leidenschaft geführt. Immerhin sollen nach neuesten Schätzungen über 4 Millionen Muslime (ca. 5 % der in Deutschland lebenden Menschen) aus 49 Staaten[9] in Deutschland leben (fast die Hälfte davon [45 %] deutsche Staatsbürger) – eine nunmehr starke Minderheit[10], die die christliche Mehrheitsbevölkerung zwingt, sich mit den Grundzügen des Islam vertraut zu machen und sich letztendlich zumindest an ihn zu „gewöhnen“. Dabei ist der Islam keine europafremde Erscheinung. Mit den Arabern wanderte er im 7. Jahrhundert nach Spanien, Portugal, Sizilien und Südfrankreich ein, wo er sich teilweise bis ins 15. Jahrhundert halten konnte. In einer zweiten Welle brachten ihn dann im 14. Jahrhundert mit Macht und Nachdruck die Osmanen nach Südosteuropa, dem er bis nahezu zum Ende des 19. Jahrhunderts sein kulturell-religiöses Gesicht gab, dabei christliche Konfessionen duldend, wenn sie den ottomanischen Herrschern Treue gelobten. Das galt zumal für die anpassungsfähigen bosnischen[11] Franziskaner, die bis heute ein Sonderverhältnis zum Islam in Bosnien und Herzegowina pflegen. So wie damals etwa südosteuropäische Christen ihren Glauben weiter ausüben konnten (selbst wenn die Mehrheit nicht zuletzt aus praktisch-wirtschaftlichen Gründen etwa vom Katholizismus zum Islam übertrat), so können heute Muslime dem Islam treu bleiben und zugleich Bürger Deutschlands und Europas sein. Entsprechend hat am

Ende der EU-Vertrag[12] darauf verzichtet, mit der Rolle des Christentums eine Glaubensrichtung als die die EU allein charakterisierende hervorzuheben. Vielmehr spricht der Vertrag vom gesamten „kulturellen, religiösen und humanistischen Erbe Europas“[13] als Quelle und Motor der Integration aller europäischen Staaten in der EU. Damit wird auch dem in Europa beheimateten Islam und den muslimischen Staaten Teilhabe an der gesamteuropäischen Zivilisation und Kultur zugesprochen, und zwar unpaternalistisch. Die Zugehörigkeit des Islam zu Deutschland und zu Europa bringt allerdings Rechte und Pflichten mit sich. Unsere demokratischen Grundsätze und Grundrechte sehen freie, ungestörte Religionsausübung[14] vor. Damit sollte der Islam etwa in den öffentlichen Schulen Deutschlands „ordentliches Lehrfach“[15] sein, haben die bei uns lebenden Muslime Anspruch auf qualifizierten Religionsunterricht, auf die Ermöglichung von Forschung und Lehre zum Islam an den Hochschulen, auf den Bau von Gotteshäusern (Moscheen) und die Ausübung von Gottesdiensten, Bräuchen und Riten.

„Der Islam“ in Deutschland, im EU-Europa wird damit zum Partner des Staates, der zwar kein Einflussrecht auf die „Grundsätze der Religionsgemeinschaften“ (Art. 7 III GG) beansprucht, aber im öffentlichen Raum bestimmte „Aufsichtsrechte“ (Art. 7 I GG) ausübt. Jedoch mit welchem „Islam“ hat es dann etwa der deutsche Staat zu tun? Mit welcher Variante der so vielfältigen Erscheinungsformen des Islam weltweit? Gibt es einen deutschlandspezifischen Islam? Gar einen europaspezifischen? Wer sind dann seine Ansprech- und Vertragspartner? Wie ist dieser Islam „organisiert“? Ist er eine „Kirche“ im Sinne des deutschen Staatskirchenrechts? Eine staatlich anerkannte Religionsgemeinschaft mit dem Status einer nicht-staatlichen Körperschaft öffentlichen Rechts? Lassen sich die Regelungen für und Vereinbarungen etwa mit der Katholischen oder der Evangelischen Kirche in Deutschland auf einen wie auch immer gearteten „Islam in Deutschland“ übertragen?

Diese und weitere Fragen beschäftigen sowohl die an einer Integration des Islam interessierte deutsche Politik und Gesellschaft ebenso wie die Vertreter der verschiedenen muslimischen Organisationen in Deutschland seit geraumer Zeit.

Es ist das große Verdienst der Herausgeber und Autoren dieses Bandes, zu diesen drängenden, nicht mehr zu umgehenden Fragen historisches und analytisches Material aufbereitet, Grundsatzdokumente einer kritischen Prüfung unterzogen und Handreichungen für die Praxis des Umgangs mit dem Islam in Deutschland und Europa entwickelt zu haben.

Nun ist auch bei uns zum Gemeinplatz geworden, dass es „den Islam“ nicht gibt. Vielmehr ist er in mehrere Denominationen und eine Vielfalt von „Konfessionen“ aufgespaltet, innerhalb derer wir wiederum eine Vielzahl von muslimischen Vereinigungen mit nicht selten kontroversen Auffassungen vom „richtigen“, korankonformen islamischen Glaubensleben finden. Bei der Suche nach einem „geeigneten“ Islam als Partner, gleichsam einem Wunschpartner eines Islam, der demokratie- und moderneverträglich und so mit westlichen Gesellschaften kompatibel ist, sind die deutschen Autoren in diesem Band, Islam-Experten der Katholischen und der Evangelischen Kirche, auf den *bosnischen Islam* „gestoßen“, dem wir schon mit dem Bundespräsidenten in Sarajewo begegnet sind. Muslimische Autoren (Dževad Hodžić; Aziz Hasanović; Benjamin Idriz und Gönül Yerli) bereichern mit ihrer „Innensicht“ diese ausgezeichnete Präsentation von Fakten, Einsichten und Perspektiven zum „Europäischen Islam“. Aber warum bloß der *bosnische* Islam? Warum als „Modell“ nicht der türkische oder ägyptische Islam, mit deren Lehre, (Groß-)Scheichs, (Groß-)Muftis*,

Imamen* und theologischen Fakultäten Deutschland und seine Muslime schon des Längeren verbunden sind?

Sicher: Der bosnisch-osmanische Islam ist schon seit rund fünf Jahrhunderten fester Bestandteil europäischen Kultur- und Geisteslebens, was ihn von Anfang an mit dem Juden- und Christentum ganz im Geiste Sarajewos im Balkan vereint hat, wie Stefan Jakob Wimmer uns in diesem Buch erläutert. Man könnte also frei mit Goethe argumentieren, „warum in die Ferne schweifen, wenn das Gute liegt so nah!" Warum soll aber gerade der *bosnische* Islam das Zeug dazu haben, einem „Europäischen Islam" Statur und Struktur, ja, gleichsam eine Vorrangstellung in Deutschland und in Europa einzuräumen?

Im Februar 2006 wurde im kroatischen Zagreb die „Deklaration europäischer Muslime" offiziell bekannt gegeben. Spiritus Rektor und maßgeblicher Mitverfasser ist das Oberhaupt der Muslime in Bosnien und Herzegowina, Großmufti (Reisu-l-ulema) Mustafa Cerić, der in der Sarajewoer Kaisermoschee (Careva Džamija) seinen Dienstsitz hat. Als im Westen lang erwartete Antwort auf den Terroranschlag des 11. September 2001 und die dort grassierende Islamophobie, aber auch die nicht nachlassenden bohrenden Fragen, hartnäckigen Zweifel und die nicht enden wollende Suche europäischer Christen nach dem „guten Islam" aufgreifend, macht die Deklaration, die in diesem Buch von Lothar Bily aus katholischer, Rainer Oechslen aus evangelischer und Aziz Hasanović aus islamischer Sicht kommentiert wird, ein Angebot für einen europaweiten Dialog zwischen Islam und Christenheit. Die Botschaft „an die Europäische Union": Fürchtet euch nicht! Wir europäischen Muslime sind den gemeinsamen europäischen Werten umfassend und vorbehaltlos verpflichtet: Demokratie und Menschenrechten; Recht auf Leben, Menschenwürde, Glauben, Freiheit und Eigentum; Rechtstaatlichkeit sowie Toleranz. Selbstbewusst verweist die Erklärung darauf, dass die europäischen

Muslime an den Errungenschaften Europas, zu denen sie über die Jahrhunderte beigetragen haben, ihren Anteil haben wollen. Reis Cerić hat mir gegenüber in zahlreichen persönlichen Gesprächen in Sarajewo eindrucksvoll dargelegt, dass der in 500-jähriger theologischer, spiritueller, sozialer und kultureller Auseinandersetzung mit Christen auf dem Balkan gereifte Islam *bosnischer* Provenienz besondere Eigenschaften aufweist, die ihn als Avantgarde und Modell für den Brückenschlag zwischen den Christen und Muslimen in Europa prädestinieren – diese Publikation versucht das zu belegen. Der in Bosnien-Herzegowina gelehrte und gelebte Islam war, nicht zuletzt aufgrund der Vielfalt, des Neben- und Miteinanders der Religionen und Kulturen in Südosteuropa, auf Liberalität und Toleranz, auf Dialog und gemeinsame Bewältigung des Alltagslebens ausgerichtet. Islamophobie im Westen sieht man hier mit Traurigkeit. Nein, vor diesem Islam soll sich der Christenmensch nicht fürchten. Knallige „Don't panic – I am Muslim"-T-Shirts verkaufen sich bestens an die Touristen in der Baščaršija, die sich selbst ein Bild davon machen können, dass die muslimische Jugend genauso freizügig, „westlich" lebt, wie man das aus den europäischen Hauptstädten kennt.[16] Auch mir ist der bosnische Islam immer auf höchst angenehme Weise begegnet. Entsprechend konstruktiv ist die Zusammenarbeit vor allem der nordbosnischen Franziskaner mit den bosnischen Muslimen, etwa in der Person von Fra Mirko, dem ebenso klugen wie lebensfrohen Guardian[17] des Klosters Fojnica. In der Tito-Zeit trug das den so undogmatischen bosnischen Muslimen sogar das eher spöttische Sprichwort ein: „Prije podne Ilija – poslije podne Alija: Am Vormittag Elias – Am Nachmittag Ali".[18] Noch heute findet man in den bosnischen, aber auch kosovarischen und albanischen Ausprägungen balkanischen Islams diesen Zug eines „Nachmittag-Islam"[19], den die bosnischen Religionsführer zwar nicht unterdrücken, inzwischen aber zumindest mit einem ernsten, „wissenden Glauben“ überformt sehen wollen.[20]

Die jeweiligen Machthaber hatten das in politischer Klugheit stets in ihrem Sinne zu instrumentalisieren gewusst. So konzessionsbereit die osmanischen Herrscher gegenüber den Katholiken waren, so einfühlsam gingen später die Verwalter der Doppel-Monarchie mit den Muslimen in Bosnien um. Das hat die Muslime an Bosna, Vrbas, Sava, Drina und Neretva geprägt, bis heute, auch wenn es ihnen unter jugoslawisch-sozialistischer und dann insbesondere seit den Auflösungskriegen der 90er-Jahre nicht gelohnt wurde. Dieser Islam, dessen Gläubige im Bosnienkrieg von 1992 bis 1995 so viel Leid erdulden mussten[21], ist, trotz allen verständlichen Insistierens auf Wahrheitsfeststellung, erstaunlich gewaltlos, vergebungs- und versöhnungswillig sowie unvermindert auf eine multi-religiöse und multi-ethnische Gemeinsamkeit in Bosnien ausgerichtet.[22] Da versteht es sich auch von selbst, dass der Reisu-l-ulema mit dem römisch-katholischen Kardinal, dem orthodoxen Metropoliten und dem Oberhaupt der jüdischen Gemeinschaft im 1997 gegründeten Interreligiösen Rat von Bosnien und Herzegowina und mit dem von der Konrad-Adenauer-Stiftung geförderten Interreligiösen Institut[23] bestens zusammenarbeitet.

Wenn die Deklaration von „europäischen Muslimen“ spricht, fordert sie nicht zugleich die Schaffung eines gänzlich neuen „Europäischen Islam“ oder „Euroislam“. Das ist, auch hier in Deutschland und im EU-Europa, häufig missverstanden worden. Vielmehr geht es, wie auch in diesem Band, richtigerweise um den „Islam *in* Europa“. Schließlich gibt es auch keinen „Eurokatholizismus“ oder „Europrotestantismus“ – alle diese monotheistischen Weltreligionen sind universal, worauf Aziz Hasanović in seiner Analyse der Deklaration zu Recht verweist. Jedoch gibt es im Islam wie auch bei Katholiken und evangelischen Christen unterschiedliche Strömungen, z.B. konservativdogmatische oder eher progressive. „Euroislam" suggeriert „Kuschel-Islam" – gerade das ist aber nicht Reis Cerićs und der Erklärung Absicht. Bei aller Integrationsbereitschaft: Ein selbstbewusster, nicht handzahmer „Islam in Europa" ist das Ziel. Denn die Grundpfeiler, die Grundlehren des Islam sind auch für Muslime in Europa unverrückbar. Aber innerhalb des Rahmens des Korans sollen, ganz im „bosnischen Geiste", für Liberalität, Toleranz und Moderneverträglichkeit offene Spielräume so weit als möglich genutzt werden. Islam in der offenen europäischen Gesellschaft, so meinen Cerić und die führenden Sarajewoer Islamwissenschaftler, geht durchaus.[24]

Dabei soll die Koexistenz des Islam in Europa mit den anderen Religionen dort nicht vom Trennenden, sondern bewusst, neben dem Wertebekenntnis, von gemeinsamen Religionsinhalten und gemeinsamen Kulturerfahrungen ausgehen. Diese Gemeinsamkeiten zwischen Muslimen und Christen herauszustellen, „ist nicht nur eine Sache höflich gepflegten Dialogs"[25], sondern die „heilige Pflicht" beider Partner. „We are so similar (...) we all have Adam and Eve as our mother and father"[26], betonte Reis Cerić anlässlich der Verleihung des Theodor-Heuss-Preises 2007 an ihn. Und wir teilten schließlich – bei allen charakteristischen Unterschieden – zwei fundamentale Glaubensprinzipien: die „Liebe zu dem Einen Gott sowie die Liebe gegenüber dem Nächsten".[27]

Dieser Band belässt es schließlich nicht bei der Darstellung der historischen Ursprünge, religiösen Grundlagen und Perspektiven des Islam in Europa als Partner der anderen großen Glaubensgemeinschaften. Konsequent und anregend führt er ein in die Diskussionen zu Fragen der Praxis der Organisation eines „Islam in Europa". Wenn der Islam nun „Teil Deutschlands" geworden ist, stellen sich unaufschiebbare Fragen wie die der Imam-Ausbildung, des Religionsunterrichts für junge Muslime an öffentlichen deutschen Schulen, der Arbeit islamischer

Gemeinden im deutschen Alltag, der Bau von Moscheen, der Umgang mit dem religiösen, sozialen und kulturellen „Anderssein" der muslimischen Mitbürger seitens der christlichen Mehrheitsgesellschaft usw. Worauf müssen sich beide Seiten in einer geregelten Partnerschaft einstellen, damit sie zur „Normalität" in Deutschland werden kann? Wie können die Partner einander verstehen und sich annähern lernen?

Zentral ist hier sicher die Organisationsstruktur des Islam in Deutschland und wie seine Religion im öffentlichen Raum gelehrt und unterrichtet wird. Ähnlich wie für Henry Kissinger mit Blick auf EU-Europa stellt sich etwa für deutsche staatliche Institutionen immer noch die Frage nach der Telefonnummer „des Islam in Deutschland". Wer spricht (und handelt verantwortlich), ähnlich der bekannten und dafür ernannten Repräsentanten der jüdischen und der christlichen Glaubensgemeinschaften, für „den Islam"? Dieses Problems der fehlenden Institutionalisierung „des Islam" in Deutschland und in Europa ist sich gerade Reis Cerić schon früh bewusst geworden: „Muslims in Europe need a single Muslim authority."[28] Mit vielen seiner Kollegen arbeitet er seit Längerem daran, den Islam „fassbar" zu machen, ihm Gesicht und Telefonnummer zu geben, nicht zuletzt, um ihn auch rechtlich auf gleiche Augenhöhe mit den staatlichen Organen etwa in Deutschland zu bringen. Dass dies ein schwieriger und dorniger Weg ist, weiß er selbst nur allzu gut, kennt der Islam doch weltweit keine solchen inneren Organisationsstrukturen wie etwa in der römisch-katholischen Kirche. Kritiker im eigenen Lager haben ihm vorgeworfen, er wolle eine Art „Papst der Muslime in Europa" werden. Solche Unterstellungen, so islamfremd auch immer, ringen Cerić nur ein listig-abwehrendes Lächeln ab. Eine Bündelung und Straffung „des Islam" in Europa hält er aber so dringend erforderlich wie machbar. Zum Führen hat er das Zeug wie die Bereitschaft.

Die Gleichberechtigung des Islam mit den anderen Glaubensgemeinschaften beginnt in den Schulen. Noch ist der Islamunterricht an deutschen Schulen nicht als ordentliches Lehrfach verankert. Stephan Leimgruber widmet diesem komplexen Thema in diesem Band einen sehr konkreten Beitrag, gleichsam eine Politikempfehlung an die Kultusminister der Länder. Wie soll ein ordentliches Schulfach „Islamunterricht" in Deutschland flächendeckend konzipiert werden? Wer soll unterrichten? Wer bildet diese islamischen Religionslehrer aus? Immerhin scheinen sich die deutsche Politik und der sie beratende Wissenschaftsrat weitgehend einig zu sein: Die Ausbildung der Religionslehrer, d.h. hauptsächlich der Imame, gehört an die deutschen Hochschulen.[29] Die Grünen-Politikerin Marieluise Beck (Bremen) hatte das als Integrationsbeauftragte der Bundesregierung schon 2004 gefordert; die Konrad-Adenauer-Stiftung schult seit 2006 Imame für Deutschland in Kooperation mit türkischen Hochschulen. Die Friedrich-Ebert-Stiftung wiederum setzt sich seit Jahren auf Initiative der ehemaligen Bundestagsabgeordneten Lale Akgün (Köln)[30] dafür ein, nicht nur entsprechende Lehrstühle an deutschen Universitäten einzurichten, sondern insbesondere auch das Angebot der renommierten Islamischen Fakultät der Universität Sarajewo anzunehmen, von dort Islam-Professoren nach Deutschland zu holen, aber auch künftige Islam-Religionslehrer zur Fortbildung nach Sarajewo zu schicken. Mit Osnabrück und Erlangen-Nürnberg haben zwei Hochschulen inzwischen den Startschuss zur Ausbildung islamischer Religionslehrer gegeben; erste Schulversuche in mehreren Bundesländern laufen; die ersten Schulbücher in deutscher Sprache liegen vor.

Ein vielversprechender Anfang ist also gemacht. Aber wie geht es weiter? Der Wissenschaftsrat schlägt eine fünfjährige Erprobungsphase vor, was breite Zustimmung findet. Der Islamwissenschaftler Benjamin Idriz, zugleich

Imam der Islamischen Gemeinde Penzberg, formuliert in seinem Schlusskapitel acht bedenkenswerte Aufforderungen an die Muslime in Deutschland. Ziel: Integration. Wie das aussehen könnte, ist bereits heute voll Staunen in eben jenem bayerischen Penzberg zu besichtigen, dessen auch architektonisch überzeugende Moschee nicht von ungefähr von einem bosnisch-deutschen Architekten (Alen Jaserević) entworfen wurde.[31] Hier wird schon wie selbstverständlich jenes „verständnisvolle und offene Zusammenleben“ vorgelebt (siehe das Interview mit Gönül Yerli in diesem Band), dem der Band „Islam in Europa“ auf breiter Ebene den Weg bereiten helfen will.

Islam und Europa: kein Gegensatz!

Islam in Europa – Eine Annäherung

Stefan Jakob Wimmer

EU ist nicht Europa

Könnten Sie auf Anhieb die drei größten Städte Europas nennen? Sie tippen jedenfalls auf London? Damit liegen Sie nicht falsch, denn London ist mit 8,3 Mio. Einwohnern tatsächlich die größte Stadt in West-Europa und in der Europäischen Union.[1] Moskau, die Hauptstadt des größten und dabei dennoch mitunter eher ausgeblendeten Landes unseres Kontinents, hat sogar 10,4 Mio. Mit 12,7 Mio. liegt an der Spitze jedoch Istanbul. Die türkische Metropole erstreckt sich heute über den Bosporus hinaus. Historisch gesehen ist Konstantinopel-Istanbul aber immer, ausschließlich, auf dessen Westufer verortet. Die asiatischen Stadtteile Üsküdar (Scutari) und Kadiköy (Chalcedon) haben eigene Identitäten, reich an Tradition und Geschichte. Die Hauptstadt des Osmanischen Reichs war jedenfalls immer auch eine der größten Städte Europas.

Wenn Touristen heute zwischen Hagia Sophia und Süleymaniye-Moschee die blaue europäische Sternen-Flagge zusammen mit der roten türkischen Mond-und-Stern-Fahne entdecken, dann meinen manche das als Vorwegnahme des erhofften EU-Beitritts deuten zu sollen. Während die Akzeptanz der Europäischen Union bei vielen ihrer Bürger immer noch erschreckend zäh vorankommt, ist unser Europa-Begriff längst weitgehend von der EU überlagert worden. Doch die Grenzen der EU sind nirgendwo identisch mit denen Europas. Nicht nur weil ein Teil der griechischen Ägäisinseln, die dem anatolischen Festland unmittelbar vorgelagert sind, eben zu (Klein-)Asien und nicht zu Europa gehören, weil die spanischen Exklaven Ceuta und Melilla in (Nord-)Afrika liegen oder weil 2004 mit Zypern ein geographisch vollständig vorderasiatisches Land EU-Mitglied wurde. Sondern auch deshalb, weil Europa eben bis an den Bosporus reicht, und bis an den Kaukasus, und bis an den Ural.

Die Frage nach Muslimen in Europa lässt sich auf tief in der Geschichte versunkene Epochen einerseits und auf ein Phänomen rezenter Migrationserscheinungen andererseits reduzieren, solange wir erfolgreich weite Teile des Kontinents aus unserer Wahrnehmung ausklammern, weil sie ohnehin nicht als EU-relevant gelten können. Übrig bleibt ein Zusammenschluss von derzeit 27 der insgesamt 46 souveränen Staaten Europas, die im Bemühen um das Abstecken einer transnationalen Identität ihre christlichen Wurzeln ins Feld führen, wiewohl doch längst für unsere gesellschaftliche Wirklichkeit zumindest vordergründig die sogenannte „westliche", also säkularisierte und in vielen Bereichen a-religiöse, bisweilen auch anti-religiöse, Kultur kennzeichnend geworden ist.

Islam im Osten Europas

Das europäische Land mit den – in absoluten Zahlen – meisten Muslimen ist Russland. Insgesamt rund 20 Mio. leben westlich des Ural. Ein wichtiges Zentrum ist Kasan, die Hauptstadt der Republik Tatarstan an der Wolga. Die Bevölkerungsmehrheit bilden Muslime nicht nur in Tatarstan und im benachbarten Baschkirien (Baschkortostan), sondern auch in mehreren der kleinen Republiken innerhalb der Russischen Föderation an der Nordseite des Kaukasus: Tschetschenien – wo in der Hauptstadt Grosny seit 2008 die größte Moschee Europas steht, Dagestan, Inguschetien, Kabardino-Balkarien und Karatschai-Tscherkessien. Sie alle gehören ohne Einschränkung zu Europa. Wir sind zwar eher geneigt, die beiden christlichen Länder Georgien und Armenien als „europäisch" zu klassifizieren. Sie sind auch tatsächlich beide Mitglieder des Europarats. Südlich des Kaukasus gelegen, gehören sie jedoch zu Asien, nicht anders als das benachbarte Anatolien und Iran.

Wir haben uns daran gewöhnt, die kaukasischen Muslime nur über den Konflikt der Tschetschenen mit Russland, über den daraus resultierenden Krieg und Terror, wahrzunehmen. Man muss sich schon tief in die Materie einarbeiten, um überhaupt darauf zu stoßen, dass die Geschichte des Islams in Europa hier, im äußersten Südosten, beginnt. An der engsten Stelle des Küstenstreifens zwischen Kaukasus und Kaspischem Meer liegt die Stadt Derbent in Dagestan. Mit der Meerenge von Gibraltar vergleichbar, liegt hier eine Schnittstelle zweier Kontinente. Der Name der Stadt kommt aus dem Persischen (Darband) und bedeutet „verschlossenes Tor". Als die Araber die Stadt einnahmen, wurde daraus Bâb el-Abwâb, „das Tor der Tore". Nachdem die ersten Vorstöße der Araber auf Konstantinopel scheiterten, wurde Derbent die erste Stadt Europas, die – noch im 7. Jahrhundert – islamisch wurde. Sie ist es bis heute geblieben. Unter arabischem Einfluss blühte die Stadt auf, übertraf bald das georgische Tiflis an Größe und wurde als Sitz eines eigenen Emirats zu einem regionalen Zentrum islamischer Kultur. Die Hauptmoschee des Maslama ibn Abd-el-Malik aus dem frühen 8. Jahrhundert zählt heute zusammen mit der von Stadtmauern umgebenen Altstadt zum UNESCO-Weltkulturerbe. In den vergangenen Jahrhunderten wechselten mehrmals russische, persische und osmanische Oberhoheit, bis Dagestan mit Derbent 1813 endgültig zum Russischen Reich kam.

Im Westen und Süden

Es sind aber nicht nur die aus westeuropäischer Sicht abgelegenen Regionen der ehemaligen Sowjetunion, in der Muslime, auch europäische Muslime, angestammt beheimatet sind. Im Westen des Kontinents waren sie es lange Zeit, von der Frühzeit des Islam angefangen bis zu ihrer Vertreibung und Verfolgung durch Kirche und Staat in Spanien und Portugal acht Jahrhunderte später. Dass dazwischen besonders erfreuliche Kapitel in der Geschichte des sonst in Europa als finster empfundenen Mittelalters geschrieben wurden, unter der Federführung der andalusischen Muslime, gehört zunehmend zum Bildungskanon, wohl nicht zuletzt wegen der beeindruckenden architektonischen Hinterlassenschaften unweit der Touristenstrände, in Granada, Córdoba, Sevilla und an der Algarve. Islamische Kapitel in ihrer Geschichte haben in Westeuropa auch die Balearen aufzuweisen, Südfrankreich, italienische Städte wie Brindisi und Tarent, Sardinien und besonders Sizilien, wo sich die normannischen Herrscher noch lange nicht nur an der Baukunst, sondern auch an der Sprache und Literatur, der Lebensweise und Kultur ihrer arabischen Vorgänger orientierten. Auch der Stauferkaiser und Sizilianer Friedrich II. war bekanntlich eingenommen von der Strahlkraft arabisch-islamischer Zivilisation. Jene Teile des sogenannten christlichen Abendlandes, die durch Vermächtnis oder Nachbarschaft mit islamischer Kultur jenseits kriegerischer Auseinandersetzungen in Berührung kamen, haben ihr durchaus Elemente einer „Leitkultur“ zuerkannt! Nicht nur Latein, sondern auch Arabisch war einmal Bildungssprache in Europa.

Das Osmanische Reich als europäische Großmacht

Ungefähr zeitgleich mit der erst militärischen und schließlich auch geistigen Verdrängung des Islams aus Westeuropa geht die Ausbreitung des Osmanischen Reichs einher. Das hatte seine Hauptstadt schon vor der Eroberung von Konstantinopel in Edirne, dem alten Adrianopel, also in Rumelien, dem nach (Ost-)Rom benannten, europäischen Reichsteil. Auch wenn sich die osmanische Herrschaft durch die späteren Expansionen über den arabischen Orient und Nordafrika flächenmäßig weit über Europa und Anatolien hinaus ausdehnte, so waren es vor allem die Provinzen auf dem Balkan, die politisch und kulturell im Vordergrund standen. Wieder ist es in erster Linie die mit den militärischen Eroberungen verbundene Bedrohung und der lange Nachhall der mit ihnen auch einhergegangenen Grausamkeiten, die das Bewusstsein der Nachwelt bis heute mitbestimmen. Die osmanische Stadtkultur mit ihren öffentlichen und kulturellen Einrichtungen, Märkten, Bädern, Brunnen und Bibliotheken, hat aber für manch eine der eroberten Regionen einen zivilisatorischen Schub bedeutet.

Nehmen wir Sarajewo. Eine europäische Stadt, deren Name vom persisch-türkischen Saray, „Palast, Amt", abgeleitet ist, im 16. Jahrhundert zu einer blühenden Metropole ausgebaut von Gazi Husrev-Beg, dem Sohn eines einheimischen, bosnischen Muslims und einer Tochter des türkischen Sultans. Aus dieser Zeit stehen heute noch nicht nur die nach dem Bauherrn benannte Hauptmoschee der Stadt, sondern in unmittelbarer Nähe davon die Alte Orthodoxe Kirche und schräg gegenüber die Alte Synagoge. Während Christen und Juden, wenn sie unter osmanische Herrschaft gerieten, ihre Religion weiter ausüben durften, wurden in den Gebieten, aus denen das katholische Österreich-Ungarn-Kroatien die Osmanen zurückdrängte, Muslime ausgewiesen und Juden verfolgt. Zur selben Zeit, als Sarajewo bereits sichtbar multireligiös geprägt war, feierte das christliche Mitteleuropa als Errungenschaft, dass im sogenannten Augsburger Religionsfrieden jeder gezwungen wurde, bedingungslos der Religion bzw. Konfession des jeweiligen Landesherrn zu folgen oder auszuwandern. Einige Jahrzehnte später trugen katholische und evangelische Christen untereinander den Dreißigjährigen und bis dahin schrecklichsten Krieg der Weltgeschichte aus.

Ex Sarajevo Lux

Erst in der 2. Hälfte des 19. Jahrhunderts ist es der k.u.k.-Monarchie gelungen[2], neue Wege zu beschreiten und als erstes christliches Land in der Neuzeit den durchaus fruchtbaren Versuch zu unternehmen, unter ihrem Vielvölkerdach auch Muslime zu integrieren. Als Bosnien-Herzegowina 1878 österreichischer Verwaltung unterstellt wird, beginnt ein neues Kapitel europäischer und islamischer Geschichte – das Kapitel, das die Voraussetzungen für die Inhalte dieses Buches insgesamt schuf. Anfänglich stellten sich viele der auf dem Balkan verwurzelten und beheimateten Muslime angesichts der völlig ungewohnten Situation die Frage, ob der Islam es ihnen überhaupt gestatte, Bürger eines nicht-muslimisch regierten Landes zu werden. Die Antworten fielen durchaus unterschiedlich aus. Während viele Bosnier in osmanisch gebliebene Gebiete auswanderten, erlebten diejenigen, die blieben, die neuen Bedingungen bald als keineswegs einschränkend, und mehr noch: Die Loslösung der Staatsmacht von der Religion wirkte sich als förderlich für beide aus. Islam in Europa wird unabhängig von der Autorität eines Sultans und Kalifen*, erhält unter der Patronage des österreichischen Kaisers eigene Institutionen und Strukturen, und bosnische Religionsführer, wie der Reisu-l-ulema Džemaludin Čaušević (1870–1938, amtierte von 1913–1930), sprechen begeistert von der neu entdeckten Freiheit der Religion.

Diese Erfahrungen sind es letztlich, die die in diesem Buch entwickelten, neuen Perspektiven vorbereitet haben, denn es sind Erfahrungen, die der Islam auf europäischem Boden gemacht hat, nicht im Orient, nicht in Afrika, wo sich der Islam heute am stärksten ausbreitet, nicht in Südostasien, wo heute die meisten Muslime leben. Wir müssen uns dabei aber auch stärker vergegenwärtigen, dass der Islam seine orientalische Herkunft mit Judentum und Christentum teilt und, nicht anders als das Christentum, schon wenige Jahrzehnte nach seiner Entstehung nach Europa gelangt und seitdem ununterbrochen präsent geblieben ist. Wir sollten ein Bewusstsein dafür entwickeln, dass die Große Moschee (jetzt Kathedrale) von Córdoba nicht weniger ein europäisches Bauwerk ist als der Kölner Dom, dass Sultan Süleyman der Prächtige in erster Linie ein europäischer Herrscher vom Kaliber eines Louis XIV. war, dass sein Architekt Sinan neben Michelangelo zu den größten Baukünstlern des Kontinents zu zählen ist oder dass Sarajewo nicht einfach einer von vielen entlegenen Orten auf dem verworrenen Balkan ist, sondern mit seinen heute noch im Stadtzentrum wie an einer Gebetskette aneinandergereihten muslimischen, christlichen und jüdischen Gotteshäusern[3] eins der bemerkenswertesten Stadtensembles Europas aufweist.

Angestammte Muslime

Die historischen Bezüge, von denen nun die Rede war, überschneiden sich gerade hier, auf dem Balkan, mit denen der Gegenwart und mit den Perspektiven für die Zukunft. In Bosnien und Herzegowina stellen Muslime etwa die Hälfte der Bevölkerung. Ebenso angestammt, beheimatet, verwurzelt und europäisch sind Muslime in Albanien, dem lange Zeit einzigen souveränen Staat in Europa mit muslimischer Bevölkerungsmehrheit (70 %). Mit Kosovo ist nun ein zweites Land dazugekommen. Überwiegend muslimisch ist auch die Region Sandžak (Sandschak), die ohne territorialen Eigenstatus zwischen Serbien und Montenegro aufgeteilt ist. Einen konstitutiven Teil der Bevölkerung machen Muslime meist albanischer, teilweise auch türkischer und slawischer Abstammung in Mazedonien aus (35 %, nach eigenen Angaben über 40 %; die slawischstämmigen Muslime bezeichnen sich selbst als Torbeš). Selbst das christlich-orthodox geprägte Bulgarien hat mit 13 % einen relativ hohen Bevölkerungsanteil angestammter Muslime. Womit wir den Bereich der EU erreicht hätten. Wie Bulgarien, ist Zypern Vollmitglied der Europäischen Union. Dass das Land geographisch gar nicht in Europa liegt, haben wir schon festgestellt. Da die Republik Zypern trotz der faktischen Abspaltung des türkischen Nordteils die Alleinvertretung der gesamten Insel beansprucht, zählt sie zu ihrer Bevölkerung 18 % Muslime. Sehr viel kleinere Gruppen ebenfalls angestammter Muslime, Nachkommen von tatarischen Söldnern und Händlern, leben in Polen, Litauen, Weißrussland (nicht EU-Mitglied) und – hätten Sie's gewusst? – sogar in Finnland.

Im EU-Anwärterland Kroatien – die Frage nach dem Beitritt ist bereits beantwortet, offen ist lediglich noch der Zeitpunkt – sind Muslime nicht ursprünglich beheimatet. Die meisten von ihnen stammen aus dem Nachbarland Bosnien. Obwohl sie insgesamt nur 2 % der Bevölkerung ausmachen – weniger als der EU-Durchschnitt von 3,2 % –, sind sie als selbstverständliche Teilhaber an allen Sektoren der Gesellschaft und des Staates, einschließlich der Regierung, offenbar vorbildhaft integriert und genießen sehr viel mehr Minderheitenrechte als etwa in Deutschland.

Dass in fast allen Mitgliedsländern der EU die muslimischen Minderheiten keine historischen Wurzeln haben, sondern in Zusammenhang mit den Migrationsbewegungen seit der zweiten Hälfte des 20. Jahrhunderts erst noch im Entstehen begriffen sind, wirft jene unverkennbaren Probleme auf, die es miteinander zu bewältigen gilt und die unsere Wahrnehmung von „Islam in Europa" vordergründig bestimmen. Es schien an dieser Stelle aber wichtig, mit den hier vorangestellten Bezügen zumindest knapp aufzuzeigen, dass die Thematik weder neu ist noch ausschließlich problematisch.

Neue Muslime

So vielfältig und bunt wie die Länder Europas selbst, sind es auch die wachsenden Minderheiten. In Frankreich und Großbritannien setzen sie sich weit überwiegend aus Einwanderern aus ehemals kolonisierten Ländern zusammen, deren Verhältnis zum „Mutterland" oftmals von nachwirkenden, historischen Hypotheken belastet bleibt. In Frankreich (8,2 % Muslime) leben überwiegend arabische Muslime aus Marokko, Tunesien und vor allem Algerien, das sich seine Unabhängigkeit in einem langen, grauenvollen Krieg vor erst wenigen Jahrzehnten erkämpft hat. Im Vereinigten Königreich (2,8 % Muslime) dominieren Muslime aus Indien und Pakistan, aus nicht nur geographisch weit von Europa entfernten Kulturkreisen, in denen fundamentalistische Strömungen verbreitet sind und weiter zunehmen. Demgegenüber sind wir in Deutschland (zwischen 4,6 und 5,2 % Muslime)[4] mit der vergleichsweise günstigen Situation konfrontiert, dass der größte Teil der hier lebenden Muslime aus der Türkei stammt, einem Land mit laizistischer Tradition und mit guten, engen geschichtlichen Beziehungen.

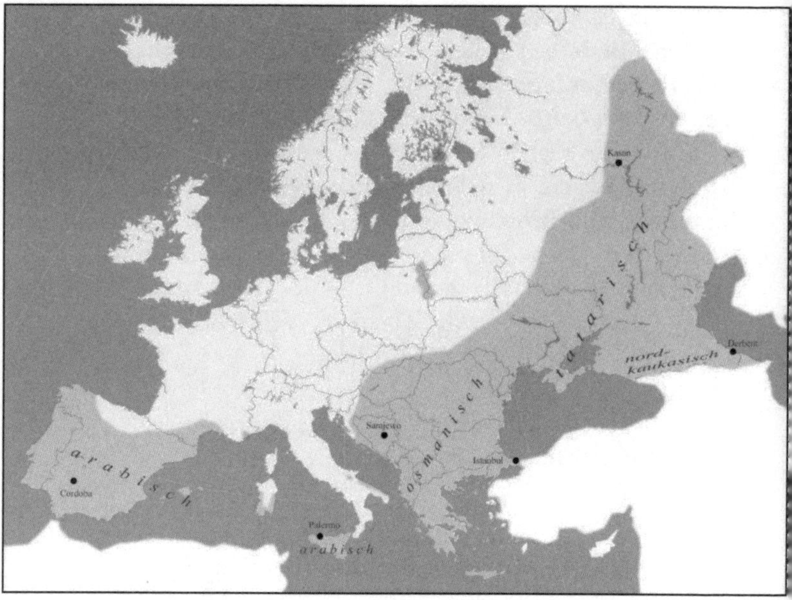

Abb. 1 – Historisch islamische Gebiete Europas mit kulturellen Zentren

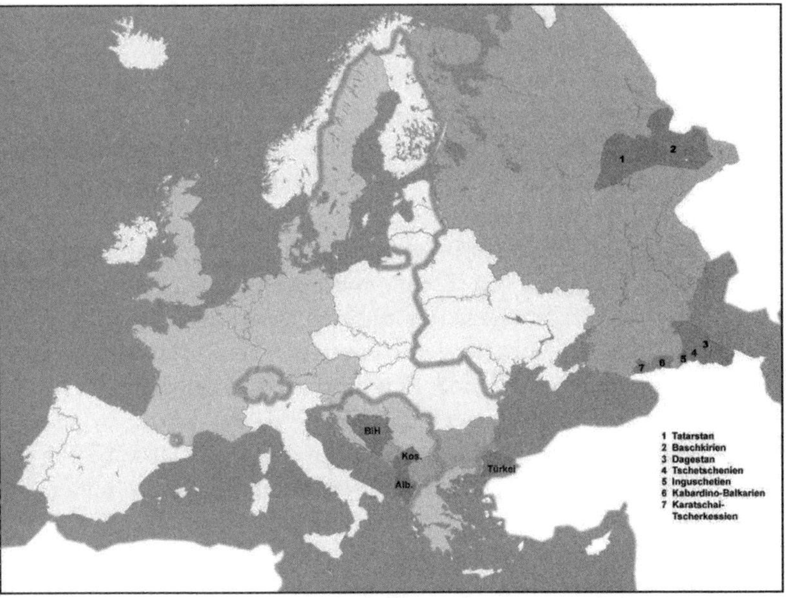

Abb. 2 – Muslime im heutigen Europa. Die fette Linie markiert die aktuellen Außengrenzen der EU.
Bevölkerungsanteil ▪ 2–10 % ▪ 10–50 % ▪ > 50 %

Die zweitgrößte Gruppe von Muslimen in Deutschland hat bosnische Wurzeln, und dies ist in zweifacher Hinsicht bemerkenswert. Zum einen, weil sich für Deutschland damit zusammen mit anderen europäischen Ländern wie Österreich, der Schweiz oder Schweden, die ebenfalls einen hohen Anteil bosnischer Muslime verzeichnen, die Chance ergibt, die Integration von Muslimen nach einer Ausprägung von Islam zu gestalten, die von Hause aus, von ihrem europäischen Zuhause aus, mit unseren Traditionen, mit unseren gesellschaftlichen und staatlichen Strukturen, mit unserem Verständnis von Demokratie, Freiheit und Pluralismus, verträglich und vertraut ist. Wenn das gelingt, könnte so ein Erfolgsmodell von Islam in Europa nach außen wirken, Maßstäbe für andere europäische Länder setzen und darüber hinaus den Diskurs innerhalb der islamischen Welt über die Verträglichkeit mit „westlichen" Kulturen begünstigen.

Dass dies gelingen kann, zeigt zum anderen die Beobachtung, dass der große Anteil bosnischstämmiger Muslime im Unterschied zu jenen aus der Türkei von der Mehrheitsgesellschaft kaum wahrgenommen wird. Es sind die Differenzen, Spannungen, Konflikt- und Gewaltpotentiale, die im Vordergrund nicht nur der Berichterstattung über Muslime, sondern allzu oft auch unseres Interesses stehen. Eben weil Muslime mit europäischen, bosnischen und anderen Wurzeln keine Schlagzeilen in diesem Sinn produzieren, verdienen sie unsere Hauptaufmerksamkeit.

Muslime in Österreich

Stephan Leimgruber

Musliminnen und Muslime, aber auch Angehörige anderer Religionen, sind in Österreich mehr als geduldet und werden nicht bloß als Arbeitskräfte instrumentalisiert. Österreich als „Tor zum Osten" hat sich vergleichsweise früh den verschiedensten Religionen geöffnet. Bereits in der k. u. k.-Monarchie machte das Islamgesetz vom Jahre 1912 die Muslime zu Angehörigen einer anerkannten Religionsgesellschaft, deren äußere Rechtsverhältnisse durch die Konstituierung der „Islamischen Glaubensgemeinschaft in Österreich" (1979) und die Anerkennungsverordnung vom Jahr 1988 geregelt wurden, nachdem bereits 1982/83 die Einführung des islamischen Religionsunterrichts als Schulfach erfolgt war. Anna Strobel, Expertin zum Thema an der Universität Wien, fragt sogar, ob Österreich für Muslime nicht ein „Land der Seligen" sei.[1]

Geschichtliche und statistische Notizen

Die heutige Republik Österreich entspricht in verengten Grenzen weitgehend den Habsburgischen Erblanden, die im 13. bis 15. Jahrhundert im Donauraum und im Ostalpenraum erworben wurden. Die Bezeichnung „Österreich" umfasste das Habsburgerreich in den jeweiligen Ausdehnungen. Aufgrund der Donau und den leicht begehbaren Alpenpässen ist Österreich bis heute Brückenland zum Osten und Süden Europas hin. Es umfasste altansässige Minderheiten wie die Kroaten, Slowenen und Ungarn. Vom 15. bis 18. Jahrhundert stand Österreich im Abwehrkampf gegen die Osmanen, d.h. islamische Turkvölker. Nach dem Fall von Konstantinopel im Jahr 1453 drangen diese aus Zentralasien verstärkt in den Balkan vor, eroberten zahlreiche Teile Südosteuropas und standen 1529 erstmals vor Wien. Österreich verstand sich damals als christliche Vormacht gegen den Islam. Zunächst (1878) durch die Verwaltung und später (1908) Annexion von Bosnien und Herzegowina kam eine größere islamisch geprägte Bevölkerungsgruppe (ca. 600.000) zu Österreich. Den Muslimen gewährte dieses Land eine weitgehende religiöse Autonomie. So gibt es auch in Österreich eine islamische Geschichte Europas und eine europäische Geschichte des Islams. Trotz fortgesetzter antisemitischer Stimmungen partizipierten die Juden am Ausbau der Glaubensfreiheit in Österreich. Kaiser Joseph II. (1765–1790) erließ Toleranzgesetze (sog. „Toleranzpatent"), welche die früheren Judenghettos und die Judentracht abschafften, ehe die Nationalsozialisten im 20. Jahrhundert erneut die Juden in nie gekanntem Ausmaß verfolgten und ermordeten.

Während Österreich eine vorwiegend christliche, primär römisch-katholische Bevölkerung aufweist (8.032.926 = 73,6 % im Jahre 2002), so gelangten in den 1960er-Jahren und später aufgrund der Arbeitsmigration zahlreiche Muslime in das Land. Im Laufe der Zeit holten diese ihre Familien nach. Im Jahre 2002 gehörten 338.988 Musliminnen und Muslime, also 4,2 %, zur Gesamtbevölkerung von acht Millionen Österreichern. Die größte Gruppe Muslime mit 125.026 Personen stammt aus der Türkei, gefolgt von Muslimen aus Bosnien und dem Kosovo, sodann Marokko und Tunesien. Bedeutend sind auch die Anteile der evangelischen Kirche (4,7 %) und der orthodoxen Kirche (2,2 %), während 12 % der Österreicher angeben, ohne Bekenntnis zu sein.

Die einzigartige rechtliche Stellung des Islams

Der rechtliche Rahmen für die christlichen Kirchen und die weiteren Religionsgemeinschaften ist im österreichischen Staatskirchenrecht festgehalten. Dies basiert auf dem Staatsgrundgesetz vom 21. Dezember 1867, das jeder Person Glaubens- und Gewissensfreiheit zubilligt. Das zuvor gültige Konkordat zwischen dem Hl. Stuhl und dem österreichischen Staat (1855) bevorzugte die katholische Mehrheit, und das sogenannte „Protestantenpatent" gewährte 1861 der evangelischen Kirche prinzipielle Religionsfreiheit. In Österreich herrscht mit anderen Worten seit dem letzten Drittel des 19. Jahrhunderts Religionsfreiheit. Diese umfasst das Recht, seine Religion frei zu wählen und zu praktizieren, solange es der Verfassung und den guten Sitten nicht widerspricht.

Bereits im Jahr 1912 ist in der Doppelmonarchie Österreich-Ungarn unter Kaiser Franz Joseph I. ein „Islamgesetz" erlassen worden, das Muslime innerhalb der österreichischen Grenzen anerkannte. Dieses Islamgesetz bildete die Grundlage für alle weiteren Schritte zur Verbesserung der rechtlichen Stellung der Muslime in Österreich.

Am 2.8.1988 erging die Verordnung des Kultusministers, welche die näheren Anforderungen an die Verfassung dieser Glaubensgemeinschaft hinsichtlich deren äußerer Rechtsverhältnisse präzisierte und als Bezeichnung der anerkannten Religionsgemeinschaft „Islamische Glaubensgemeinschaft in Österreich" (IGGiÖ) feststellte; diese versteht sich als Dachverband. In Wien wurde die erste Islamische Religionsgemeinde errichtet. Sowohl die IGGiÖ selbst als auch die einzelnen in ihrer Verfassung angeführten Religionsgemeinden besitzen die Stellung von Körperschaften des öffentlichen Rechts. Die IGGiÖ gab sich eine Verfassung. Ihr Hauptsitz befindet sich ebenfalls in Wien; es gibt vier Religionsgemeinden: Wien, Graz, Linz, Bregenz. Die IGGiÖ hat folgende Organe: den Schura-Rat* (legislatives Organ), den Obersten Rat (Exekutivorgan, dessen Vorsitzender zugleich Präsident der IGGiÖ ist und diese vertritt), einen Beirat (beratendes Organ), den (vom Schura-Rat gewählten) Mufti, der über religiöse Fragen entscheidet und die Tätigkeit der Imame und Religionslehrer überwacht; schließlich das Schiedsgericht als Verfassungskontrollorgan der IGGiÖ. Der Präsident fungiert als offizieller Ansprechpartner für staatliche und kirchliche Behörden. Gemäß Artikel 3 der Verfassung der IGGiÖ beziehen sich die Aufgaben der Glaubensgemeinschaft hauptsächlich auf die Pflege der Religion der Muslime. Dazu zählt ausdrücklich die Ausbildung von Religionslehrer/innen, Seelsorger/innen und Religionsdiener/innen (Art. 3, S. 2 Ziff. 9).[2] Mittlerweile haben sich in Österreich etwa 200 Moscheegemeinden unter diesem Dachverband gebildet.

In den 1990er-Jahren haben sich dann die jungen Muslime in Österreich organisiert und die Jugendgruppe „Muslimische Jugend Österreich“ ins Leben gerufen. Auf ihrer Homepage verstehen sie sich als „islamisch, unabhängig, multiethnisch, verfassungstreu und deutschsprachig“ (www.mjoe.at), was bereits auf eine fortgeschrittene Integration in die Mehrheitsgesellschaft hinweist. Ein ähnliches Selbstbewusstsein basiert auf den zunehmend qualifizierten Schulabschlüssen junger Muslime und auf der Gründung zahlreicher islamischer Unternehmen.

Schließlich gehört zur fortschreitenden Institutionalisierung der Muslime die Konferenz der „Leiter islamischer Zentren und Imame“, die sich im Jahr 2003 in Graz zu ihrem ersten Treffen versammelt hat. Diese Konferenz hat sich gegen jede Form von Extremismus und Fundamentalismus verwahrt. Am 24. April 2005 haben sich 160 Vorbeter Österreichs in Wien getroffen, darunter 25 Frauen. Diese Konferenz hat folgende Stellungnahme abgegeben:

„Die TeilnehmerInnen der Konferenz betonen das Festhalten an verfassungsrechtlichen Prinzipien in der Republik Österreich, darin eingeschlossen und besonders hervorzuheben die Gleichheit aller BürgerInnen vor dem Gesetz, Pluralismus, demokratischer Parlamentarismus und Rechtsstaatlichkeit. Der Anerkennungsstatus des Islam in Österreich und die damit verbundenen praktischen Vorteile wie das Recht auf freie und öffentliche Religionsausübung, innere Autonomie der Islamischen Glaubensgemeinschaft, Religionsunterricht an den Schulen und Berücksichtigung der Religionszugehörigkeit, z.B. beim Bundesheer, wird von den muslimischen BürgerInnen wahrgenommen und hoch geschätzt" (Strobel 2006, 202).

Im Jahr 2003 ist in Wien analog zu jüdischen Schulen ein Islamisches Gymnasium eröffnet worden. Angesichts von Deutschen Schulen oder Schweizer Schulen in wichtigen Städten auf der ganzen Welt kann ein solcher Schritt so verstanden werden, dass hier die islamische Tradition und Kultur gepflegt werden sollen. Unterrichtssprache ist Deutsch, die Mehrzahl der Lehrkräfte, wie auch die Direktoren, sind Christen (wie auch an der Jüdischen Schule in Wien). Eine solche Schule kann durchaus ein Dialogzentrum mit Schulen aus anderen Religionen werden und muss zu keiner fundamentalistischen Kaderschmiede degradiert werden. Weitere islamische Bildungseinrichtungen in Wien sind eine Fachschule, Kindergärten und eine Volksschule.

Islamischer Religionsunterricht seit 1982/83

Das 40-jährige Bestehen der IGGiÖ (1979–2009) kann auf eine einzigartige rechtliche Stellung des Islams in Österreich zurückblicken. Die religiöse Praxis von Musliminnen und Muslimen, aber auch von Angehörigen anderer Religionen, wird in Österreich keineswegs behindert. Einige neue Moscheen konnten gebaut, muslimische Friedhöfe (in Wien seit 2003) anberaumt werden. Der toleranten Einstellung gegenüber Muslimen entspricht in Österreich eine Integration der Muslime in die im Land geltende Demokratie und die Beachtung der Menschenrechte.

Zu den von Muslimen eingeforderten Rechten gehört das Recht auf Glaubensunterweisung im schulischen Religionsunterricht. Dieses Recht enthält das Recht auf Religionsfreiheit, gemäß dem negativ niemand gezwungen werden darf und positiv die eigene Religion ausgeübt werden kann. Zu einem früheren Zeitpunkt als in Deutschland konnte in Österreich bereits im Schuljahr 1982/83 *Islamischer Religionsunterricht* eingeführt werden. Muslimische Kinder und Jugendliche werden also bereits seit mehr als 25 Jahren in Österreich in die islamische Religion eingeführt. Sie erhalten im schulischen Kontext ein Grundwissen über den Islam und seine religiösen Pflichten; sie werden mit dem Koran vertraut gemacht und lernen das Leben Muhammads kennen. Ansatzweise werden Vergleiche zu der gelebten Religion der Christen in ihren verschiedenen konfessionellen Ausgestaltungen angestellt. Weil nicht in allen Klassen genügend Schüler für den Unterricht zusammenkommen, müssen Schüler aus verschiedenen Klassen und eventuell Schulen zu Lerngruppen zusammengeführt werden, wie dies auch im christlichen Religionsunterricht der christlichen Konfessionen der Fall ist. Dieser Unterricht wird (auf Initiative v. a. islamischer Religionslehrer) in der Schulsprache Deutsch durchgeführt, der Koran dabei naturgemäß arabisch gelesen und gemäß geltendem, derzeit in Revision sich befindenden Lehrplan erteilt. Da nicht alle Eltern damit einverstanden sind und aus weiteren Gründen (z.B. organisatorischen Gründen, Stellung im

Stundenplan, Nachmittagsunterricht), kommt es zu erheblichen Abmeldungen. Der islamische Religionsunterricht ist in Österreich gleichberechtigt mit dem Religionsunterricht der evangelischen, katholischen und orthodoxen Christen sowie mit demjenigen der Juden und auch von anderen Glaubensgemeinschaften. Oft findet er am Nachmittag statt. Aufgrund des Mangels an Religionslehrern kann der Religionsunterricht aber gegenwärtig nicht in - allen Konfessionen und Religionen stattfinden.

Ausbildung islamischer Religionslehrer

Österreich nimmt in der Ausbildung islamischer Religionslehrerinnen und -lehrer eine Vorreiterrolle ein. Denn in Wien wurde für das Schuljahr 1998/99 eine „Islamische Religionspädagogische Akademie" (IRPA) eingerichtet. Diese qualifiziert angehende Lehrerinnen und Lehrer seit zehn Jahren mit einer wissenschaftlich fundierten, praxisorientierten Ausbildung auf Hochschulniveau. Seit 2006 gibt es in Wien einen Lehrstuhl (Prof. Ednan Aslan) und einen Masterstudiengang für das Lehramt an höheren Schulen (Gymnasien). Prof. Martin Jäggle (kath.) und Prof. Susanne Heine (evang.) sind Mitglieder der Curriculumskommission, des Berufungsausschusses und des wissenschaftlichen Beirates. Nachdem die ersten Religionslehrer noch aus den Herkunftsländern eingereiste Imame gewesen waren, studieren jetzt angehende Lehrerinnen und Lehrer der zweiten und dritten Migrantengeneration die entsprechenden Fächer. Der Lehrplan unterscheidet sich in ähnlicher Weise vom Programm der Koranschulen, wie sich der christliche, schulische Religionsunterricht von der Gemeindekatechese unterscheidet. Im ersten stehen informierende, religionskundliche Texte eines durchweg bekenntnisorientierten Religionsunterrichts im Vordergrund, im letzteren eher Einführungen in die Glaubenspraxis, in Gebet und Koranrezitation. Die Produktion der Unterrichtslehrbücher kommt mangels Infrastruktur und Lehrbuch-Know-how nicht im gewünschten Maße voran. Es wird mit diversen Unterrichtsbüchern gearbeitet, die 1993–95 von türkischer Seite erstellt wurden. Gegenwärtig findet ein Produktionsschub statt. Unter Beschuss geriet ein umstrittenes Buch von Yusuf al-Qaradawi, das sogar vom Unterrichtsministerium aufgrund unhaltbarer Positionen verboten werden musste. – Insgesamt aber trägt die islamische Lehreraus- und Fortbildung ihre Früchte. Mittlerweile sind an die vierhundert islamische Religionslehrer/innen in Österreich tätig, einige von ihnen auch in einem zweiten Fach und damit in den Lehrkörper vor Ort integriert.

Eine umstrittene Umfrage

Im Jahr 2009 wurden Ergebnisse einer 2007 von Mouhanad Khorchide bei 210 Religionslehrern durchgeführten Umfrage bekannt, welche die heimischen Parteien und die österreichische Presse alarmierten. Die im Namen der IGGiÖ durchgeführte Umfrage enthält suggestive Fragen, welche die Dachorganisation versäumte, zum richtigen Zeitpunkt zu hinterfragen. Zuerst sei festgehalten, dass die Mehrheit der Ergebnisse auf die über 16 Fragen durchaus verständlich ist. So haben 91,4 % der Befragten verneint, Gewalt sei zur Ausbreitung des Islams anzuwenden. 85,7 % vertreten die Meinung, es sei besser für Muslime, sich in Österreich zu integrieren, um die islamische Identität zu wahren, statt unter sich zu bleiben. Angefragt wurden indessen folgende Ergebnisse zu Fragen der Demokratie, zum Unglauben und zur Europakompatibilität der islamischen Religion:

Aussage	Trifft (eher) zu (in %)	Trifft (eher) nicht zu (in %)
„Ich lehne die Demokratie ab, weil sie sich mit dem Islam nicht vereinbaren lässt."	**21,9**	**78,1**
„Ich lehne die österreichische Verfassung ab, weil sie im Widerspruch zum Islam steht."	**14,7**	**85,3**
„Ich sehe einen Widerspruch zwischen Muslim und Europäer sein."	**28,4**	**71,5**

Quelle: Falter 5/09; http://www.kurier.at/nachrichten/290206php (13.02.2009)

Der ehemalige Präsident Anas Schakfeh sah sich veranlasst, auf die antidemokratische Einstellung der Minderheit der Religionslehrer einzugehen und das Selbstverständnis des islamischen Religionsunterrichts einmal mehr darzulegen. Für ihn sei der islamische Religionsunterricht selbstverständlich kein Mittel der Abgrenzung, sondern für die hier lebenden Muslime viel eher ein Instrument der Integration in die Gesellschaft Österreichs und Europas.

Schakfeh betont einen islamischen „Weg der Mitte", jenseits von jedem Fundamentalismus, stattdessen orientiert am Gemeinwohl und an einem „Frieden für alle". Er gebe zu, dass islamischer Religionsunterricht durchaus islamische Identität auszubilden beabsichtige, nicht aber ein Überlegenheitsgefühl bei Muslimen über Nicht-Muslime erzeugen wolle. Der islamische Religionsunterricht soll „Orientierung und einen geschützten Raum" erzeugen, um über die eigene soziale Rolle nachzudenken. Er soll offen machen für Österreich und Europa, um einst politische Verantwortung zu übernehmen. Die islamische Lebensweise sei keineswegs unvereinbar mit der Zugehörigkeit zu Österreich und Europa. Schakfeh weiß um die differenten islamischen Glaubensrichtungen und regt den „innermuslimischen Diskurs" an. Ferner plädiert er für die Chancengleichheit von Frau und Mann und befürwortet eine kritische Auseinandersetzung mit der islamischen Tradition in dieser Frage. Insgesamt tritt er für Dialog und Zusammenleben in gegenseitigem Respekt ein, also für Grundhaltungen, die der islamische Religionsunterricht einüben soll. Mit den Worten des Präsidenten Anas Schakfeh:

„Ziel ist es schließlich, junge muslimische Menschen dazu heranzubilden, wertvolle Mitglieder in der Gesellschaft zu sein und sie zu ermutigen, durch Teilhabe an einem friedlichen und respektvollen Zusammenleben mitzuwirken."[3]

Schakfeh räumt ein, dass es unter Religionslehrern in Österreich eine antidemokratische Minderheit geben könne, doch sei diese mehrheitlich bei älteren Lehrern, die in der ersten Generation zugereist seien, anzutreffen, also bei sogenannten „unkündbaren Altfällen". Von den jüngeren Lehrern meint er zu wissen, dass die große Mehrheit in diesen Fragen aufgeschlossen denkt und im islamischen Religionsunterricht auch in diesem Sinne lehrt.

Fazit

Im europäischen Vergleich genießen Musliminnen und Muslime in Österreich eine einzigartige rechtliche Stellung. Sie haben mittlerweile dieselben Rechte und Pflichten wie die einheimischen Bürgerinnen und Bürger. Ihre Integration in die Mehrheitsgesellschaft ist weit vorangeschritten. Die Religionsfreiheit wird aktiv und passiv wahrgenommen, ohne Anstoß zu erregen. Im Bezug auf die Demokratiefähigkeit und Europakompatibilität des Islams bestehen bei älteren Musliminnen und Muslimen noch einige Fragen, die sie aus ihren Herkunftsländern mitgebracht haben. Der islamische Religionsunterricht trägt dazu bei, jungen Muslimen ein religiös islamisches Selbstverständnis mitzugeben und sie nicht im religionslosen Niemandsland zu belassen. Fundamentalistische Tendenzen machen sich ganz wenige bemerkbar, weil alle Religionsgemeinschaften anerkannt sind und für alle dieselbe Rechtslage besteht. Eine schöne Frucht ist der jährliche religionenübergreifende, interreligiöse Schülerkalender mit einer hohen Auflage (über 100.000 Exemplare).

Bosnischer Islam für Europa?

Geschichte, Organisation, Sozialethik[1]

HANSJÖRG SCHMID

Muslime aus den Nachfolgestaaten Jugoslawiens und anderen Teilen des Balkans bringen eine jahrhundertelange Erfahrung als Muslime in Europa mit, die auch für Diskussionen über einen „europäischen Islam" von großer Bedeutung ist. Aus den verschiedenen Islamtraditionen dieses Gebiets wird hier der bosnische Islam herausgegriffen, da er Besonderheiten aufweist, die ihn für die Diskussion in Westeuropa besonders relevant machen.

Ausgangspunkt ist eine Skizze der geschichtlichen Entwicklungen, welche zum heutigen Erscheinungsbild des bosnischen Islams geführt haben. Der Schwerpunkt wird sodann auf zwei Felder gelegt, welche für die Diskussion um die Modellhaftigkeit des bosnischen Islams von besonderem Interesse sind: Zum einen die Organisationsstruktur, zum anderen Fragen der Sozialethik, näherhin des Selbstverständnisses von Religionsgemeinschaften in einer multireligiösen Umgebung und einem säkularen Staat. Genau in diesem Feld sehen bosnische Muslime ihren Beitrag für Europa. In Bezug auf eine mögliche Modellfunktion für Westeuropa ist von Bedeutung, dass es dort eine beachtliche bosnische „Diaspora" gibt. Hier stellt sich die Frage, inwieweit diese als Vermittlerin modellhafter Aspekte in Erscheinung treten kann.

„Bosnischer Islam"?

Der Islam im heutigen Westeuropa ist eine eingewanderte Religion und als solche nicht ohne Bezug zu den Herkunftsländern der eingewanderten Muslime zu verstehen. Meist richten sich dabei die Blicke in Richtung Türkei, auf arabische Länder oder den Iran, obwohl Muslime aus dem ehemaligen Jugoslawien die größte Gruppe von Muslimen in der Schweiz und die zweitgrößte Gruppe von Muslimen in Deutschland und Österreich darstellen. Der außerhalb Bosnien-Herzegowinas wohl bekannteste Vertreter des bosnischen Islams, der 2002 verstorbene Smail Balić, sprach vom „unbekannten Bosnien"[2]. Auch in der Diskussion um europäischen Islam wurde die Stimme der balkanischen Muslime bislang wenig beachtet,[3] obwohl ihnen hier eine Schlüsselfunktion zukommt. Seit Kurzem wächst das Bewusstsein, dass es vierzehn Jahre nach dem Krieg nicht nur um die Frage geht, wie in Bosnien-Herzegowina dauerhaft Frieden zu sichern ist, sondern auch darum, welchen Beitrag dieses kleine Land für Europa leisten kann.

Bisweilen wird der Terminus „bosnischer Islam" auch als Abgrenzungsbegriff gegenüber anderen, vermeintlich intoleranten Ausprägungen des Islams verwendet. Dagegen ist zu betonen, dass es auch in anderen Teilen Europas und der islamischen Welt vergleichbare islamische Aufbrüche gibt, besonders dort, wo die Gesellschaften multireligiös zusammengesetzt sind. Hier ist zum Beispiel auf Indien und Russland zu verweisen, auf die bosnische Reformdenker teilweise auch Bezug nehmen. Selbstverständlich kann auch der bosnische Islam nur in Interaktion mit der islamischen Welt verstanden werden und ist selbst eine polyphone Größe. Zudem ist der bosnische Islam als eine Teilmenge des „Balkan-Islam" zu verstehen und weist mit dem Islam in Albanien, im Kosovo oder in Mazedonien viele gemeinsame Merkmale auf. Vor allem aufgrund der 40 Jahre andauernden österreichischen Epoche (1878–1918) kommt dem bosnischen Islam jedoch eine Sonderrolle zu, die nicht zuletzt durch die spätere Verknüpfung von religiöser und nationaler Identität bis heute auch politisch relevant ist.[4] Das Bewusstsein eigener Traditionen findet in Bosnien darin seinen Niederschlag, dass in der Verfassung der Islamischen Gemeinschaft *(Islamska zajednica)* in Bosnien von 1997 als Quellen neben Koran und Sunna* die „islamischen Traditionen der Bosniaken"* und die „Erfordernisse der Zeit" genannt werden.[5]

Geschichte: Muslimsein in verschiedenen politischen Kontexten

Das im 6. und 7. Jahrhundert christianisierte Bosnien-Herzegowina wurde 1463 Teil des Osmanischen Reiches und entwickelte sich dort innerhalb desselben zu einem multireligiösen Gebiet, nachdem viele Bewohner in erster Linie aus wirtschaftlichen und sozialen Gründen zum Islam konvertierten. Prägend für die Moderne waren die Tanzimat*-Reformen im 19. Jahrhundert, die auch in Bosnien, der westlichsten Provinz des Osmanischen Reiches, zahlreiche Neuordnungen (arab. *tanzimat*)[6] mit sich brachten.[7] Ausgehend von Militär, Verwaltung, Steuerwesen, Justiz, Schulwesen und Industrie, veränderte sich die gesamte Gesellschaft. Gerade was die Abschaffung der Janitscharen und die Umwandlung des Militärs in eine moderne Armee betraf, gab es in Bosnien starke Widerstände, insbesondere bei vielen islamischen Repräsentanten, die möglicherweise von der großen Entfernung von Istanbul mit bedingt waren. Eine entscheidende Neuerung betraf das Rechtswesen: Die Unterordnung des weltlichen Rechts *(kanun)* unter die Scharia* wurde aufgehoben; ein zweispartiges Gerichtswesen mit eigenständigen weltlichen Gerichten wurde eingeführt. Mit dieser Trennung, die bis 1946 Bestand hatte, wurde der Weg für eine zukünftige Säkularisierung geebnet. Ein weiterer Schritt dahin war die Einführung staatlicher Sekundarschulen, die neben die islamischen Medresen* traten, auf welche die Reformen keine Auswirkungen hatten. Auch wenn es bei den Tanzimat-Reformen um eine Europäisierung ging, fanden die Reformen noch in einem islamischen Bezugsrahmen und in einem islamischen Staat statt, was sich dann jedoch bald ändern sollte.

Auf dem Berliner Kongress 1878, der nach Aufständen und Bauernunruhen eine Friedensordnung für Südosteuropa aushandelte, wurde Bosnien-Herzegowina unter habsburgische Verwaltung und Besatzung gestellt und blieb nur noch formell Teil des Osmanischen Reiches. Indem die bosnischen Muslime sich plötzlich als Minderheit unter nichtmuslimischer Herrschaft wiederfanden, waren sie mit einer völlig neuen Situation konfrontiert, die in vielem der Situation der Muslime in Westeuropa heute entspricht. Im Gegensatz zum Sultan in Istanbul, dem „Shaikh ul-Islam"*, sprachen sich in dieser Zeit bosnische Gelehrte dafür aus, dass keine Auswanderung *(hijra)* geboten sei und Muslime die Pflicht hätten, ihren Dienst auch in einer nicht-muslimischen Armee zu leisten. Beides prägte den Weg der Integration, den die bosnischen Muslime gegangen sind. Unterstützt wurden die bosnischen Gelehrten vom ägyptischen Reformtheologen Muhammad Rashid Rida, der eine Auswanderung nur dann für geboten hielt, wenn Muslime ihre Religion nicht praktizieren können.

Es folgte eine Periode vielgestaltiger Reformen, welche eine Europäisierung und Modernisierung in Anknüpfung an lokale Traditionen mit sich brachten.[8] Die Gesellschaftsordnung des osmanischen Millet-Systems*, das nichtmuslimischen religiösen Minderheiten ein hohes Maß an Selbstverwaltung gewährte, wurde unter dem Vorzeichen christlicher Herrschaft gewissermaßen „umgekehrt“, so dass jetzt der Islam einem nichtmuslimischen System eingeordnet wurde. Die Muslime erhielten wie die römisch-katholische Kirche, die griechisch-katholische Kirche, die serbisch-orthodoxe Kirche, die evangelische Kirche und die Juden den Status einer anerkannten Religion. Das muslimische Schulwesen bestand neben dem ausgeweiteten staatlichen Schulwesen weiter und wurde reformiert; so wurde eine dreijährige Reform-Elementarschule eingeführt. Der Islam, der zwar Institutionen, aber keine den Kirchen vergleichbare Verfasstheit kennt, wurde in Bosnien-Herzegowina strukturell „verkirchlicht“. Er wurde damit anders als im Osmanischen Reich unabhängig vom Staat institutionalisiert und erhielt eine moderne, von Istanbul unabhängige Organisationsform, die für den Staat fortan als klar greifbares Gegenüber zur Verfügung stand. Damit verfolgten die Habsburger die Absicht, die bosnischen Muslime möglichst von jeglichem Einfluss aus Istanbul fernzuhalten. Die Muslime merkten aber auch selbst, dass sie ohne eine eigene Organisationsform weit hinter den Kirchen zurückbleiben würden.

An der Spitze stand fortan der Reisu-l-ulema („Oberhaupt der Gelehrten“), der nach österreichischem Recht den Status eines Erzbischofs hatte. Es handelte sich hierbei um einen Ehrentitel aus osmanischer Zeit, der später auch in der britischen Mandatszeit in Palästina verwendet wurde. Ein Wahlgremium bosnischer Gelehrter erstellte eine Dreierliste, aus der der Kaiser in Wien einen Kandidaten auswählte und ernannte. Danach erhielt der Reis ein förmliches Ernennungsschreiben vom Istanbuler Shaikh ul-Islam, womit ein gewisses Maß an Anbindung an die muslimische Ummah* gewahrt blieb.

Dem Reisu-l-ulema wurden ein vierköpfiger regierender Rat und ein wie eine Synode organisierter Rat der Gelehrten zur Seite gestellt. Die Schariatsgerichte aus osmanischer Zeit blieben bestehen und wurden als Staatsorgane dem österreichischen Rechtswesen eingegliedert. Die Scharia wurde weiter angewandt, aber nur im Bereich des Erb- und Familienrechts. Eine Modernisierung fand hier dadurch statt, dass mit dem Hohen Schariatsgericht in Sarajewo eine Berufungsinstanz eingeführt wurde und die fortan durch die nicht-muslimischen Herrscher eingesetzten Kadis* eine moderne juristische Ausbildung erhielten.

1908 wurde Bosnien-Herzegowina annektiert und damit die Eingliederung ins Habsburgerreich vollendet. Im Islamgesetz von 1912 wurden die Anerkennung des Islams als Religionsgesellschaft und die Selbstverwaltung unter Staatsaufsicht festgeschrieben.[9] Allerdings endete bereits 1918 die Habsburgerherrschaft, wodurch Bosnien Teil des südslawischen Königreichs der Serben, Kroaten und Slowenen wurde, in dem die Muslime einen gesellschaftlichen Bedeutungsverlust erlitten. In dieser Zeit fanden weitere Reformen statt; der Religionsunterricht wurde in der Landessprache erteilt, Frauen traten zunehmend ohne Schleier auf. 1930 wurde die staatliche Kontrolle über die islamische Verwaltung in Bosnien verstärkt und deren Autonomie vorläufig beendet. Es entstand eine einheitliche religiöse Verwaltung für die Muslime in ganz Jugoslawien, deren Repräsentanten nicht mehr gewählt, sondern von der Regierung eingesetzt wurden. Von 1930 bis 1936 befand sich der Sitz des Reisu-l-ulema in Belgrad.

Ein neues Kapitel von Veränderungen – vergleichbar mit dem nach 1878 – begann nach dem Zweiten Weltkrieg. In der ab 1945 bestehenden jugoslawischen Föderation, die eine strikte Trennung von Staat und Religion verkörperte, wurden die Schariatsgerichte abgeschafft, ein großer Teil der religiösen Stiftungen ebenso wie religiöse Schulen – bis auf die ohne Unterbrechung seit 1537 bestehende Gazi-Husrev-Beg-Medrese in Sarajewo – wurden verstaatlicht. All das hatte zur Folge, dass sich

Bosnien-Herzegowina zum am meisten säkularisierten Teilstaat Jugoslawiens entwickelte. Eine wachsende Liberalität des Regimes ermöglichte jedoch ab den 1970er-Jahren einen „Islamic revival“, den eine neue Generation muslimischer Intellektueller prägte, die an jugoslawischen Universitäten oder Hochschulen in islamischen Ländern studiert hatten. In dieser Zeit wurden zahlreiche Moscheen gebaut und die publizistischen Aktivitäten der Muslime intensiviert, insbesondere durch die seit 1970 erscheinende zweiwöchentliche Zeitschrift Preporod („Renaissance“) und den Verlag El-Kalam[10]. In der neuen Verfassung von 1974 wurden die bosnischen Muslime als eigene ethnische Gruppe unter der Bezeichnung „Muslimani“ anerkannt und konnten sich somit als Muslime im nationalen Sinn deklarieren, wodurch auch die Beschäftigung mit dem islamischen Erbe verstärkt wurde.[11]

Mit dem Zerfall Jugoslawiens fand auch eine Politisierung des Islams statt. 1990 wurde die Partei der Demokratischen Aktion (SDA) gegründet. Einer ihrer Mitbegründer, Alija Izetbegovic (1925–2003), wurde erster Präsident der Republik Bosnien und Herzegowina,[12] ein anderer, Mustafa Cerić, 1993 Reisu-l-ulema. 1993 entstanden vier autonome islamische Gemeinschaften: Bosnien-Herzegowina, Kosovo, Mazedonien und Serbien-Montenegro, die teilweise bis heute um Einfluss konkurrieren. In der Kriegszeit wuchs auch das Interesse an religiöser Erziehung, so dass zahlreiche neue Medresen entstanden, die den türkischen Imam-Hatip-Schulen vergleichbar sind. Diese wurden 2004 reformiert, wobei der Anteil religiöser Fächer verringert wurde. Die Medresen sind seitdem voll ins staatliche Schulsystem integriert und haben denselben Status wie etwa die franziskanischen Gymnasien. Sie sind nicht mehr allein auf die Ausbildung von Imamen ausgerichtet; ihre Absolventen können an allen Fakultäten studieren.[13] Auch wenn der Aufbau der Medresen teilweise von Organisationen aus islamischen Ländern unterstützt wurde, unterrichten dort bosnische Religionslehrer, von denen die meisten an der Fakultät in Sarajewo studiert haben, so dass eine Indoktrinierung aus dem Ausland auszuschließen ist. Von einer Re-Islamisierung der bosnischen Gesellschaft kann ebenfalls keine Rede sein.

Nach dem Ende Jugoslawiens wandten sich die Muslime im Bosnienkrieg (1992–1995) angesichts der europäischen Zurückhaltung verstärkt islamischen Staaten zu. Der Krieg führte zu Flucht und Vertreibung der Hälfte der Gesamtbevölkerung und mehr als 100.000 Todesopfern, 85 % von ihnen Muslime. Das Massaker von Srebrenica* hat tiefe Wunden hinterlassen und steht bis heute dafür, dass sich die bosnischen Muslime von der internationalen Gemeinschaft im Stich gelassen sehen.

Seit Ende des Krieges sind die sich nun als Bosniaken bezeichnenden Muslime wie auch die beiden anderen Volksgruppen Bosnien-Herzegowinas, die Serben und Kroaten, mit großen Herausforderungen konfrontiert: Wiederaufbau von Staat und Zivilgesellschaft, Versöhnung zwischen den Volksgruppen, Umgang mit wachsendem Nationalismus und äußeren Einflüssen.[14] Bis heute existiert entsprechend dem Friedensvertrag von Dayton* nur ein schwacher Gesamtstaat Bosnien und Herzegowina, der die aus zehn Kantonen bestehende Muslimisch-Kroatische Föderation und die Serbische Republik umfasst und in dem alle politischen Ämter nach Proporz der drei Volksgruppen vergeben werden. Auch bei den letzten Wahlen gingen die nationalistischen Parteien als Sieger hervor. Die politische und ökonomische Instabilität wirkt sich auch auf die Religionsgemeinschaften aus.

Organisationsstruktur: Die Islamische Gemeinschaft und die Fakultät für Islamische Studien

Mit der Unabhängigkeit Bosnien-Herzegowinas hat die Islamische Gemeinschaft ihre Freiheit zurückgewonnen. Sie bildet eine muslimische Einheitsvertretung, neben der zumindest offiziell keine anderen Organisationen bestehen. Als solche ist sie in sich pluralistisch und umfasst traditionalistische wie modernistische Strömungen ebenso wie Sufis. Nach der neuen Verfassung der Islamischen Gemeinschaft von 1997[15] ist die Amtszeit des Reisu-l-ulema, der als Symbolfigur der islamischen Einheit verstanden wird, auf sieben Jahre mit einmaliger Wiederwahl begrenzt. Der Sabor* („Hauptversammlung") mit 83 Mitgliedern ist eine Art Parlament, das auch gewählte Vertreter der Diaspora aus Westeuropa, Nordamerika, Australien in seinen Reihen hat. Der von der Hauptversammlung gewählte Rijaset* mit 15 Mitgliedern stellt eine Art kollektive Präsidentschaft und Regierung dar. Daneben gibt es entsprechend der Gewaltenteilung auch ein Verfassungsgericht. Auf den verschiedenen administrativen Ebenen, die nach dem Territorialprinzip organisiert sind, gibt es jeweils gewählte Laienräte und eine geistliche Hierarchie, die von Imamen über Hauptimame und Muftis bis zum auch als Großmufti bezeichneten Reisu-l-ulema reicht. Nach dem bosnischen Gesetz über Religionsfreiheit aus dem Jahr 2004 hat die Islamische Gemeinschaft einen privatrechtlichen Status;[16] sie unterhält jedoch religiöse Schulen, kooperiert mit dem Staat im Bereich der Sonderseelsorge und erteilt Religionsunterricht, obwohl zunächst umstritten war, ob nicht ein religionsübergreifendes Fach „Religionskultur" einem konfessionellen Unterricht vorzuziehen sei. Blickt man auf Struktur und Geschichte der Islamischen Gemeinschaft in Bosnien, so stellen diese in vielerlei Hinsicht Antworten auf gesellschaftliche Veränderungen und auf staatliche

Anforderungen dar, die von außen an die Muslime herangetragen wurden.[17]

Sarajewo, das religiöse und kulturelle Zentrum der Muslime auf dem Balkan, wird oft mit Jerusalem verglichen, da sich dort ebenfalls auf engem Raum Kirchen, Moscheen und Synagogen befinden. Im Stadtzentrum Sarajewos ist das Erbe der osmanischen und der habsburgischen Kultur in direkter Nachbarschaft architektonisch sichtbar. Sarajewo ist aufgrund seiner Geschichte und Ausstrahlung dazu prädestiniert, verstärkt ein Ort für die Identitätssuche europäischer Muslime zu werden, und würde sich auch als Ort für ein Auslandsjahr in Deutschland studierender zukünftiger islamischer Religionslehrer und Imame anbieten.

Ein zentrales Element und Denkschmiede des bosnischen Islams ist die „Fakultät für Islamische Studien“ in Sarajewo, die 1977 im Zusammenhang mit dem „Islamic Revival“ gegründet wurde.[18] Sie knüpft räumlich und ideell an zwei Vorgängereinrichtungen an: zunächst an die 1887 gegründete „Schule für Schariatsrichter“, an der Theologie und islamisches wie österreichisches Recht unterrichtet wurden. Diese Schule wurde 1937 in den Status einer „Hochschule für Scharia und Theologie“ mit religionswissenschaftlichen Studienanteilen erhoben. 1945 wurde sie von der kommunistischen Regierung geschlossen, so dass bis 1977 keine Ausbildungsmöglichkeit auf Hochschulniveau bestand. In dieser Zeit begaben sich zahlreiche muslimische Studenten aus Bosnien in muslimische Länder, um dort islamische Theologie zu studieren. Dies führte nach ihrer Rückkehr zu Konflikten zwischen verschiedenen Islaminterpretationen. Seit 2004 ist die Fakultät mit der Universität Sarajewo assoziiert. Sie ist Ausdruck einer Kooperation bei gleichzeitiger Trennung von Staat und Religionsgemeinschaften und hat so einen einzigartigen Charakter in Europa. Derzeit belegen dort mehr als 380 Studierende die nach den Bologna-Kriterien aufgebauten Studiengänge für Theologie, islamische Religionspädagogik und Imame; hinzukommen noch Studierende verschiedener Fernstudiengänge. Begegnet man Mitarbeitern der Fakultät, die an den verschiedensten europäischen und außereuropäischen Universitäten studiert haben, so beeindruckt deren weiter Horizont und internationale Erfahrung. Viele haben auch an anderen Fakultäten Fächer wie Philosophie, Sozialwissenschaften oder Jura absolviert. Zwei der muslimischen Professoren haben in Zagreb und Paris katholische Theologie studiert. Neben den klassischen islamischen Disziplinen stehen an der Fakultät für Islamische Studien auch Fächer wie Englisch, Entwicklungspsychologie und vergleichende Religionswissenschaft auf dem Stundenplan. Die Lehrbücher umfassen Beiträge muslimischer und nichtmuslimischer Autoren. Darunter befindet sich auch eine Anthologie christlicher Texte mit dem Ziel, christliche Selbstdarstellungen, die vielfach vom koranischen Bild überdeckt wurden, adäquat wahrzunehmen. Dozenten der franziskanisch-theologischen Fakultät in Sarajewo halten zudem regelmäßig Gastvorlesungen.

Der bis Oktober 2007 amtierende Dekan Enes Karić betrieb eine Politik der Öffnung und Internationalisierung, die von seinem Nachfolger Ismet Bušatlić fortgeführt wird. Karić kandidierte 2005 gegen den amtierenden Reis Cerić, unterlag jedoch. Gegen wahhabitische Einflussversuche erwies sich die Fakultät als resistent. Inzwischen bestehen Hochschulpartnerschaften mit Erfurt und Tübingen, die auch Studierenden aus Deutschland das Kennenlernen des bosnischen Islams ermöglichen. Ein englischsprachiges Studienprogramm befindet sich in Vorbereitung. Neben Bosnisch ist jetzt Englisch und nicht mehr wie früher Türkisch oder Deutsch Wissenschaftssprache für bosnische Theologen. Aber auch das Erlernen der deutschen Sprache wird an der Fakultät gefördert. Mit der sprachlichen Öffnung verbinden manche Vertreter des bosnischen Islams die Hoffnung, dass die Fakultät in Sarajewo zu einer Art europäischer Al-Azhar werden könnte, an der zukünftige Imame aus verschiedenen europäischen Ländern ihr Studium absolvieren.

Während der Belagerung Sarajewos im Krieg sind in Bihać und Zenica zwei inzwischen ebenfalls den Universitäten angeschlossene „Islamische Religionspädagogische Akademien“ entstanden, die zwar förmlich der Islamischen Gemeinschaft unterstehen, an denen jedoch einige in Saudi-Arabien ausgebildete Professoren unterrichten.[19] Deren Ausrichtung ist somit ein Ergebnis des Krieges und der Nachkriegszeit und unterscheidet sich vom modernen, westlichen Gepräge der Fakultät in Sarajewo. Dadurch wird deutlich, dass es innerhalb des bosnischen Islams unter dem Dach der Einheitsvertretung unterschiedliche Strömungen gibt, wobei die reformorientierten und gemäßigten Kräfte, die die spezifischen bosnischen Islamtraditionen hochhalten, sicherlich in der Mehrheit sind.

Sozialethik: Positionen zum Verhältnis von Islam und Europa

Die spezifische geschichtliche Entwicklung des bosnischen Islams hat einerseits die beschriebene interne Organisationsstruktur hervorgebracht, andererseits auch zu einer spezifischen Verortung des Islams in der Gesellschaft geführt. Somit gibt das bosnische Modell Antwort auf Fragen des menschlichen Zusammenlebens.[20] Wie bereits angedeutet, bildet der bosnische Islam keine einheitliche Größe. Im Folgenden werden daher Tendenzen dargestellt, die in diesem Zusammenhang als insgesamt prägend und modellhaft gelten können.

Muslimsein in einem modernen, multireligiösen Umfeld

Ausschlaggebend für das bosnische Modell ist eine neue reformorientierte Interpretation des Islams, auf die der islamische Modernismus einen großen Einfluss ausübte.[21] So war der von 1913 bis 1930 amtierende bosnische Großmufti Mehmed Džemaludin Čaušević ein Schüler des ägyptischen Reformers Muhammad Abduh. Prägend für die heutige Generation bosnischer Muslime ist der Reformtheologe Husein Djozo (1912–1982), dessen Anliegen eine zeitgemäße und traditionskritische Islaminterpretation war: „Selbst wenn es sich um dasselbe Problem handeln würde, nur in einer anderen Zeit und unter anderen Umständen, gäbe es zwei verschiedene Lösungen und Anwendungen. Es ist unmöglich, zu welchem Problem auch immer eine endgültige konkrete Lösung zu bieten und darüber das letzte Wort zu sagen."[22] Wenn sich die heutigen Vordenker des bosnischen Islams mit sozialethischen Fragen befassen, greifen sie dabei mehr oder weniger stark auf Djozos Leitprinzip zurück.

Ein weiteres Merkmal neben der zeitgemäßen Neuinterpretation ist die vor allem nach 1878 einsetzende und bis heute existente doppelte Verwurzelung bosnischer Islamgelehrter in westlichen und islamischen Traditionen. Der systematische Theologe Adnan Silajdžić (geb. 1957), dessen neustes Buch im Jahr 2007 anlässlich des 30-jährigen Geburtstags der Fakultät erschien, hält den Islam für in hohem Maße absorptions- und integrationsfähig. Sein Ziel ist es, in einem „synthetic approach" Islam und westliche Kultur miteinander zu verbinden.[23] Ein konkretes Beispiel dafür gibt Dževad Hodžić (geb. 1960), Dozent für Ethik an der Fakultät. Er bezieht sich in bioethischen Fragen auf den Verantwortungsbegriff von Hans Jonas, mit dessen Hilfe er das vielfach kommunitaristisch aufgefasste islamische Verständnis von Gemeinwohl *(maslaha*)* im Sinne von individueller Menschenwürde und Nachhaltigkeit reformuliert.[24] Ebenso werden Erkenntnisse der modernen Sprachwissenschaft und Hermeneutik rezipiert: Der Koranwissenschaftler Enes Karić (geb. 1958) spricht von der „multi-interpretability" des Korans, die der Mehrdeutigkeit anderer Texte vergleichbar sei.[25] Der Koran bringe eine niemals abgeschlossene Interpretationsgeschichte hervor und stelle somit ein universales Buch dar, bei dessen Interpretation auch die Erfahrungen von Nicht-Muslimen zu berücksichtigen seien.

Damit sind bereits erste Antworten auf die Frage gegeben, wie man als Muslim in einer multireligiösen Umwelt leben soll. Außerhalb islamischer Definitionshoheit stehende Segmente der Wissenschaft und Gesellschaft werden nicht im Sinne eines dualistischen Modells unter „Unwissenheit" *(jahiliya)* oder „Unglaube" *(kufr)* subsumiert, sondern als Lernfeld begriffen, das auf den Islam rückwirkt – seien es andere Religionen, wissenschaftliche Theorien oder Philosophien. Diese Haltung wird auch durch eine traditionell tolerante soziale Praxis im Zusammenleben der Religionen in Bosnien-Herzegowina bestätigt.

Islam im säkularen Staat

Eine weitergehende Frage ist, welche öffentliche und politische Rolle der Islam in dieser Situation spielt. Eine eindeutige Position nimmt der Rechtswissenschaftler und frühere Berater des Reisu-l-ulema, Fikret Karčić (geb. 1955), ein, der eng an die geschichtlichen Entwicklungen nach 1878 und 1945 und die Position von Husein Djozo anknüpft. Die Scharia sieht er nicht mehr als positives Gesetz, das vom Staat durchzusetzen ist, sondern als religiöse und ethische Norm, die für das Gewissen des Einzelnen und die Gemeinschaft der Muslime eine Rolle spielen kann. Auch rechtliche Bestimmungen der Scharia sind ethisch zu interpretieren und von den grundsätzlichen Normen und Zielen der Scharia her zu interpretieren.[26] Daher votiert er unzweideutig für einen religionsneutralen säkularen Staat, zu dem eine so interpretierte Scharia nicht im Widerspruch steht. Eine Wiedereinführung des vormodernen Millet-Systems lehnt er ab, da es als Personenrecht dem heutigen Territorialrecht widerspricht und weniger als dieses geeignet ist, Muslime in die Staaten Europas zu integrieren. Karčić trägt damit in hohem Maße geschichtlichen und sozialen Veränderungen Rechung. Seine Position wird von der Mehrheit bosnischer Theologen zumindest in den Grundzügen geteilt. Der Dozent für Systematische Theologie an der Fakultät für Islamische Studien in Sarajewo und Mufti von Slowenien, Nedžad Grabus, hat den Wandel der öffentlichen Rolle des Islams in Bosnien-Herzegowina mit einer prägnanten Formulierung auf den Punkt gebracht: „Der Islam hat in Bosnien-Herzegowina als Glaube begonnen, hat sich dann zum Staat gewandelt und lebt heute als Kultur."[27]

Eine wichtige Position vertritt der seit 1993 amtierende derzeitige Reisu-l-ulema Mustafa Cerić. Er hat eine „Deklaration europäischer Muslime" verfasst, die er erstmals im August 2005 nach den Bombenanschlägen in London vorstellte und die im Februar 2006 in Zagreb als offizielles Dokument der Islamischen Gemeinschaft präsentiert wurde.[28] Das Dokument enthält eine vorbehaltlose Anerkennung von Menschenrechten, Demokratie und Rechtsstaatlichkeit. In einem Punkt unterscheidet es sich jedoch deutlich von Karčićs Position: Cerić bezeichnet Europa als *dar us-sulh* (Haus des Vertrages) und „Haus des Gesellschaftsvertrages" (I.2. und 3.)[29]. Mit *dar us-sulh* werden in der Regel nichtislamische, also außerhalb des „Hauses des Islams" gelegene Länder bezeichnet, die sich – oftmals vor oder nach militärischen Auseinandersetzungen und in der Regel gegen Tributzahlungen – vertraglich verpflichtet haben, den Muslimen im Gegenzug für deren Loyalität gegenüber dem Staat die Ausübung ihrer Religion zu ermöglichen.[30]

Cerić nimmt dadurch einen Brückenschlag vor, dass er dieses Konzept mit dem philosophischen Modell eines Gesellschaftsvertrags verbindet.[31] Zur Untermauerung seiner Position bezieht er sich auf John Rawls, der vom Eigeninteresse der Menschen und ihrer grundsätzlichen Gleichheit ausgeht.[32] Cerić unterscheidet zwischen einem religiösen Bund der Muslime mit Gott und dem Vertrag der Staatsbürger mit dem Staat. Bei genauerem Hinsehen ist der Brückenschlag jedoch nicht unproblematisch, da *dar us-sulh* und „Gesellschaftsvertrag" große Differenzen aufweisen. Der Gesellschaftsvertrag bezieht sich auf einen relativ abstrakten hypothetischen Urzustand: „Insbesondere soll ja die entsprechende Vereinbarung nicht in eine bestehende Gesellschaft eingebracht werden [...]."[33] Rawls geht von wirtschaftlichen und sozialen Ungleichheiten aus, religiöse Differenzen spielen für ihn keine Rolle.[34] Bei *dar us-sulh* handelt es sich zwar einerseits um eine Kategorie, die den Dualismus von *dar ul-Islam* und *dar ul-harb* um eine dritte Größe erweitert, andererseits liegt hier „kein gleichberechtigender Vertrag"[35] vor, und ein Gefälle zwischen Muslimen und Nichtmuslimen bleibt bestehen.

Insgesamt handelt es sich bei Cerićs Entwurf um ein stark kommunitaristisches Modell, in dem die Muslime nicht – wie man vom Rawls-Zitat her erwarten würde – allein als individuelle Bürger, sondern auch als Gruppe eingegliedert sind.[36] Anschließend fordert er nämlich die Einrichtung von muslimischen Schulen zur Erziehung von Muslimen – nicht etwa nur für zukünftige Imame (I.5.c) –, „legitime" muslimische Vertreter in den Parlamenten (I.5.c) und eine Anerkennung des islamischen Familienrechts (I.5.f), die es ansonsten in keinem europäischen Land gibt.[37] Damit knüpft Cerić an die Zeit von 1878 bis 1945 an, in der es Schariatsgerichte für familienrechtliche Fragen in Bosnien-Herzegowina gab.[38] Natürlich sind auch muslimische Abgeordnete wünschenswert; nach dem Verständnis parlamentarischer Demokratien sind sie jedoch Vertreter all ihrer Wähler und nicht nur der Muslime. Insgesamt bleibt unklar, welche Rolle für Cerić die Notwendigkeit eines auf die Muslime als „Community" bezogenen Gesellschaftsvertrags („The Muslim social contract"[39]) spielt, die über eine Integration der Muslime mit dem Konzept individueller Bürgerschaft hinausgeht. Daher bleibt seine Position zumindest missverständlich.[40]

Islam und Europa

In einem weiteren Rahmen betrachtet, lautet die dritte Frage, wie man als Muslim in Europa leben soll und wie sich Islam und Europa zueinander verhalten. Die beiden ersten Punkte führen bereits zu einer Antwort auf diese übergreifende Frage. Konsens besteht darin, zwischen Islam und Europa keinen prinzipiellen Gegensatz, sondern ein einander bereicherndes Wechselverhältnis zu sehen.

Karić spricht von einem universalen Islam, der gerade nicht lokale Traditionen wie Bekleidungsgewohnheiten zu universalen religiösen Identitätsmarkern aufwertet: „‚Euro-Islam', would be a universally interpreted Islam, which would liberate European Muslims from their self-ghettoization and from ghettoization of Islam in Western Europe."[41] Ebenso wie „arabisch" und „islamisch" nicht identisch sind, sind auch „europäisch" und „christlich" nicht identisch. In den multireligiösen säkularen Staaten Europas haben daher Muslime auf kultureller Ebene die Chance, einen aus den Erfahrungen des Zusammenlebens in diesen Gesellschaften schöpfenden „muslimischen

Westen" aufzubauen. Damit ist jedoch auch der Wunsch nach einer beiderseitigen Bewegung verbunden: Es ist nicht nur eine islamische Öffnung für Europa erforderlich, sondern auch die Anerkennung dessen, dass der Islam einen Teil der europäischen Geschichte darstellt.

Cerić, der das bosnische Organisationsmodell für ganz Europa propagiert und selbst Ambitionen hat, Mufti der europäischen Muslime zu werden, fordert die Muslime in bemerkenswerter Klarheit auf, selbstkritisch und dialogbereit als gute Bürger Europas zu leben. Umgekehrt soll sich die Europäische Union für eine dauerhafte und gesellschaftlich sichtbare Präsenz der Muslime öffnen, wodurch auch die von Cerić beklagte Islamophobie überwunden werden soll. Cerić spricht vergleichbar mit Karić von einer Pflicht der Muslime, „ihre eigene europäische Kultur des Islams zu entwickeln, als Manifestation einer dritten Kraft zwischen Ost und West und im Bedürfnis nach einer neuen Renaissance, die die Menschheit in eine bessere und sicherere Welt führt" (II.4.). Das Spezifikum eines europäischen Islams ergebe sich einerseits aus der Begegnung mit Europa, andererseits daraus, dass dort Muslime aus verschiedenen Teilen der Welt zusammenlebten. Von daher ergibt sich die Rede von einer „dritten Kraft". Inwieweit die Vision von „einer besseren und sichereren Welt" für Cerić mit einem Erstarken des Islams und einem eventuellen Führungsanspruch dieser Religion zusammenhängt, bleibt hier offen.

Hingegen Silajdžićs Position ist von einer Europa-Skepsis geprägt: Er bezieht sich auf die von einem zivilisatorischen Überlegenheitsanspruch getragenen Traditionen von Imperialismus und Kolonialismus. Europa hält er für unilateral und in religiöser Hinsicht exklusiv. Den Islam hingegen betrachtet er als eigentlichen Schöpfer des gesellschaftlichen Pluralismus und sieht im muslimischen Gelehrten al-Biruni, der um die erste Jahrtausendwende in Indien gelebt hat, einen Pionier der vorurteilsfreien

Wahrnehmung des anderen. Während das Christentum von der Christologie her absolut und exklusiv geprägt sei, erweise sich der Islam, in dem eine Beschäftigung mit anderen Religionen immer möglich gewesen sei, als plural. Durch den Islam sei der religiöse Pluralismus und Multilateralismus nach Europa gekommen und wurde durch die Beschäftigung mit dem Islam im 19. Jahrhundert und dann vor allem mit dem Zweiten Vatikanischen Konzil wiederbelebt.[42]

Verbunden mit scharfer Kritik an der westlichen Politik gegenüber der islamischen Welt fordert er Islam und westliche Welt auf, sich einander anzunähern. Obwohl er sich mit westlichen Philosophen und christlichen Theologen auseinandersetzt, legt Silajdžić in seinem Entwurf den Akzent weniger als Karić auf eine säkulare Hermeneutik, sondern auf islamische Traditionen. Vielfach gewinnt man den Eindruck, dass Silajdžić sich stärker mit der islamischen Welt identifiziert und sich so in ein Gegenüber zu Europa begibt. So erfreulich seine Auseinandersetzung mit europäischer Geschichte und den christlichen Konfessionen ist, bleibt sie an einigen Stellen einseitig. Während das Bild des islamischen Pluralismus idealisiert erscheint, kommen europäische Entwicklungen der Neuzeit zur Pluralität hin wenig in den Blick. Silajdžićs Zugang zum Christentum führt wesentlich über in Imperialismus und Kolonialismus wirksame Fehlformen, die er auch auf andere Epochen überträgt, so dass er dem selbst aufgestellten Ideal einer vorurteilsfreien Wahrnehmung des anderen nicht immer gerecht wird.

Von derselben Grundüberzeugung wie Karić getragen, ist Silajdžićs Position möglicherweise bereits ein Reflex auf ein mangelndes europäisches Interesse am bosnischen Islam. Unterschiedliche Akzente hängen natürlich auch mit den unterschiedlichen Positionen der Autoren zusammen. Während Karić sich als Stimme des Reformislams exponiert, geht Cerić seinem Amt entsprechend einen

Weg des Kompromisses zwischen modernistischen und traditionalistischen Strömungen, was durchaus mit der Linie mancher katholischen Bischöfe vergleichbar ist. Auch von außen betrachtet gehen die Einschätzungen auseinander: Während die einen in ihm einen islamischen Reformator sehen,[43] halten ihn die anderen für einen „gemäßigten Islamisten“ der seine frühere modernistische Position aufgegeben habe.[44]

Alle vorgestellten Denker formulieren Positionen von großer Tragweite, die auch die Debatte in Westeuropa bereichern könnten. Bedauerlich ist nur, dass die Werke bosnischer Autoren bislang fast ausschließlich Spezialisten bekannt sind und über weite Strecken nur in bosnischer Sprache vorliegen. Übersetzungen ins Englische und ins Deutsche sowie eine größere Verbreitung von in Bosnien-Herzegowina publizierten Titeln stellen somit eine wichtige Aufgabe dar.

Diaspora als Vermittlerin? Entwicklungen unter den bosnischen Muslimen in Deutschland

Auch wenn jeder vierte Bosnier außerhalb des Landes lebt, wurde die Diaspora der bosnischen Muslime noch wenig untersucht.[45] Mit der Unbekanntheit des bosnischen Islams geht bislang vielfach eine Nichtbeachtung der bosnischen Muslime in Westeuropa einher. Im Folgenden wird die Diaspora in Deutschland als die für die Islamische Gemeinschaft in Bosnien zahlenmäßig bedeutendste in den Blick genommen. Im deutschsprachigen Raum ist daneben die Diaspora in der Schweiz mit 21 Moscheevereinen[46] und in Österreich mit 23 Moscheevereinen, die in einem Dachverband organisiert sind,[47] zu erwähnen.

In den 1980er-Jahren entstanden in Deutschland jugoslawische Kulturvereine, zum Teil mit Gebetsräumen. Mit dem Auseinanderbrechen Jugoslawiens kam es zu einer Ausdifferenzierung in bosnische und albanische Gemeinden (mit Muslimen aus dem Kosovo und Mazedonien). Seit 1994 besteht mit dem VIGB* („Verband Islamischer Gemeinden der Bosniaken in Deutschland"; seit 2008 unter dem Namen IGBD* „Islamische Gemeinschaft der Bosniaken in Deutschland – Zentralrat* e. V.") ein Dachverband der bosnischen Muslime, der 62 Moscheegemeinden umfasst.[48] Hauptsitz ist die Bergarbeiterstadt Kamp-Lintfort westlich von Duisburg.[49] Die aus einem Wohnhaus hervorgegangene Moschee liegt am Rande der Stadt und stellt die einzige bosnische Diasporamoschee außerhalb des ehemaligen Jugoslawien mit Minarett dar. Lokal ist die Moschee gut eingebunden, sie liegt aber abseits. Daher gibt es Überlegungen, in eine Großstadt umzuziehen. An der Spitze des Verbandes steht seit 1994 Mufti Mustafa Klanco, der von der Hauptversammlung mit Delegierten der einzelnen Gemeinden gewählt wird. Analog zu den acht Muftibezirken (Muftiluks) in Bosnien handelt es sich um einen Auslandsbezirk der Islamischen Gemeinschaft in Bosnien, der zwei Delegierte in die Hauptversammlung nach Sarajewo entsendet. Deutschland ist wiederum in sechs Regionen mit jeweils einem Hauptimam unterteilt. Die kirchenähnliche Struktur des Islams in Bosnien findet also in Deutschland ihre Fortsetzung und zeigt sich vor Ort darin, dass bosnische Gemeinden stärker als andere auf ihre Imame ausgerichtet sind.

Die IGBD ist Mitglied des Islamrats* und des Zentralrats der Muslime in Deutschland, sieht sich dort aber nur in einer beobachtenden Rolle und hält sich bislang in der Öffentlichkeit zurück. Mit einer Person ist die IGBD in einer Arbeitsgruppe der Deutschen Islamkonferenz* vertreten. Die in Kooperation mit der Akademie der Diözese Rottenburg-Stuttgart veranstalteten öffentlichen Tagungen im November 2007 und im November 2009 können als ein Schritt hin zu mehr Außenaktivität angesehen werden.

An vielen Orten spielen die bosnischen Moscheen keine erkennbare öffentliche Rolle. In zahlreichen Fällen, wie beispielsweise in Köln, Wiesbaden, Mannheim, Ulm oder Stuttgart, gibt es jedoch gute Erfahrungen der Zusammenarbeit. Ein kirchlicher Partner bosnischer Muslime in Mannheim beobachtet, dass diese Erfahrungen interreligiösen Zusammenlebens aus Bosnien einbringen und spitzt seine Wahrnehmung zu: „Die Bosnier sind schon ganz anders." Wer bosnische Moscheen aufsucht, stellt fest, dass dort im Schnitt mehr und besser Deutsch gesprochen wird als in türkischen Moscheen. Manche von bosnischen Muslimen gegründete Gemeinden wie das „Islamische Forum Penzberg" und die „Islamische Gemeinschaft Stuttgart" wenden sich verstärkt mit deutschsprachigen Angeboten an Muslime. Dies hat zur Folge, dass sie bei Muslimen unterschiedlichsten Hintergrunds auf Resonanz stoßen und sich in Zukunft zu multiethnischen Zentren mit Deutsch als Kommunikationssprache entwickeln werden. Andernorts steht das bosnische Element stärker im Mittelpunkt. Die Zeitschrift „Novi Selam" des Dachverbandes ist weitgehend in bosnischer Sprache verfasst, enthält jedoch auch einige deutschsprachige Artikel. Wie andere muslimische Verbände auch ist die IGBD erst ansatzweise in deutscher Sprache im Internet präsent.

Nimmt man Bosnien selbst als Vorbild, wo nach 1878 eigene Strukturen aufgebaut wurden und man sich nicht als türkische Diaspora verstanden hat, legt sich eine klare Ausrichtung auf die Einwanderungsländer nahe. Derzeit werden die bosnischen Muslime auch politisch als Ansprechpartner entdeckt, so dass hier in den nächsten Jahren dynamische Entwicklungen zu erwarten sind. Von den zu beobachtenden Annäherungen zwischen den großen muslimischen Verbänden profitieren die bosnischen

Muslime bislang nicht, sehen sie sich doch im Schatten der türkischen Vereine, die ihrer Wahrnehmung nach oft unter sich bleiben.

Das bosnische Modell als Perspektive für Europa?

Der bosnische Islam weist eine lange Erfahrung im Umgang mit Europa und im Zusammenleben mit Christen auf. Die geschichtlichen Entwicklungen haben zu einer „dialogoffenen, toleranten und westlichen Werten verpflichteten Glaubensgemeinschaft“ geführt.[50] Der nach 1878 einsetzende Reformdiskurs steht für die „Offenheit des Islams für externe Einflüsse“[51]. Der bosnische Islam zeigt die Flexibilität des Islams, zu der die Fähigkeit gehört, sich in verschiedenen Sprachen und Epochen kontextbezogen Ausdruck zu verschaffen. Bosnien ist der beste Beleg dafür, dass es eine europäische Geschichte des Islams und eine islamische Geschichte Europas gibt. Islam ist somit nicht Fremdes für Europa.[52] Die Trennung von Staat und Religion stellt für die bosnischen Muslime seit 1878 eine breit akzeptierte Wirklichkeit dar. Dies zeigt, dass der europäische Islam etwas aus dem Islam Hervorgehendes, nicht von außen Herangetragenes ist.

Zudem haben die bosnischen Muslime eine transparente Organisationsstruktur entwickelt, die synodale und hierarchische Elemente miteinander verbindet. Auch was die Imamausbildung betrifft, setzt die Islamische Gemeinschaft in Bosnien-Herzegowina Maßstäbe, verlangt doch seit 2005 die Tätigkeit als Imam ein abgeschlossenes Theologiestudium, das bereits im Dienst stehende Imame gegebenenfalls nachholen müssen. Die „Fakultät für Islamische Studien“ in Sarajewo illustriert, wie wichtig ein universitär eingebundenes geistiges Zentrum auch für Muslime ist.

Die Geschichte und die gegenwärtige Situation des bosnischen Islams sind vielschichtig. Die Betonung der multikulturellen Tradition Bosniens ist natürlich auch Ausdruck eines Willens, heute zu Europa zu gehören bzw. eine historische Brücke für die Muslime Europas zu bauen.[53] Da Geschichtsschreibung nie zweckfrei ist und historische Modelle stets den Charakter interessengeleiteter Konstruktionen aufweisen, verunmöglicht dies nicht die Rede vom bosnischen Modell.

Die Kontexte sind jedoch zu verschieden, als dass der bosnische Islam unmittelbar als Modell herangezogen werden könnte, das einen konkreten Weg für die Muslime in Westeuropa insgesamt vorgibt. Manches mag nur in der spezifischen Tradition und Situation Bosniens Bestand haben. Die Reformen im bosnischen Islam sind jedoch ein eindrucksvolles Beispiel dafür, dass und wie massive, von neuen politischen Umständen angestoßene Veränderungsprozesse im Islam ohne den Preis einer Selbstaufgabe vonstattengehen können.[54] Es entstanden so Institutionen und Theologien, die Religiöses und Weltliches, Tradition und Moderne miteinander verbinden. Im Unterschied zu Bosnien befinden sich die Muslime in Westeuropa in einer Migrationssituation und stellen eine kleine Minderheit in multiethnischer Zusammensetzung dar. Hier eine einheitliche Institutionalisierung des Islams nach dem bosnischen Modell zu realisieren, bedarf noch großer Kreativität und Überzeugungsarbeit. Muslime kämen mit einer analog zur Islamischen Gemeinschaft in Bosnien aufgebauten Organisation jedoch sicher in eine stärkere Verhandlungsposition gegenüber dem Staat.

Auch Europa sollte all diese Ressourcen nutzen und Bosnien nicht sich selbst überlassen, denn die Menschen in Bosnien sehen sich auf der Schattenseite Europas. Aufgrund ihrer europäischen Geschichte wünschen sie sich Interesse und Zugehörigkeitserweise von Seiten Europas. Bosniens beschriebene Brückenfunktion ist einzigartig, auch wenn die dort lebenden Muslime vielfach erfahren, wie sehr sie zwischen den Stühlen sitzen. Man hört von ihnen des Öfteren den Satz: „Die Araber sagen, wir sind keine richtigen Muslime. Die Europäer sagen, wir sind keine richtigen Europäer.“ Europa sollte alles tun, damit Letzteres in Zukunft nicht mehr der Fall ist.

Husein Djozo (1912–1982)

Islamischer Reformer in Bosnien-Herzegowina

Dževad Hodžić

Zur Biographie

Husein Djozo[1] wurde im Jahr 1912 in Bare bei Goražde (Ost-Bosnien) geboren und starb im Jahre 1982 in Sarajewo. Seine frühe Kindheit verbrachte er mit seiner Familie während des Ersten Weltkriegs in einem Flüchtlingsheim in Gradačac (Nord-Bosnien). Seine Schulausbildung begann er in Foča in der Mehmedpaša-Kukavica-Medresa, anschließend besuchte er die Merhemić-Medresa und dann die Gazi-Husrev-Beg-Medresa in Sarajewo. Nach Beendigung der Schariats-Richterschule begann er als Stipendiat der Vakuf*-Leitung sein Studium in Ägypten an der renommierten Al-Azhar* Universität. Nach erfolgreichem Abschluss seines Studiums (1939) kehrte er nach Sarajewo zurück. Während des Zweiten Weltkrieges diente er als Imam auf Seiten der deutschen Besatzung, weshalb er von der kommunistischen Militärmacht zu fünf Jahren Haft und zu fünf Jahren Verlust der Ehrenrechte verurteilt wurde. Nach Verbüßung der Strafe war Husein Djozo bis in die 1960er-Jahre in der Wirtschaft tätig. Schließlich wechselte er zur Islamischen Gemeinschaft, in der er jahrelang, bis zu seinem Tod, als Referent für religiöse Bildung im Obersten Vorsteheramt im sozialistischen Jugoslawien tätig war. Seit der Eröffnung der Islamisch-Theologischen Fakultät im Jahre 1977, der damals einzigen Islamisch-Theologischen Hochschule auf dem Balkan, unterrichtete er das Fach Tefsir bis zu seinem Tod im Jahre 1982.

Sein Engagement für die Islamische Gemeinschaft

Husein Djozo hat durch sein Leben, seine Arbeit und sein Denken besonders in den 1960er- und 70er-Jahren die Bildung der modernen Islamischen Gemeinschaft und der Muslime Bosniens und Herzegowinas in intellektueller, religiöser, kultureller, institutioneller und geistlich-geschichtlicher Hinsicht entscheidend geprägt.[2] Er hat sich sehr für religiöse Bildung und für die Aufklärung der Muslime auf dem Balkan, insbesondere in seinem Land, eingesetzt. Als Referent für religiöse Bildung im Obersten Islamischen Vorsteheramt besuchte er über Jahre die Moscheegemeinden und hielt Vorträge, in denen er die moralischen, sozialen und kulturellen Werte des Islams betonte. In der schwierigen Zeit der kommunistischen Regierung ermutigte er Imame, Prediger (Hatibe*) und religiöse Lehrer (Muallime*), ihre Arbeit fortzusetzen und nicht aufzugeben. Für ihre umfassende Bildung, eine bessere Organisation, für angemessenere materielle und technische Bedingungen ihrer Arbeit und für die Verjüngung des imamischen Kaders engagierte er sich nachdrücklich. Mit demselben Einsatz war er auch als Präsident des Vereins „Ilmija“ in Bosnien und Herzegowina tätig, dem Imame, Prediger, religiöse Lehrer, Schullehrer (Muderrise*) und Professoren angehören. Zwischen den islamischen Prinzipien, Werten und sozialen Ansprüchen einerseits und den politischen Drohungen und Manipulationen andererseits balancierend, setzte er sich als Präsident des Vereins „Ilmija“, trotz großer persönlicher Schicksalen und Entbehrungen, für die Integration der Imame in das soziale Leben ein, soweit dies im sozialistischen System möglich war. Er engagierte sich für die Reorganisation des Lehrplans der Gazi-Husrev-Beg-Medresa, die jahrelang die einzige Medresa auf dem Balkan war und die neben der Alaudin Medresa in Priština (Kosovo) Imame, Hatibe und Muallime ausbildete. In der Medresa unterrichtete er mehrere Fächer selbst und bewirkte eine Modernisierung der Religionslehre für Kinder und Jugendliche in Mektebs*, Moscheen und in lokalen Gemeinschaften. Im Bewusstsein der großen Bedeutung der Bildung und Aufklärung in den 1970er-Jahren und unter den Bedingungen der Demokratisierung des damaligen politischen Systems Jugoslawiens rief er die Zeitung *Preporod* („Renaissance“) ins Leben, die bis heute vierzehntägig erscheint und eine wichtige Aufgabe in der Bildung der Muslime, aber auch in der kulturellen Förderung und im nationalen Bewusstsein der Bosniaken hat. Husein Djozo veröffentlichte ferner Beiträge im Jahrbuch *Takvim* („Islamischer Kalender“) und in der Zeitschrift *Glasnik* („Verkünder“). Er trat jahrelang auf der Grundlage rationaler und universeller Prinzipien für eine moderne Deutung des Islams ein, mit Betonung des Vorrangs der geistlichen und humanistischen Werte dieser Religion gegenüber traditionellen Formen der islamischen Vergangenheit. Er erteilte religiös-rechtliche Antworten (Fatwa*) auf Fragen der Gläubigen. Neben anderen Arbeiten, Studien und Essays veröffentlichte Husein Djozo in der Zeitschrift *Glasnik* einige Übersetzungen aus dem Koran mit eigenem Kommentar.

Für die gesamte Arbeit der Islamischen Gemeinschaft und besonders für die Förderung ihrer religiösen Bildung bzw. für die Institutionalisierung der Bildung hatte Husein Djozo in den 1970er-Jahren große Bedeutung. Er erstellte ein Konzept, in dem das Einwerben finanzieller Mittel zentral organisiert wurde durch die Institutionen Zakat* und Sadakatu-l-fitr*. Dabei handelt es sich um religiöse Pflichten der Barmherzigkeit, die die Muslime bis zu diesem Zeitpunkt in Naturalien abführten, indem sie Privatpersonen nach eigenem Entscheid Almosen (Sadakatu-l-fitr) zukommen ließen. Husein Djozo war stets darum bemüht, in seinen Schriften Position zu beziehen, koranische Stellungnahmen zu erläutern und legitime Mittel für islamische Bildung einzusetzen. Er führte Diskussionen mit der konservativen Richtung der Ulema, ertrug Beleidigungen und Verleumdungen aufgrund seiner Konzeption des Zakats und des Sadakatu-l-fitr im Bewusstsein, dass die Islamische Gemeinschaft nur dann in der damaligen restrikiven rechtlichen Lage ihre Aufgaben glaubwürdig, autonom und im geistigen Sinne der modernen geschichtlichen und gesellschaftlichen Anforderungen erledigen konnte, wenn sie über moderne und starke Bildungsinstitutionen verfügte. Das konnte wiederum nur durch die Mittel des Zakats und des Sadakatu-l-fitr der muslimischen Angehörigen der Islamischen Gemeinschaft finanziert werden. Diese kreative, mutige und kluge Idee spielte für den Erhalt und die Entwicklung der Islamischen Gemeinschaft im sozialistischen Jugoslawien eine große Rolle. Husein Djozo war davon überzeugt, dass die Zukunft des Islams und der Muslime in Bosnien und Herzegowina (bzw. im ehemaligen Jugoslawien) nur durch die theologische Hochschulbildung im eigenen Heimatland gesichert werden konnte, weshalb er sich für die Einrichtung einer Islamisch-Theologischen Fakultät in Sarajewo einsetzte. Sein Traum wurde 1977 erfüllt, als sich in Sarajewo die Tore der ersten islamischen Hochschule auf dem Balkan öffneten.

Die Bemühungen Djozos um die Einrichtung der Islamisch-Theologischen Fakultät waren von seiner Überzeugung geprägt, dass auf diesem Wege den balkanischen und bosnisch-herzegowinischen Muslimen ein modernes, islamwissenschafliches Studium und ein Verständnis des Islams geboten würde, die in der bosnischen Tradition islamischer Bildung und Gelehrsamkeit verwurzelt waren.

Kurz, Husein Djozo gehört zu den wichtigsten Vertretern eines modernen Gesichts der Islamischen Gemeinschaft im ehemaligen Jugoslawien. Er hat den Prozess der Erneuerung des islamischen Lebens einer muslimischen Gemeinschaft in Bosnien und Herzegowina maßgeblich gestaltet.[3] Sein authentisches Leben, sein Wirken und sein Denken sind unzertrennbar miteinander verbunden.

Das Denken Husein Djozos

Das gesamte Lebenswerk und das islamische Denken von Husein Djozo, das heute im Sammelwerk *Izabrana djela* (Ausgewählte Werke)[4] zu finden ist, basiert auf einem Grundgedanken, den er auf seinem Weg als Denker entwickelt und variiert hat. Das bedeutet nicht, dass sein Denken statisch war, dass er seinen Standpunkt lediglich wiederholt hätte oder dass sich sein Denken auf eine einzige Position reduzieren ließe. Nein, sein Werk als Denker ist breit, vielseitig und vielschichtig. Obwohl er nicht dazu neigte, sich auf alte Autoritäten zu stützen, um sich damit abzusichern, war sein Denken auf breite und tiefgründige Einsichten sowohl des klassischen als auch des modernen islamischen Denkens gegründet. Die unmittelbaren Erfahrungen, die er in vielen islamischen Ländern und den dortigen islamischen Verhältnissen gemacht hatte, prägten sein Denken. Er las Texte christlicher Theologen und moderner europäischer Denker. Es ließ sich von Muhammed Abduh, Muhammad Rashid Rida, Mahmud Shaltut und Mustafa Meragi inspirieren.[5] Sein Prinzip war es, mehr Fragen aufzuwerfen, als endgültige Antworten zu liefern. Den Studierenden hat er oft gesagt, dass es nicht ihre Aufgabe sei, Antworten zu geben, sondern Fragen zu stellen.

Den Vorwurf, das fragende und kritische islamische Denken Husein Djozos sei gefährlich, kann man unterschiedlich bewerten. Betrachtet man das Ganze mit einem Blick und fasst die ganze konzeptionelle Architektonik seines islamischen Denkens konsistent zusammen, sollte man bei dem Begriff ansetzen, der am Ursprung des islamischen Denkens von Husein Djozo steht. Das islamische Denken von Husein Djozo ist im Grunde eine Reflexion der Krise der islamischen Welt und eine Besinnung auf ihre geistig-geschichtlichen Ursachen. In der 200. Jubiläumsausgabe des *Preporod** im Jahre 1978 rekapitulierte er seine intellektuelle Biographie und seinen Weg als Denker wie folgt:

„In den ersten Tagen meiner Überlegung habe ich mich auf der Seite jener gefunden, die die Unzufriedenheit der Lage des islamischen Denkens erforscht haben und kritisch der existierenden Wirklichkeit aller Muslime gegenüberstanden ... Während meines Studiums an der Al-Azhar-Universität in Kairo ist dieser Gedanke in mir noch mehr gewachsen. Dass ich ein Schüler von Mustafa Meragi, Mahmud Shaltut, Rashid Rida, von Djamaluddin al-Afghani und von Scheich Muhammad Abduh war, halte ich für einen glücklichen Zufall in meinem Leben, und darauf bin ich persönlich stolz. Ich hatte die Ehre, ihre Vorträge zu hören und zu ihnen persönlichen Kontakt zu haben. Meine Zugehörigkeit zu dieser historisch wichtigen Schule, meine Kontakte zu ihren Lehrern, ihrem Denken und ihren Büchern – all dies hat zu der Einsicht geführt, dass neue progressive Ideen, Interpretationen und Analysen des islamischen Denkens nötig geworden sind. Ich konnte mich weder später noch früher, noch jetzt mit dem Gedanken anfreunden, dass wir mit dem leben sollen, was frühere Generationen erarbeitet haben, dass wir mit dem Gleichen leben sollen, mit dem sie gelebt haben, und dass uns oder späteren Generationen nichts übrig bleibt, was ausgearbeitet werden soll, weil ja schon alles ausgearbeitet worden sei.“[6]

Die Philosophie von Husein Djozo wurde durch die Reflexion der Krise in der islamischen Welt geformt, die als eine Krise über mehrere Jahrhunderte verstanden wird. Im Erforschen der tiefen Gründe dieser Krise geht sein Denken von der Annahme aus, dass die Ursachen der islamischen Krise von innen her erfasst und durchdacht werden müssten. Lägen die Gründe für die Krise in der islamischen Welt außerhalb des islamischen Verstehens, dann wären nicht islamische Denker damit gefordert. Dem ist aber nicht so. Die Krise des Islams ist die Krise des islamischen Denkens. Daher ist islamisches Denken gefordert. Wenn es der islamischen Welt schon Jahrhunderte lang nicht gut geht, dann liegt es an ihr selbst. Djozo verschärft das Problem bis zum Äußersten: Wenn es der islamischen Welt nicht gut geht, dann liegt es am Islam! In Djozos Diagnostik bedeutet dies: Die Krise ist begründet in einem falschen Verständnis des Islams. Das Problem liegt in der festgefahrenen Optik einiger Muslime. Diese glauben an einen historisierenden Islam und orientieren sich an alten, geschichtliche Formen dieser Religion. Darüber schreibt Djozo im Jahre 1970 in *Glasnik*:

„Tatsache ist, dass die allgemeine Rückständigkeit aller Teile der islamischen Welt, ja sogar islamische Minderheiten, einige Autoren zu der Schlussfolgerung gebracht hat, dass der Islam die Hauptursache für diesen Rückstand war und dass er für den völligen Niedergang der Muslime verantwortlich ist. Ohne Rücksicht darauf, dass diese Behauptung nicht annehmbar ist und dass in ihr bösartige Elemente bestimmter Tendenzen und Animositäten erkennbar sind, kann sie nicht abgewiesen werden. Wir müssen eingestehen, dass sie eine Basis hat … Um zu verstehen, worum es hier geht: Im langen Zeitraum der Dekadenz hat sich eine Vorstellung vom Islam gebildet, eine bestimmte Version, die wirklich eine der glaubwürdigsten Ausdrucksformen von Rückständigkeit darstellt."[7]

Das islamische Denken von Husein Djozo gründet auf der kritischen Einstellung gegenüber geschichtlichen Formen des Islams. Seiner Meinung nach besteht das Hauptproblem seit Jahrhunderten im islamischen Formalismus. Schon im Jahre 1961 schrieb er in *Glasnik*:

„... Vor langer Zeit und sehr früh in der Geschichte des Islams hat die Form den Gedanken verdrängt. Der Formalismus kam und ist der Herr unseres religiösen Lebens geworden. Viele Jahrhunderte lang lebten Muslime ihr gesamtes religiöses Leben mit all den Manifestationen im Zeichen des gröbsten Formalismus ... Die Form und nicht der Geist, das Wort und nicht der Gedanke, war das Hauptmerkmal in einem wirklich langen Zeitraum unseres Lebens. Dieser Zeitraum der Sterilität, der Eintönigkeit, des Formalismus, der falschen und leeren Religiosität hat vor langer Zeit begonnen und dauerte bis in unsere Zeit.“[8]

Phänomenologisch und auf die Lehre bezogen, könnte der Leitgedanke von Husein Djozo folgendermaßen lauten: Der Islam hat einen betimmten Inhalt und eine bestimmte Form. Der Inhalt ist einzigartig und universell, die Form aber ist vielfältig. Als solche sind alle Formen des Islams geschichtlich geprägt. Im Bezug auf die absolute Wahrheit haben sie eine relative Bedeutung. Die muslimische Wirklichkeit wird schon jahrhundertelang mit einer muslimischen Verfestigung von Inhalt und Form belastet: Über Jahrhunderte benutzten Muslime die Form als Inhalt!

Seinen kritischen Bezug zum islamischen Formalismus entwickelte Djozo in theologisch-philosophischen Auslegungen der Beziehung zwischen Offenbarung und Geschichte. Die Beziehung zwischen den beiden Größen als Beziehung zwischen dem Ewigen und dem Vergänglichen bzw. zwischen dem Absoluten und dem Relativen löst sich methodisch durch das Prinzip *Idschtihad**. *Idschtihad* formuliert als Möglichkeit und Verpflichtung, dass die Botschaft des Korans in ihren universellen Intentionen immer neu gelesen und ausgelegt wird je nach den Ansprüchen und Herausforderungen der aktuellen geschichtlichen Situation. Husein Djozo denkt, dass *Idschtihad* in seiner umfassendsten Bedeutung ein geschichtliches Grundprinzip ist, wonach die Geschichte immer in Bewegung ist und nie still steht. Dem steht als falsche Prämisse der *Taqlid** gegenüber, d.h. das statische Prinzip der Abhängigkeit von ererbtem Denken und übernommenen Konzepten. Schon als Djozo im Jahre 1936 in Al-Azhar abgeschlossen hatte, zeichnete er folgende Grundrichtung dieses islamischen Denkens:

„Um deutlich zu sein: Es ist bekannt, dass *Taqlid* Ruhestand bedeutet, ewig im selben Zustand zu leben, ständiges Zurückblicken und Zurückkommen zu den ersten Formen gesellschaftlichen Lebens, dessen Normen für das moderne Leben anwenden und ihm seine Form geben ... Wir wissen eindeutig, was keiner anzweifelt, außer den Anhängern des Taqlids, dass sich mit der Zeit auch die Gesetze ändern (*Bi tegajjuri-z-emani tetegajjeru-l-ahkamu*). Daraus folgt: Die rechliche Ordnung eines Zeitraumes in all seinen Formen – kulturell, politisch, das wirtschaftliche Niveau der Gesellschaft, ihr Verständnis vom Leben – kann nicht ewig halten. Sie muss verändert und vervollständigt werden."[9]

Im Verstehenshorizont der Geschichte könnte Djozos Leitgedanke folgendermaßen lauten: Geschichte ist Bewegung, nicht Stillstand. Geschichtliche Bewegung ist das Prinzip von *Idschtihad* – freies und rationales Beurteilen von Lebensfragen aller Generationen der Muslime nach ihren geschichtlichen, gesellschaftlichen, wissenschaftlichen und allen anderen Voraussetzungen. Taqlid – blindes Folgen früherer Autoritäten und Lösungen – beginnt mit der falschen Annahme, dass Zeit und Geschichte statische Kategorien seien!

Husein Djozo war ein äußerst glaubwürdiger muslimischer Denker des 20. Jahrhunderts auf dem Balkan, der standhaft und systematisch, theoretisch und praktisch auf der Aktualisierung der islamischen Botschaft bestand. Sein erneuerndes und kritisches Denken durch das islamische methodisch-epistemologische Prinzip des *Idschtihad* äußert in seiner Gänze den Geist und die Absicht eines christlichen *Aggiornamento*, wie es auf dem Zweiten Vatikanischen Konzil zum Ausdruck kam. Die moderne christliche Theologie sollte der Zeit angepasst werden, um eine glückliche *Vergegenwärtigung* der christlichen Botschaft anzuregen.[10] In einigen seiner Arbeiten hat Djozo sich ausdrücklich mit dem Sinn der Erneuerung des islamischen Denkens nach dem Prinzip des *Idschtihad* auseinandergesetzt.[11]

Worin besteht nun diese Erneuerung? Nicht in der Rückkehr zum Islam der ersten Generationen (Darlegung des Korans, fiqh* – Konzept der Scharia-Rechte), auch nicht zur *Sunna* als zweiter Quelle des Islams, da Djozo diese auch als geschichtliche Ausarbeitung interpretiert, die den gesellschaftlichen, wirtschaftlichen und kulturgeschichtlichen Grenzen untergeordnet ist. Die Erneuerung besteht in universellen Prinzipien des Islams, die primär im Koran enthalten sind. Die Rückkehr zu den geistigen Prinzipien des Islams setzt eine Unterscheidung des universalen und des historisch-semantischen Plans voraus, nicht nur in der Sunna, sondern auch im Koran. Mit Betonung auf die methodologische Bedeutung und Kennzeichnung der Erneuerung *(asbabu-n-nuzul*)* für die Darlegung des Korans lag Djozo besonders viel daran, im koranischen Kontext die geschichtlich-semantische Schicht von der universellen Schicht zu unterscheiden, die in jeder Zeit gelten soll:

„Das Kennen der Motive der Offenbarung hilft zu erkennen, was im betreffenden Text geschichtlich, zeitlich, räumlich bedingt ist und was dauerhaft ist: was die Lösung einer konkreten Frage ist und was das Prinzip und die Stellungnahme sind. Uns wird es durch soziologische Erforschung von *asbabu-n-nuzul* möglich sein, genau und präzise festzulegen, welcher koranische Text das Prinzip äußert und welcher die konkrete Situation löst. Dies ist im Definieren der Grundannahme und des Lernens des Islams außerordentlich wichtig. Es gibt viele Texte, die sich nur auf bestimmte Situationen beziehen. Ihre Anwendung ist auf diese eine und ihr ähnliche Situationen begrenzt. Es wäre falsch, sie zu generalisieren, wie es oft getan wird.“[12]

Demzufolge könnte hier der Leitgedanke lauten: Koran und Tefsir* sind nicht ein und dasselbe. Während der Koran eine Offenbarung Gottes ist, spiegelt der Tefsir das menschliche Denken. Weiterhin bedeutet dies, dass die alten Tefsire geschichtliche Formen des menschlichen Verständnisses der Offenbarung sind und dass sie nicht für alle Zeiten gelten können. Jede Generation muss den Koran erneut auslegen! In der ersten Ausgabe der Sammlung von Arbeiten der Islamisch-Theologischen Fakultät erschien im Jahre 1982 eine Studie von Husein Djozo mit dem Titel „Das Bedürfnis und der Versuch einer modernen Interpretation und Exegese des koranischen Gedankens". Hier begründet er erneut die Forderung des *Idschtihad* in der modernen und zeitgemäßen Auslegung des Korans:

„Die Methode der traditionellen Koranauslegung und die Interpretation des koranischen Denkens konnten nicht von dauerhaftem Werte sein. Sie waren durch die gegebenen Umstände begrenzt und bedingt. Die erste Ausarbeitung, Auslegung und die Anwendung des koranischen Gedankens mussten auch, wenn sie adäquat waren, die Natur und das Niveau der Gesellschaft berücksichtigen, die gerade erst gegründet wurde. Wer kann behaupten, dass er über den koranischen Gedanken, der für alle Zeiten, alle Orte und alle Umstände gilt, damals eine endgültige Formulierung aussprechen kann, die für alle Zeiten gelten sollte. Eine solche Behauptung wäre völlig unsinnig. Jeder geschichtliche Moment nimmt aus dem Wort Gottes so viel, wie er im gegebenen Moment, je nach der Entwicklung des Lebens, braucht. Die ersten Generationen haben den Koran nach ihren Bedürfnissen und Möglichkeiten begriffen, dargelegt und ausgearbeitet. Daher konnten solche Auffassungen, auch wenn sie damals unvergleichlich die besten waren, nicht immer gelten und nicht als endgültige Formulierung und Ausarbeitung des islamischen Gedankens betrachtet werden."[13]

Für Djozos Methode der Auslegung des Korans, die er in seinem Werk konzeptualisiert, benutzt er neben Begriffen wie Tefsir, Exegese, Kommentar, Darlegung, Verständnis, Interpretation, vor allem einen Begriff, der auf bestimmte Weise seine Position und sein Denken zusammenfasst. Dieser Begriff lautet: „Ausarbeitung“. Die „Ausarbeitung“ von Gedanken des Korans ist für Djozo mehr als Verständnis, denn sie bedeutet, dass alles vollständig Gegebene verstanden wird und dass alles darin enthalten ist, was verstanden wird. Ausarbeitung bedeutet, dass in dem, was verstanden wird, nicht alles vollständig ist. Ausarbeitung als aktives, kreatives Prinzip schließt eine Konkretisierung, Anpassung und Modifizierung von dem, was verstanden wird, mit ein. Der Begriff der Ausarbeitung des Korans bedeutet für Djozo, dass der Koran in einer gewissen Weise ein „nicht abgeschlossenes Werk“ ist und ein nie, in keiner Generation, abschließbares Werk ist! Im Horizont des koranischen Nicht-Abschlusses bestehen Möglichkeiten, Herausforderungen und Aufgaben für das islamische Denken.

Auch wenn er viele Arbeiten über verschiedene theologische Themen und Fragen veröffentlicht hat, der Bezugsrahmen, in dem Djozo seine Idee der islamischen Erneuerung erklärt, umfasst auch einen anthropologischen Ansatz:

„Das ist auch verständlich, wenn man weiß, welcher Platz dem Menschen in der Quelle des Islams und der gesamten muslimischen Weltanschauung gehört und welche Aufgaben, Würde und geistige Titel vor der Realisierung der menschlichen Natur stehen. Der Mensch ist ein Kronwesen Gottes, weil – wie Husein Djozo oft sagt – Gott in seinem Charakter nur die besten geistigen Energien der eigenen Namen und Attribute verwesentlicht und beruhigt hat. Mit dem geistigen Titel, den die Halife* Gottes auf Erden, die Imame, die geistigen Hirten, die Hüter der allkosmischen Ordnung als lebendigen Reflex göttlicher Namen und Attribute, den Menschen als Boten des Wortes Gottes und so weiter tragen, wurde der Mensch zum Genealogen einer völlig neuen Zivilisation im Universum und zum dauerhaften Erben gemacht, für die Bewahrung des Vertrauens aller Königreiche des Himmels und der Erde, aber auch aller Geheimnisse, die sein Geist erfahren hat mit der Aufgabe, sie lebhaft mit Bewunderung, Sorge und Unterlegung zu enträtseln, ebenso wie mit seinem eigenen Verstand, der ihn in das eigentliche Wesen führt und ihn so allen anderen Lebewesen in der gesamten Ordnung des göttlichen Schaffens überlegen macht.«[14]

In der theologischen Anthropologie, wie Djozo sie konzipiert, besteht das Wesen des Menschen in seiner Freiheit als wichtigster Voraussetzung seiner Würde und Verantwortung:

„Dem Menschen ist in der Welt ein bestimmter Ort und eine bestimmte Rolle zugeordnet. Seine Position ist sehr wichtig, aber auch sehr geordnet. Die Vision der Schöpfung eines Menschen und der Bestimmung seiner Rolle, die im Koran enthalten sind, reflektiert das Geworfensein des Menschen in die Materie und seinen ‚Fall' auf die Erde. Der Moment der Scheidung des Menschen von der Natur, das Hinausgehen aus dem Animalischen in das Menschliche, aus dem Ohnmächtigen, Spontanen in das Bewusste, war schmerzhaft und dramatisch, ja sogar katastrophal. Der Mensch hat eine Verpflichtung und Aufgabe (Amanet*) auf sich genommen, die nichts anderes aufnehmen wollte. Seine Freiheit, die ihn vom Tier unterscheidet und ihm eine außerordentliche Stellung auf der Welt gegeben hat, bezahlt er mit einem hohen Preis. Er steht zwischen Sünde und Freiheit. Darin besteht der große Widerspruch, der das Wesen und die Natur des Menschen ausmacht. Die Freiheit als wichtigstes menschliches Merkmal hat das menschliche Leben in einen dramatischen ewigen Kampf zwischen Gut und Böse sowie zwischen Wahrheit und Irrtum verwandelt.«[15]

Das zweite, wichtige Kennzeichen des Menschen ist sein Verstand, den Husein Djozo als praktischen Verstand darstellt, in dem sich Vernunft und Herz[16], Wissen und Glaube, Erkenntnis und Intuition treffen. Die zwei Hauptmerkmale, Freiheit und Verstand im gesellschaftlichen Leben, bedeuten für Djozo: ein unveräußerliches Recht aller Menschen auf Freiheit und Gleichheit[17]; als geistige Basis der Menschheit, als gemeinsame geistige Herkunft des Lebens und als Brüderlichkeit aller Menschen[18]. Die Freiheit ermöglicht den Dialog und eine friedliche Koexistenz zwischen Völkern, Kulturen und Religionen[19], eine moralische Dimension religiösen Verstehens und Empfindens des Lebens und der Welt[20]; schließlich den Kampf für das Gute und gegen das Böse[21].

In diesen Grundlagen sind die wichtigsten Orientierungspunkte des gesamten islamischen Denkens von Husein Djozo enthalten. Sie stellen den Anspruch auf, dass die Existenz des islamischen Denkens eine „Einheit ethischer und geschichtlicher Existenz ist: Ethisch im Sinne von moralischem Engagement des Menschen und von persönlichem Kampf mit den eigenen Schwächen und geschichtlich im Sinne eines gesellschaftlichen Engagements und des Kampfs mit den Herausforderungen und Problemen der Welt“[22]. Das islamische Denken von Husein Djozo zeigt seine Bemühungen, dass ein Weg zur Quelle durch Fragen, Ringen und Kritik gefunden werden kann. Daher ist sein islamisches Denken in dem Sinne offen, als der Islam als Ort der Begegnung von Ewigem und Zeitlichem verstanden werden kann.

Die „Deklaration europäischer Muslime“ von Großmufti Mustafa Cerić

Wortlaut der „Deklaration europäischer Muslime“

Mustafa ef. Cerić

Die Deklaration wurde vom Reisu-l-ulema der Islamischen Gemeinschaft von Bosnien und Herzegowina, Großmufti Dr. Mustafa ef. Cerić, im August 2005 verfasst und im Februar 2006 in Zagreb/Kroatien erstmals öffentlich vorgestellt.

Dr. Cerić selbst betrachtet den Wortlaut der Deklaration als „blueprint“, als Diskussionsgrundlage, an der kontinuierlich weitergearbeitet werden kann und soll.

Der bosnische Wortlaut sowie Übersetzungen in weitere Sprachen sind über die Website der Islamischen Gemeinschaft von Bosnien und Herzegowina (www.rijaset.ba) verfügbar.

Die deutsche Übersetzung wurde auf Grundlage der englischen Version von Stefan Jakob Wimmer in Kooperation mit der Islamischen Gemeinde Penzberg vorgenommen und erstmals in „Blätter Abrahams. Beiträge zum interreligiösen Dialog“ 6, 2007, S. 7–15 publiziert.

Eine Stellungnahme der europäischen Muslime zu den Anschlägen in New York im September 2001, dem Massaker in Madrid im März 2004 und den Bombenanschlägen in London im Juli 2005.

Im Hinblick darauf,

dass am 11. September 2001 Tausende Männer und Frauen im World Trade Center in New York durch einen Terroranschlag getötet wurden, am 11. März 2004 Hunderte Menschen in einem Zug in Madrid und am 7. Juli 2005 in London zahlreiche unschuldige Passagiere Opfer von Bombenanschlägen wurden und dass alle diese gegen die Menschheit gerichteten Gewaltakte als „islamischer Terrorismus" bezeichnet werden,

dass nach den Anschlägen in New York, dem Massaker in Madrid und den Bomben von London die europäischen Muslime unter der schweren Last kollektiver Anschuldigung wegen „islamischem Terrorismus" leiden, die beständig von manchen Politikern und Medien erhoben wird,

dass die europäischen Muslime nicht an eine Kollektivschuld, sondern an individuelle Verantwortlichkeit glauben,

dass die europäischen Muslime unter Islamophobie leiden, auf Grund unverantwortlicher Berichterstattung mancher Medien über muslimische Themen in Europa,

dass die europäischen Muslime die Freiheit anderer ebenso lieben wie Freiheit für sich selbst und Bürger- und Menschenrechte in multikulturellen Gesellschaften schätzen,

dass die europäischen Muslime ihre Kinder in Frieden und Sicherheit, gemeinsam mit anderen Religionsgemeinschaften in Europa auf der Grundlage einer „Ethik des Teilens" erziehen möchten,

dass nach den Lehren des Islam Juden und Christen Völker des Buches sind und somit alle Juden, Christen und Muslime ihre gemeinsamen geistigen Wurzeln und ihre gemeinsamen Hoffnungen auf die Zukunft vorurteilslos auszutauschen lernen sollten, um Diskriminierung, Minderwertigkeit, Frustration, religiös und rassistisch bedingten Hass, Hilflosigkeit, Verlust von Kontrolle, soziale Ausgrenzung, Chancenungleichheit und politische Unterrepräsentation zu vermeiden,

dass Europa gemeinsamer Kontinent vieler Religionen ist,

dass Europa stolz ist auf seinen Weg von der Sklaverei zur Freiheit, vom Aberglauben zur Wissenschaft, von der Macht zum Recht und von der Theorie vom Staat zur Legitimität des Staates, ebenso wie auf Europas Verpflichtung auf die Grundwerte der Menschenrechte und der Demokratie,

dass die europäischen Muslime Anteil haben wollen an der Lebensweise und dem Wohlstand Europas ebenso wie an der sozialen, politischen, kulturellen und moralischen Entwicklung der europäischen Gesellschaften,

sei nun hiermit erklärt:

An die Europäische Union:

Die europäischen Muslime meinen, dass

1. Europa Haus des Friedens und der Sicherheit ist, auf der Grundlage eines Gesellschaftsvertrages,

2. das Gebiet Europas „Haus des Gesellschaftsvertrages" ist, weil es möglich ist, gemäß dem Glauben des Einzelnen zu leben im Kontext der „Prinzipien, welche freie und vernünftige Menschen, die an der Förderung ihres eigenen Wohles interessiert sind, in einer Ausgangsposition von Gleichheit akzeptieren würden, als Definition der grundlegenden Bedingungen ihres Zusammenlebens" (John Rawls).

3. ein Vertrag von der Vernunft des Menschen vorgegeben wird, während ein Bund dem Herzenswunsch/Glauben des Menschen entspricht. Dementsprechend kennzeichnet den Muslim Verbundenheit mit Gott als Ausdruck des Willens seines Herzens/Glaubens; und den Staatsbürger kennzeichnet Verpflichtung gegenüber dem Staat als Ausdruck der Vorgaben seiner Vernunft. Im Bund überträgt der Mensch sein Herz an Gott und erhält Selbstsicherheit; im Vertrag verpflichtet er seine Vernunft dem Staat und erhält soziale Sicherheit als Bewohner (s)eines Landes. Ein Bürger hat Anspruch auf die Rechte und Privilegien freier Menschen. Er ist Mitglied eines Staates, von Geburt oder Einbürgerung an, als jemand, der einer Regierung Loyalität schuldet und ihr gegenüber Anspruch auf den Schutz seines Lebens, seiner Religion, seiner Freiheit, seines Eigentums und seiner Würde hat.

4. die europäischen Muslime den folgenden, gemeinsamen europäischen Werten umfassend und vorbehaltlos verpflichtet sind:

a) der Rechtsstaatlichkeit,

b) den Prinzipien der Toleranz,

c) den Werten von Demokratie und Menschenrechten,

d) der Überzeugung, dass jedem einzelnen Menschen das Recht auf fünf grundlegende Werte zukommt: Leben, Glauben, Freiheit, Eigentum und Würde.

5. während sie sich um ein würdevolles Leben in Europa bemühen, die europäischen Muslime folgende Erwartungen hegen:

a) Institutionalisierung des Islam in Europa,

b) wirtschaftliche Entwicklung der muslimischen Gemeinschaft, sodass ihr volle geistige und kulturelle Freiheit und Unabhängigkeit zukommt,

c) Aufbau islamischer Schulen, die in der Lage sind, in Europa geborene Muslime mit Blick auf die Herausforderungen multikultureller Gesellschaften zu erziehen,

d) politische Freiheit, die es Muslimen ermöglichen wird, ihre legitimen Vertreter in die europäischen Volksvertretungen zu entsenden,

e) Erleichterung der europäischen Einwanderungspolitik, die in letzter Zeit zunehmend restriktiv gegenüber Muslimen geworden ist,
f) Wege zu finden, wie muslimisches Recht für Personenstandsangelegenheiten, wie z. B. Familienrecht, anerkannt werden kann,
g) Schutz der europäischen Muslime vor Islamophobie, ethnischen Säuberungen, Völkermord und dergleichen.
6. die europäischen Muslime einem umfassenden, gemeinsamen Programm für religiösen Dialog verpflichtet sind, welches
a) ein Bewusstsein schaffen soll für die Vielschichtigkeit des säkularen Umfelds, in dem Religionen heute bestehen,
b) Verständnis fördern, Unterschiede achten und Gemeinsamkeiten erkennen soll,
c) religiöse Identität als wichtiges Mittel anerkennen soll, um in Situationen von Konflikt und Unsicherheit zu bestehen und um Verschiedenartigkeiten zu respektieren und damit leben zu lernen,
d) zur andauernden Menschenrechtsdebatte beitragen soll,
e) Verständnis für das „Anderssein" der „Anderen" schaffen soll,
f) die komplexen Beziehungen zwischen Religion, Kultur, Politik und Wirtschaft aufzeigen und die positiven Beiträge der Religionen im gemeinsamen Bemühen um Wahrheit, Gerechtigkeit und Frieden herausstellen soll,
g) religiöse Prinzipien, moralische und ethische Werte und Normen benennen soll, die gemeinsam für das Zusammenleben abstimmbar sind, und solche, die jeder Religion eigen sind; und mögliche Unterschiede, Spannungen und Missverständnisse zwischen einzelnen moralischen und ethischen Werten in verschiedenen Religionen erkennen soll,
h) die positiven historischen Erfahrungen herausstellen und Erinnerungen an gute Nachbarschaft und an gelungenes Zusammenleben beschwören soll, die ebenso Teil der Geschichte Europas sind,

i) eine gemeinsame Plattform für religiöse Koexistenz begründen soll, im Geiste des guten Willens, der in den beiden Büchern Gottes zu finden ist, und in der Hoffnung auf eine gelingende gemeinsame Zukunft.

An die in Europa lebenden Muslime:

Die europäischen Muslime meinen, dass
1. die in Europa lebenden Muslime erkennen sollten, dass Freiheit kein Geschenk ist. Muslimische Freiheit in Europa muss verdient werden. Und der grundsätzliche Status der Muslime muss trotz fremdenfeindlicher Widerstände anerkannt werden.
2. die in Europa lebenden Muslime jetzt mehr um ihre Verantwortung bemüht sein sollten als um ihre Freiheit, denn indem sie ihre Verantwortung im wirtschaftlichen, politischen und kulturellen europäischen Leben wahrnehmen, werden sich die in Europa lebenden Muslime ihr Recht auf Freiheit verdienen. Somit wird die Freiheit der europäischen Muslime nicht auf jemandes Gnade beruhen, sondern ein Besitzwert sein, der nicht vorenthalten noch entzogen werden kann.
3. die in Europa lebenden Muslime der westlichen Öffentlichkeit den Islam als universelle Weltanschauung präsentieren sollten und nicht als eine gruppenbezogene, ethnische oder nationale Kultur. Die Muslime können nicht von den Europäern erwarten, dass sie die universelle Botschaft des Islam wertschätzen, wenn sie beständig mit einer ethnischen oder nationalen Färbung des Islam konfrontiert werden. Die europäischen Muslime können die europäische Öffentlichkeit mit dem Universalismus des Islam beeindrucken, und darüber hinaus ist Europa ein geeigneter Ort für die Muslime, um selbst die Macht und die Schönheit der Universalität des Islam zu entdecken.

4. es der Westen ist, wo viele Muslime den Islam in einer von ihrer Heimat ganz verschiedenen Ausprägung entdecken, weil sie hier Mitmuslimen aus anderen Teilen der muslimischen Welt begegnen, und so die Mannigfaltigkeit islamischen Lebens und islamischer Kultur zu schätzen beginnen. Die in Europa lebenden Muslime haben das Recht, nein: die Pflicht, ihre eigene europäische Kultur des Islam zu entwickeln, als Manifestation einer dritten Kraft zwischen Ost und West und im Bedürfnis nach einer neuen Renaissance, die die Menschheit in eine bessere und sicherere Welt führt.

5. die junge Generation von in Europa lebenden Muslimen spirituell stark und intellektuell mutig sein sollte, um die eigenen Klischees von Muslimen über Islam zu brechen, bevor sie von anderen verlangt, ihre Klischees zu überwinden. Die muslimische Jugend muss die Initiative für die Zukunft ergreifen und darf nicht darauf warten, dass die Älteren ihre Aufgabe übernehmen. Die muslimische Jugend sollte sich nicht scheuen, die Führung für eine bessere Zukunft der in Europa lebenden Muslime zu übernehmen.

6. die in Europa lebenden Muslime sich zu den folgenden Verpflichtungen ihres Glaubens bekennen sollten:

a) Lies und lerne! Die Offenbarung des Korans begann nicht mit der Verpflichtung zum Glauben, sondern mit der Verpflichtung zum Wissen. Gott der Allmächtige forderte Muhammad (Friede über ihn!) nicht auf, zu glauben, sondern Er forderte ihn auf, das Was und Wie des Glaubens zu lesen und zu lernen. Dies ist so, weil der Mensch mit Glauben zur Welt kommt. Der Glaube, der ja schon in seiner Seele angelegt ist, muss daher nicht vom Menschen eingefordert werden. Aber der Mensch muss daran erinnert werden, dass er lesen und lernen soll, was in seiner Seele ist. Der Mensch braucht also Wissen mit Glauben ebenso wie Glauben mit Wissen.

b) Glaube und arbeite! Der Mensch lebt weder in einer rein geistigen Welt ohne Materie noch in einer rein mate-

riellen Welt ohne Geist. Das Geheimnis des Erfolgs besteht darin, dass der Mensch in sich selbst diese zwei Werte vereint: seinen Geist und seinen Körper. Mit anderen Worten, der Zweck des menschlichen Lebens liegt im Wirken seines Geistes – das ist sein Glaube, und im Wirken seines Körpers – das ist Arbeit. Es kann keine muslimische Würde geben, solange die große Kluft zwischen dem Glauben des Herzens und der Kraft des Verstandes nicht überwunden ist.

c) Sei fromm und achte deine Eltern! Der Wert, den der Koran auf den Zusammenhang zwischen der Verehrung Gottes und der Achtung der Eltern legt, beinhaltet eine starke Botschaft für den Osten wie für den Westen. Die Botschaft für den Osten besteht darin, dem Druck nach Zurückdrängung der Familienwerte nicht nachzugeben; und die Botschaft für den Westen besteht darin, von dem gefährlichen Spiel mit der Zukunft der Menschheit abzulassen. Zur Institution der Familientradition gibt es keine Alternative. Der Versuch, das Grundgesetz vom Familienleben zu brechen, kommt dem Versuch gleich, das Grundgesetz der Natur vom Sonnenaufgang im Osten zu brechen. Niemand ist in der Lage, die Natur des Sonnenaufgangs zu ändern; und niemand wird in der Lage sein, das Gesetz des Familienlebens zu brechen, solange die Sonne durch den Willen des allmächtigen Gottes aufgeht.

d) Sei aufrichtig und kämpfe für deine Rechte! Der Erfolg hier und die Erlösung im Jenseits kommen nicht von allein. Man sollte hinter seinem/ihrem Erfolg hersein. Man sollte für seine/ihre Rechte kämpfen hier und jetzt. Ebenso sollte man an der Erlösung im Jenseits arbeiten; man sollte sich Gottes Gnade verdienen. Der Unterschied zwischen dem Osten und dem Westen besteht darin, dass der Osten mehr an Gottes Gnade glaubt als an harte Arbeit und der Westen sich mehr auf harte Arbeit verlässt als auf die Gnade Gottes.

e) Denk an morgen! Es gibt einen klaren Beweis im Heiligen Koran, dass wir das Recht, nein: die Pflicht, haben, für unsere Zukunft zu planen und daran zu glauben, dass unsere Zukunft besser sein kann als unsere Vergangenheit. Es ist wirklich merkwürdig, wie einige auf den Gedanken kommen können, dass die muslimische Zukunft hoffnungslos sei und somit die Hoffnung allein auf der muslimischen Vergangenheit liege als Lebensweise und als Ziel der Geschichte. Dieser Gedanke hat keine Grundlage im Islam. Gott der Allmächtige lehrt uns, dass unsere Zukunft besser sein kann als unsere Vergangenheit, und der gesunde Menschenverstand sagt uns, dass wir unsere Vergangenheit nicht ändern können, aber wir können, mit Gottes Hilfe, unsere Zukunft gestalten. Wir sind also nicht verantwortlich für die vergangene muslimische Geschichte, aber wir sind verantwortlich für die zukünftige muslimische Geschichte. Die Muslime sollten nicht Angst davor haben, an ihre Zukunft zu denken, so wie sie sich auch nicht von ihrer Vergangenheit vereinnahmen lassen sollten. Die Muslime haben Zukunft, weil sie Vertrauen in Gott haben. Und sie haben Gottvertrauen, weil sie glauben, dass Wahrheit und Gerechtigkeit obsiegen werden.

An die muslimische Welt:

Die europäischen Muslime meinen, dass
1. die muslimische Welt eine universale Gemeinschaft der Muslime bildet, welche Geschwister sind durch ihren gemeinsamen Glauben an den Einen Gott und an das Prophetentum Muhammads, Friede über ihm.
2. die Vorstellung von einem globalen Bewusstsein den Muslimen nicht fremd sein sollte. Seinem Wesen nach ist der Islam ein universaler Glaube und eine globale Erscheinung. Es wäre vollkommen angemessen, wenn die Muslime mit einer Agenda der Globalisierung im Sinne

globaler Freiheit und Sicherheit auftreten würden, weil Muslime fast überall auf dem Globus verstreut leben und somit ihre Freiheit und Sicherheit von globaler Bedeutung sind.

3. die Muslime nicht nur keine authentische Vorstellung von Globalisierung vorgebracht haben, sondern derzeit auch, allgemein gesprochen, keine globale Welt leben. Muslime haben keine globale Strategie; sie haben keinen globalen Geist und Kopf; sie haben keinen globalen Kalender, der sie vor der schmachvollen Verwirrung um das Datum von Eid al-Adha (Opferfest) bewahrt. Bedauerlicherweise haftet ihnen ein Image der Bedrohung für Freiheit und Sicherheit der Welt an; sie tragen das Stigma von globalem Terrorismus.*

4. wegen des Stigmas von islamischem Terrorismus, unter dem die Muslime heute zu Unrecht leiden, eine Deklaration Europäischer Muslime an die muslimische Welt ausgearbeitet werden sollte, um die Bedeutung des Wandels von einem schlechten globalen Image zu einem guten globalen Image der Muslime zu betonen, insbesondere in Angelegenheiten ihres Glaubens.

5. die Mitte des Islam in erster Linie umfassende Führung in den praktischen Dingen unseres Glaubens bieten sollte, in globalen Angelegenheiten unserer Zeit; und im globalen Dialog mit unseren Nachbarn.

6. die Muslime, wo immer sie sind, der ganzen Welt beweisen sollten, dass Islam sowohl aufrichtiger Glaube wie rechtmäßige Religion ist; dass er sowohl attraktive Kultur wie friedliche Politik ist; dass er sowohl gute Menschen wie reich entwickeltes Land ist; und dass Islam sowohl der weise Mann des Ostens wie der rationale Mann des Westens ist.

7. es falsch ist, den Islam wegen des Mangels an Demokratie in der muslimischen Welt anzuklagen; es ist Sünde, Menschenrechte im Namen des Islam zu verletzen; es ist ein Verbrechen gegen den Islam, eine hohe Analphabetenrate in der muslimischen Welt zu tolerieren und eine riesi-

ge Kluft zwischen enorm reichen und extrem armen Menschen in der muslimischen Welt hinzunehmen.
8. die europäischen Muslime das Recht und die Pflicht haben, diese und andere Themen, die die Zukunft ihrer Kinder betreffen, anzusprechen, während sie sich darüber orientieren, wer sie sind und wie sie sich verhalten sollten als Muslime in einer europäischen Umgebung.
9. die europäischen Muslime die globale muslimische Gemeinschaft aufrufen, die Führung in der Förderung von Frieden und Sicherheit in der Welt zu übernehmen.
10. die muslimische Welt eine rechtmäßige Ummah darstellt, die die Pflichten einer moralisch guten, rational ausgewogenen, wirtschaftlich gerechten und global förderlichen Gemeinschaft zu erfüllen vermag, die sich überall als glaubwürdig für Partnerschaft und Freundschaft erweist.

* * *

Wir schlagen alle verschiedene Wege in unserem Leben ein, aber wohin immer wir gehen, wir tragen immer etwas von allen überall bei uns!
Freunde sind Gottes Weg, für uns zu sorgen!

Stellungnahme aus katholischer Perspektive

Lothar Bily

Die katholische Kirche und der christlich-islamische Dialog

Entscheidet das Mit- oder Gegeneinander der beiden großen monotheistischen Weltreligionen Christentum und Islam über die Zukunft der Menschheit? Gemeinsam umfassen sie über die Hälfte der knapp 7 Milliarden Menschen; von ihrem Ursprung, ihrer Geschichte und ihren zahlreichen Konflikten her sind sie in ebenso innigem Mit- wie Gegeneinander verbunden. Es mag als eine der großen Paradoxien der Religionsgeschichte erscheinen, dass diese beiden Religionen sich gemeinsam dem Glauben an den einen und einzigen Gott verpflichtet fühlen, dass aber gerade dieses Bekenntnis zu dem Einen die Bekenner untereinander nicht geeint, sondern zutiefst entzweit hat.

Das schwierige Verhältnis zwischen Christentum und Islam, das aus unterschiedlichen Denkweisen, geschichtlichen Belastungen und Konflikten resultiert, kann hier nicht nachgezeichnet werden. Ebenso wenig die Frage, inwieweit es überhaupt zu rechtfertigen ist, von „dem“ Christentum oder „dem“ Islam zu sprechen, haben sich doch beide Glaubensgemeinschaften in ihrer langen Geschichte nicht nur in sich selbst gespalten, sondern auch in sehr unterschiedliche Kulturräume hinein ausdifferenziert. Immerhin hat man auf beiden Seiten in den letzten Jahren begonnen, dieses Verhältnis nicht nur als ein Gegen-, sondern ebenso als ein Zueinander zu sehen, waren doch die politischen, kulturellen und wirtschaftlichen Grenzlinien zwischen Orient und Okzident nie so scharf und undurchlässig gezogen, wie dies eine einseitige Fixierung auf die Betrachtung von Konflikten erscheinen ließ. Nun gibt es vielfältige Bemühungen des Gesprächs untereinander, für die Vereinigungen wie die „Christlich-Islamischen Gesellschaften“ oder die „Freunde Abrahams“[1], die sogar den Trialog von Christen, Muslimen und Juden anstreben, nur ein Beispiel sind.[2]

Unter dem Vorzeichen der „Globalisierung“ erscheint es gerechtfertigt, von der Kirche, und hier besonders von der römisch-katholischen Kirche, als dem ersten „global player“ zu sprechen. Ihre weltumspannende Sendung hat sie von Anfang an in Kontakt mit anderen Religionen und verschiedensten Kulturen gebracht, und so gehört die Begegnung mit dem Islam vom ersten Moment seiner Entstehung an zur Geschichte der Kirche.[3] Abgesehen von dem „factum brutum“, dass die Muslime innerhalb kurzer Zeit die wichtigsten Ursprungs- und Kerngebiete der Christenheit militärisch unter ihre Kontrolle brachten, stellte der Islam vor allem theologisch eine gewaltige Herausforderung dar, war doch das Entstehen einer weiteren Religion mit Offenbarungsanspruch nach Jesus Christus im christlichen Selbstverständnis nicht vorgesehen.[4] Die großen mittelalterlichen Theologen, allen voran Thomas von Aquin[5], suchten denn auch in ihren „Summen“ die argumentative Auseinandersetzung mit dem Islam und seinen Denkern.

Von wenigen Ausnahmen abgesehen[6] muss man aber feststellen, dass eine wirklich sachliche Auseinandersetzung mit dem Islam in der katholischen Kirche erst mit dem 20. Jahrhundert begann, vor allem durch die Entwicklung einer kritisch-historischen Islamforschung. Seit

1926 war hier das „Päpstliche Institut für arabische und islamische Studien“ (Pisai) führend, zunächst in Tunis angesiedelt, dann seit 1964 in Rom. Mit *Papst Johannes XXIII.*[7] und dem II. Vatikanischen Konzil begann dann die Öffnung der Kirche hin auf den Dialog mit den nichtchristlichen Religionen und damit auch mit dem Islam. Das Konzil spricht in zwei Dokumenten ausdrücklich von den Muslimen:[8] Im Art. 3 der „Erklärung über das Verhältnis der Kirche zu den nichtchristlichen Religionen“ („Nostra Aetate“) betont das Konzil die Wertschätzung der Kirche für die Muslime, „die den einzigen Gott anbeten, den lebendigen und für sich seienden, barmherzigen und allmächtigen, den Schöpfer des Himmels und der Erde, der zu den Menschen gesprochen hat …“[9] In der dogmatischen Konstitution über die Kirche „Lumen Gentium“ erklären die Konzilsväter im 16. Kapitel, dass der Heilswille Gottes alle Menschen umfasse, „besonders die Muslime, die sich zum Glauben Abrahams bekennen und mit uns den einen Gott anbeten …“[10]

Papst Paul VI. unternahm weitere vorsichtige Schritte auf die islamische Welt zu: So richtete er während seiner Reise 1964 in das Heilige Land von Jordanien aus eine ausdrückliche Grußbotschaft an die muslimische Welt, traf 1967 auf einer Türkeireise auch mit islamischen Vertretern zusammen und gründete das „Sekretariat für die Nichtglaubenden“ (1988 in „Päpstlicher Rat für den interreligiösen Dialog“ umbenannt), in dem ab 1974 als eigene Unterabteilung die „Kommission für die religiösen Beziehungen mit den Muslimen“ firmierte. Nach 1968 hatte der Vatikan auch mit zahlreichen islamischen Ländern (darunter Ägypten, Syrien, Irak und Iran) diplomatische Beziehungen aufgenommen. 1970 wurde eine „Kontaktgruppe“ zwischen dem Vatikan und der Al-Azhar-Universität in Kairo („Dialog-Komitee“) ins Leben gerufen und 1998 reaktiviert, die schon einen Tag nach dem Anschlag auf das World-Trade-Center am 11.9.2001 eine gemeinsame Erklärung herausgab, in der die Gewaltakte verurteilt und der Einsatz aller religiösen Führer für Frieden und Gerechtigkeit gefordert wurden.

Papst Johannes Paul II. ging nicht nur mit großen Schritten im interreligiösen Dialog voran,[11] sondern erwies sich geradezu als ein Protagonist christlich-islamischer Beziehungen.[12] Als weltreisender Pontifex besuchte er zahlreiche muslimische Länder und hielt Ansprachen, die zu „Meilensteinen" des christlich-islamischen Dialogs wurden.[13] So betonte er im August 1985 in einer Rede vor Jugendlichen im marokkanischen Casablanca seinen hohen Respekt vor dem Islam und dessen reicher spiritueller Tradition. Diese Rede gilt für viele Muslimen bis heute als „Schlüsselaussage" für eine neue, positive Verhältnisbestimmung zwischen katholischer Kirche und Islam.[14] Im Mai 2001 schließlich betete der Papst im syrischen Damaskus in der Omaijaden-Moschee, einem der wichtigsten Gotteshäuser der islamischen Welt, in der nach alter muslimischer Tradition das Haupt Johannes' des Täufers aufbewahrt wird.[15]

Demgegenüber schien sein Nachfolger *Benedikt XVI.* in Sachen des christlich-islamischen Dialogs mit einem „Fehlstart" zu beginnen: Seine inzwischen berühmt gewordene „Regensburger Universitätsrede" vom September 2006 verursachte durch unglücklich ausgewählte Zitate in der muslimischen Welt Aufregung.[16] Doch der brillante Theologe verstand es schon während seiner Reise in die Türkei, Grundlagen für einen neuen Anfang zu schaffen, der inzwischen zu einem neuen, hochrangigen katholisch-islamischen Dialog führte und zur Einberufung eines „Katholisch-Islamischen Forums", das zu Beginn des Novembers 2008 erstmals in Rom zusammentrat und in die Errichtung eines „Ständigen Katholisch-Muslimischen Komitees" münden soll. In zwei Jahren soll ein zweites Treffen des „Forums" in einem islamisch geprägten Land stattfinden.[17]

Standards des interreligiösen Gesprächs

Im Februar 1992 hatte *Johannes Paul II.* im Senegal vor muslimischen Geistlichen gesagt: „Mögen wir uns gemeinsam bemühen, zu einem gegenseitigen tieferen Verstehen zu gelangen. Möge unsere Zusammenarbeit, die wir im Namen unseres Glaubens an Gott unternehmen, ein Segen und eine Wohltat für das ganze Volk sein."[18] In Anbetracht der Anwesenheit von über drei Millionen Muslimen in Deutschland hielten auch die deutschen Bischöfe eine solche Zusammenarbeit im Namen des Glaubens für angezeigt. Am 27. September 2002 veröffentlichte die Deutsche Bischofskonferenz eine umfangreiche Stellungnahme zum interreligiösen Dialog, die ergänzt wurde durch „Leitlinien für multireligiöse Feiern von Christen, Juden und Muslimen".[19] Die Stellungnahme zum interreligiösen Dialog, die sich wesentlich an den Aussagen des II. Vatikanums und an der Enzyklika „Dominus Jesus" aus dem Jahre 2000 orientiert, besteht praktisch aus dem großen Eröffnungsreferat des damaligen Vorsitzenden der DBK, *Karl Kardinal Lehmann*, zur Eröffnung der Herbstvollversammlung der DBK 2002 in Fulda.[20] Der grundlegend-theoretische Teil des Referates behandelt und rekapituliert die wechselvolle Geschichte der Bewertung anderer Religionen durch christliche Theologen und die Position des II. Vatikanums und formuliert dann einige grundsätzliche Anforderungen an den interreligiösen Dialog und Kriterien für diesen Dialog. Die wesentlichen Punkte seien hier genannt und dann als Richtwert für die Bewertung der „Deklaration europäischer Muslime" genommen.

Als grundsätzliche *Anforderungen* für den Dialog werden genannt: Dass man einen universalen und menschheitlichen Horizont voraussetze, den Dialog nur auf der Ebene von Gleichen führe, dabei gemeinsam Zeugnis gebe für das Anliegen der Religion, Antworten zu geben auf die grundlegenden Fragen des Menschen. Religionen geben Orientierung für das Leben, müssen sich aber auch bewähren in dem Sinne, dass Anspruch und Realität bei einer Religion übereinstimmen müssen. Kritik der Religion sei dort angezeigt, wo Religion erstarre und in Ideologie abzugleiten drohe.

Für den Dialog selbst werden dann folgende *Kriterien* genannt: Es muss erkennbar sein, dass jede Religion auf Gott bezogen ist; Religion dürfe sich nicht in innerweltlichen Interessen erschöpfen, sondern müsse sich den existenziellen Fragen des Menschen stellen. Dabei habe sie zwischen Zeit und Ewigkeit, Geschichte und Transzendenz, Menschenherrschaft und Gottesherrschaft zu unterscheiden. Jede Religion müsse die gleiche Würde aller Menschen wahren, die Freiheit des Menschen fördern – nicht nur im politisch-physischen Sinne, sondern auch im Sinne der Freiheit von Magie und Aberglauben, von infantiler Bevormundung der Gläubigen. Wahre Religion müsse deutlich machen, dass es eine persönliche Verantwortung des Menschen gebe. Zu jeder wahren Religion gehören auch Sendung und Dienst. Eine recht verstandene Religion sei frei von (missionarischer) Gewalt. Die Frage, wie man es mit der Gewalt halte, sei überhaupt elementar für jede Religion. Schließlich müsse sich jede Religion zur Religionsfreiheit bekennen. Das II. Vatikanum hatte nach langen Debatten eine „Erklärung über die Religionsfreiheit“ („Dignitatis humanae“) verabschiedet, die in traditionalistischen katholischen Kreisen bis heute zurückgewiesen wird.[21] Doch ist die Freiheit des religiösen Bekenntnisses zweifelsohne eine tragende Säule der Menschenrechte überhaupt, dazu für eine weltanschaulich plurale Gesellschaft unabdingbare Voraussetzung für ein friedliches Zusammenleben der verschiedenen gesellschaftlichen Gruppen.

Die „Deklaration" – ein kritischer Blick und ein Vergleich

Die „Deklaration europäischer Muslime" wurde im Jahre 2007 maßgeblich vom Reisu-l-ulema der Islamischen Gemeinschaft Bosnien-Herzegowina, Dr. Mustafa Cerić, verfasst. Entsprechend ihrer Präambel ist sie als eine Antwort auf die verheerenden Anschläge von Terroristen in New York, Madrid und London zu verstehen, in deren Folge sich muslimische Gemeinden in ganz Europa zunehmender kollektiver Anfeindungen und Verdächtigungen ausgesetzt sehen. Dagegen stellt die Deklaration die Auffassung, dass es auch für Muslime nur eine individuelle Verantwortlichkeit gebe (und keine „Kollektivschuld") und dass sich Muslime sehr wohl bewusst sind, dass sie mit den „Völkern des Buches", Juden und Christen, gemeinsame geistige Wurzeln besitzen. Daher ist es auch für Muslime möglich, den Weg, den Europa aus diesen Wurzeln heraus eingeschlagen hat, mitzugehen: von der Sklaverei zur Freiheit, vom Aberglauben zur Wissenschaft, von der Macht zum Recht, und die Grundwerte der Demokratie und der Menschenrechte voll und ganz mitzutragen.

Im Folgenden umfasst die „Deklaration" *drei große Abschnitte*:[22] Sie wendet sich zunächst an die Europäische Union, dann an die in Europa lebenden Muslime und schließlich an die weltweite Gemeinschaft aller Muslime. Im *ersten Abschnitt* verpflichten sich die europäischen Muslime ausdrücklich auf die europäischen Grundwerte (Rechtsstaatlichkeit, Toleranz, Demokratie, Menschenrechte, ferner die Garantien von unversehrtem Leben, freiem Glauben, persönlicher Freiheit, Eigentum und Würde der Person) und formulieren im Gegenzug eine Reihe von Erwartungen, die sie gegenüber den europäischen Staaten hegen: Wirtschaftliche Entwicklung und Unabhängigkeit der muslimischen Gemeinden, Aufbau islamischer Schulen, Freiheit zur politischen Betätigung, Erleichterung der Einwanderung (!) und die Anerkennung des muslimischen Rechtes im Bezug auf die Regelung von Personenstandsangelegenheiten (!).[23] Die letzten beiden Wünsche stoßen sicher nicht auf ungeteilte Begeisterung bei den Adressaten. Nachvollziehbar hingegen ist der Wunsch nach Schutz vor Islamophobie, Völkermord und ethnischen Säuberungen. Dafür formuliert die Deklaration dann neun „Selbstverpflichtungen", die gleichsam das „Programm für den weiteren Dialog" darstellen.[24]

Der *zweite Abschnitt* formuliert Erwartungen und Anforderungen an die in Europa lebenden Muslime: Im Kern geht es um die Feststellung, dass Muslime dankbar dafür sein sollten, in einer freien und toleranten Gesellschaft leben zu können, dass dies aber auch verdient werden müsse und die muslimische Gemeinschaft daher Verantwortung für den Erhalt dieser Freiheit zu übernehmen habe. Die „Deklaration" sieht es hierbei als eine vorrangige Aufgabe an, der europäischen Öffentlichkeit ein „neues Bild" des Islams zu zeigen, eines Islams, der nicht länger mit wenigen ethnischen oder nationalen „Färbungen" versehen sein dürfe (wohl auf den in Mitteleuropa hauptsächlich präsenten türkischen, arabischen und persischen Islam bezogen), der vielmehr als eine „universale Weltanschauung" erkennbar wird, was den Europäern ermöglichen sollte, seine „Macht und Schönheit" zu erkennen. Als eine wichtige Voraussetzung dafür erkennt die „Deklaration" die Entwicklung einer eigenen europäischen Kultur des Islams. Dies gilt natürlich vor allem der jungen Generation. Auch im Blick auf diese Aufgaben erwachsen aus dem Glauben Verpflichtungen, vor allem die Verpflichtungen zum Wissenserwerb, zur ganzheitlichen Wertschätzung des Menschen (der Geist und Körper ist), zur Achtung der Werte der Familie und zum Einsatz für die eigenen Werte und die Zukunft im Vertrauen auf Gott.

Der *dritte und letzte Abschnitt* schließlich wendet sich an die muslimische Welt und unterbreitet ihr als die zentrale Erwartung der europäischen Muslime in zehn Feststellungen die Ausbildung eines globalen Bewusstseins und globaler islamischer „Steuerungsinstanzen". Die „Deklaration" hält in Anbetracht der Tatsache, dass der Islam eine weltumspannende Glaubensgemeinschaft ist, gerade dieses globale Bewusstsein für wenig entwickelt und belegt dies mit schmerzlichen Erfahrungen: Es gebe in der muslimischen Welt keine global wirksamen Geistesgrößen. Man könne sich nicht einmal auf gemeinsame Termine für wichtige Festtage einigen, und auch in den praktischen Dingen des Glaubens ermangele es einer umfassenden Führung. Eigentlich sollte der Islam von seinen Intentionen her im Bemühen um Frieden und Sicherheit in der Welt an vorderster Linie stehen, stattdessen würden im Namen des Islams Menschenrechte verletzt (was als Sünde bezeichnet wird) und außerdem eine erschreckende Rate von Analphabeten in muslimischen Ländern toleriert. Dagegen stellt die „Deklaration" abschließend ihre Überzeugung, dass die muslimische Welt eine rechtmäßige „Ummah" darstellt, welche in der Lage sei, alle Pflichten und Aufgaben für eine moralisch gute, rational ausgewogene und wirtschaftlich gerechte globale Gemeinschaft zu erfüllen.

Überblickt man die „Deklaration" als ganze, dann gewinnt man den sicherlich zutreffenden Eindruck, dass mit ihr ein wichtiger Schritt in Richtung der Ausbildung eines europäischen Islams gemacht ist, der sich seinerseits wiederum als Motor für die unumgängliche Erneuerung und Modernisierung der gesamten islamischen Welt verstehen kann. Die Eingliederung des europäischen Islams in die Strukturen und Gegebenheiten einer pluralen, säkularen und freiheitlichen europäischen Gesellschaft wird nicht nur als notwendig, sondern auch als möglich und dem innersten Wesen und Anliegen des Islams in keiner

Weise widersprechend erachtet. Da es vor allem um die *gesellschaftliche* Integration des Islams geht, beziehen sich die meisten Punkte auch auf gesellschaftliche Themen und Fragestellungen. Der Bereich des interreligiösen Dialogs tritt eher in den Hintergrund. Allerdings werden die gemeinsamen geistigen Wurzeln der drei großen monotheistischen Religionen angesprochen und das Recht auf freie Ausübung der Religion als ein grundlegendes Menschenrecht anerkannt. Damit fügt sich meines Erachtens diese Deklaration sehr gut in die Rahmenvorgaben für den interreligiösen Dialog, etwa der Deutschen Bischofskonferenz, ein.

Die „Deklaration“ gewinnt natürlich einen ganz eigenen Charakter durch das Faktum, dass sie nach beiden Seiten hin spricht: einerseits zum modernen säkularen Europa und andererseits zur muslimischen Welt. Es wird sehr wohl spürbar, wie fremd sich beide Welten gegenseitig immer noch sind. Was modernen Europäern als selbstverständlich erscheint, muss der islamischen Welt erst ins Bewusstsein gerufen und von ihr in – manchmal durchaus mühevollen – Lernprozessen angeeignet werden.

Natürlich wäre es interessant, die „Deklaration“ mit anderen muslimischen Verlautbarungen zu vergleichen, etwa mit muslimischen Erklärungen zu den Menschenrechten[25], mit der *„Islamischen Charta“* des *„Zentralrates der Muslime in Deutschland“* oder mit dem *„DITIB*-Kommunique“* des *„Präsidiums für Religiöse Angelegenheiten in der Türkei“* (beide aus dem Jahr 2002).[26] Dies kann hier leider nicht geleistet werden. Ein kurzer Blick sei indes erlaubt auf die *„Islamische Deklaration“* des ersten bosnischen Staatspräsidenten *Alija Izetbegović (1925–2003)*, die dieser noch unter kommunistischer Herrschaft in Buchform 1970 veröffentlicht hatte.[27] Diese *„Islamische Deklaration“* weist eine Reihe ähnlicher Grundgedanken auf, aber auch einige deutliche Unterschiede zur *„Deklaration der europäischen Muslime“*. Einerseits war es das Anliegen Izetbegovićs, einen Erneuerungsprozess des bosnisch-europäischen wie auch des globalen Islams in Gang zu setzen, wie dies auch *Mustafa Cerić* mit seiner „Deklaration" unternimmt: Diese Erneuerung müsse alle Bereiche des muslimischen Lebens, der Familie, der Gesellschaft und schließlich des gelebten Islams selbst erfassen und erkennen lassen, dass der Islam eine Religion sei, die auf den Grundwerten der Gleichheit der Menschen untereinander, der Freiheit und der Gerechtigkeit beruhe. Jedoch findet sich auch der Gedanke, dass der Muslim nicht bloß Individuum sei, sondern notwendig in einer muslimischen Gemeinschaft leben müsse, dass es ferner Muslimen nicht möglich sei, in einer säkularen Gesellschaft zu leben, und es auch keine echte Koexistenz zwischen dem islamischen Glauben und nichtislamischen Gesellschaften geben könne. Für solche Äußerungen wurde Izetbegović von den Kommunisten als islamistischer Fundamentalist gebrandmarkt. Man wird annehmen dürfen, dass seine Überlegungen aus der Konfrontation mit dem real existierenden sozialistischen und intoleranten Jugoslawien Titos erwachsen sind.[28] Später ist Izetbegović deutlich von solchen Positionen abgerückt und hat sich eindeutig für die Notwendigkeit einer säkularen Gesellschaftsordnung in Bosnien und für eine enge Zusammenarbeit mit dem Westen ausgesprochen. Die „Deklaration" Cerićs geht jedenfalls in vielen Punkten weit über die damalige „Islamische Deklaration" hinaus auf wesentliche Werte zu.[29]

Ebenfalls sehr interessant ist ein Blick auf das „Grundsatzpapier" der SCHURA, des Rates der islamischen Gemeinschaften in Hamburg e.V. von 2004.[30] Auch dieses Dokument, das weithin als das bisher wichtigste und weitreichendste von Muslimen in Deutschland eingeschätzt wird, geht von der Frage aus, wie Muslime zu den Grundwerten der deutschen (und damit auch: europäischen) Gesellschaft stehen. Der Islam sei, so die Schura, bereits Teil dieser Gesellschaft. Er könne sich ohne Probleme in die Ordnung des Grundgesetzes einfügen, da deren Leitwerte (Menschenrechte, Demokratie, Rechtsstaatlichkeit, Säkularismus) von Gott so gewollt und daher auch von Muslimen positiv zu bewerten seien. „Schura" bedeutet „Partizipation" von Menschen an einer Gesellschaft und ist somit der islamische Grundbegriff für die Mitwirkung von Muslimen an ihrer gesellschaftlichen Umwelt, hergeleitet vom Propheten Muhammad selbst, der in Medina der muslimischen Gemeinschaft die erste Rechtsordnung gegeben hat, die zur Grundlage einer – für damalige Zeiten – durchaus rechtsstaatlichen Ordnung wurde. Heute hätten Muslime an der Gestaltung einer freiheitlichen Gesellschaft im westlichen Sinne mitzuwirken. Jeder Gedanke an Gewalt verbiete sich von selbst, da es nach islamischem Recht nur im Falle der Unterdrückung ein Widerstandsrecht für Muslime gebe. Vielmehr hätten sich Muslime heute ganz eindeutig zur Demokratie zu bekennen, da ihre Grundwerte auch für Muslime existenzielle Bedeutung besäßen. Dafür könnten Muslime dann auch beanspruchen, ihren Glauben in Verantwortung und Respekt frei zu praktizieren, und auf ein Entgegenkommen in einigen praktischen Anliegen hoffen, so in Fragen der muslimischen Bestattung, des rituellen Schlachtens von Tieren und der religiösen Erziehung an den Schulen und Universitäten. Auch ein „gleichberechtigter Zugang" zu den öffentlich-rechtlichen Medien wird als Zielvorgabe formuliert. Dafür verpflichten sich die Muslime wiederum in einer abschließenden Erklärung zum gesellschaftlichen Engagement im Sinne einer pluralen, säkularen, sozial gerechten, die Umwelt und gemeinschaftliche Bindungen (Familie) bewahrenden Gesellschaft.

Es gibt also deutliche Parallelen zur „Deklaration" Cerićs, doch merkt man dem Papier der Hamburger Schura natürlich an, dass es von in Deutschland lebenden Muslimen auf ihre Situation in Deutschland hin formuliert worden ist: Es wirkt – trotz einer teilweise deutlicheren religiös-theologischen Argumentation – „moderner" und dem europäischen Empfinden auch sprachlich angemessener.

Am Scheideweg: „Euro"- oder „Ghetto"-Islam?

Kehren wir zurück zur „Deklaration europäischer Muslime" und versuchen eine abschließende Bewertung. Seine Bedeutung gewinnt dieses Dokument, auch für den katholischen Leser, zweifelsohne aus der Tatsache, dass die Muslime in Europa an einem Scheideweg stehen. Es geht – mit den Worten des syrisch-deutschen Politologen Bassam Tibi – um die Entscheidung zwischen einem „Euro"- und einem „Ghetto-Islam". Nur wenn die in Europa lebenden Muslime die Grundlagen der europäischen Moderne annähmen, könnten sie „eine integrierte, aus Individuen als freie Staatsbürger (also nicht als Ummah-Kollektiv) bestehende Religionsgemeinschaft werden, die als ein Vorbild für ihre Herkunftsländer dienen könnte".[31] Die „Deklaration" Cerićs weist eindeutig in die Richtung des „Euro-Islams". Sie zeigt dabei ein beachtliches Vermögen an Selbstreflexivität und Selbstkritik, lässt aber auch erahnen, wie weit der Weg der Muslime in die Moderne noch sein dürfte. Es ist ja schon seit Längerem ein wesentlicher Kritikpunkt muslimischer Intellektueller, dass der Islam unter der Vorherrschaft der Orthodoxie nicht in der Lage sei, sich den Herausforderungen des 20. und 21. Jahrhunderts zu stellen. In der Überzeugung, die „beste aller Gemeinschaften" zu sein (im Anschluss an Sure 3:110), für die aus der Welt der „Ungläubigen" nichts von Belang kommen könne, würden sich die Muslime der Auseinandersetzung mit den geistigen Entwicklungen Europas seit der Aufklärungszeit verschließen, so der heute in Paris lebende tunesische Lyriker Abdelwahab Meddeb.[32] Die Folge sei eine geistige Selbststerilisierung, die zwar moderne High-Tech-Fassaden errichten könne, diese aber mit dem Graustich bigotter Frömmelei überziehe.

Die Entwicklung der Fähigkeit zu Selbstreflexion und Selbstkritik wäre also der wohl wichtigste Schritt der muslimischen Gemeinschaft auf Europa und den Westen hin. Denn beides ist Ergebnis der Aufklärung, Voraussetzung für und auch Grundmerkmal von Modernität. Der Islam darf nicht in geistiger Selbst-Ghettoisierung verharren, muss vielmehr seine eigene Selbststilisierung und seine Ressentiments kritisch zu hinterfragen lernen.[33] Die „Deklaration“ kann auf diesem Weg ein wichtiger Schritt und eine Hilfestellung sein.

Der Raum des Dialogs

Fragen wir zum Schluss, wo sich nun tatsächlich auch theologisch Raum für einen Dialog zwischen Christen und Muslimen auftut. Es gibt natürlich orthodoxe Strömungen, die einen exklusiven Heilsanspruch für den Islam erheben. Es gibt jedoch auch Stimmen, die für ein gleichberechtigtes Miteinander von Juden, Christen und Muslimen eintreten. So ist etwa Fuad Kandil, der an der Universität Karlsruhe unterrichtet, schon lange dafür eingetreten, dass alle „abrahamitischen Religionen“ Wege zum Heil und zur „Rechtleitung“ der Menschen seien, da sie einem einheitlichen Pfad der göttlichen Offenbarung entstammten.[34]

Verschiedene Suren des Korans bezeugten eindeutig, dass das Nebeneinander verschiedener Religionen gottgewollt sei.

Es sollen nun hier noch zwei Stimmen zu Wort kommen, jeweils eine muslimische und eine katholische, die darauf verweisen, wo und wie sich ein solcher „Raum des Dialogs“ eröffnen könne. Der frühere iranische Staatspräsident und Professor der Philosophie, Mohammad Chatami, hatte schon 1998 in einem Aufsehen erregenden Artikel anlässlich seines Staatsbesuches in Deutschland erklärt, das eigentliche Problem im Verhältnis zwischen den Religionen liege darin, dass es sich in den Religionen immer um Wahrheiten handle, die absolut, erhaben und heilig seien, während das Leben und der Geist des Menschen als geschichtlich, begrenzt und relativ gelten müssten. Daher sollten sich religiöse Gemeinschaften immer auch ihrer eigenen Grenzen und Begrenztheiten bewusst bleiben. Ein Miteinander von Religionen (und man könnte ergänzen: von Kulturen) sei nur dann möglich, wenn man zwischen dem erhabenen und heiligen Wesen der Religion und den menschlich begrenzten, relativen und damit veränderlichen Wahrnehmungen von Religion unterscheide: „Akzeptierten wir, dass unsere Wahrnehmung der Religion menschlich ist, würden wir bescheidener werden und uns den geistigen und zivilisatorischen Erfahrungen der Menschheit öffnen.“[35]

In eine ganz ähnliche Richtung gehen Überlegungen des amerikanischen katholischen Theologen Paul Griffiths, für den jede Religion in der Aussage, dass sie die Fülle der Wahrheit besitze, zwischen einer *ontologischen* und einer *epistemologischen* Ebene unterscheiden müsse.[36] So könnten Christen sehr wohl sagen, dass Jesus Christus die Wahrheit sei. Aber niemand könne beanspruchen zu wissen, wie diese Wahrheit in der Geschichte der Völker, Kulturen, Religionen und Individuen zum Tragen komme, also wirke. Eine solche Haltung, so Griffiths, entspreche keineswegs einem Relativismus,[37] sondern sei ein „kritischer Realismus“, eine Haltung der Bescheidenheit, die sich immer der eigenen Grenzen des Erkennens bewusst sei und bleibe. Habe man aber erst einmal ein Gespür für den Unterschied zwischen der „Ebene des Seins“ und der

„Ebene des Wissens“ gewonnen, eröffne sich in diesem „zwischen“ ein Raum für das interreligiöse Gespräch.[38]

Am Ende steht also die Hoffnung: dass die Vertreter der beiden größten Glaubensgemeinschaften der Welt, der römisch-katholischen Kirche und des sunnitischen Islams, nun mutig in diesen Raum des Dialogs eintreten. Die Zeichen stehen günstig. Das erste Treffen des katholisch-islamischen Forums in Rom vom 4. bis 6. November 2008 wurde von beiden Seiten positiv bewertet. In der 15 Punkte umfassenden Schlusserklärung[39], die an der päpstlichen Universität Gregoriana vor den Teilnehmern des Forums verlesen wurde, wird betont, dass Katholiken wie Muslime jede Unterdrückung, aggressive Gewalt und Terrorismus zurückweisen müssten, Gottes Schöpfung äußere sich in einer Pluralität von Kulturen, Zivilisationen, Sprachen und Völkern, die eine „Quelle des Reichtums darstellen und nie Ursache von Spannung und Konflikt werden dürfen“. Zum Thema Religionsfreiheit heißt es: „Aufrichtige Nächstenliebe schließt den Respekt gegenüber der Person und ihrer oder seiner Entscheidung in Sachen der Gewissens- und Religionsfreiheit ein.“

Und auch auf der Ebene der Kultur und Gesellschaft beginnen – zumindest in Deutschland – Bewegungen aufeinander zu: Die Einberufung der „Deutschen Islamkonferenz“* im Sommer 2007 durch den Bundesinnenminister Wolfgang Schäuble war ein erster wichtiger Schritt: Die Schaffung eines guten und friedlichen Miteinanders aller Menschen in Deutschland gehöre zu den größten innenpolitischen Herausforderungen.[40]

So gesehen erscheint die „Deklaration europäischer Muslime“ zur richtigen Zeit. Sie kann nach beiden Seiten hin helfen, Vorurteile abzubauen, kritische Selbstreflexion einzuleiten und den Weg in eine gemeinsame Zukunft zu bereiten. Ob sie freilich bei jenen Kräften wahrgenommen werden wird, die heute weithin die islamische Welt prägen und bestimmen, wird erst die Zukunft zeigen.[41]

Stellungnahme aus evangelischer Perspektive

Rainer Oechslen

Die Grundthese

Die „Deklaration europäischer Muslime“, Großmufti Dr. Cerić vorgelegt hat, stellt schon in ihrem Titel eine These auf, nämlich jene, dass es so etwas wie „europäische Muslime“ gibt, nicht in dem Sinn, dass Muslime in Europa leben – das kann niemand bestreiten –, sondern in dem anderen Sinn, dass diese Muslime zu Europa gehören, dass sie Anteil haben an seiner Tradition und seiner Kultur.

Dass es in diesem Sinn „europäische Muslime“ gibt, wird bestritten. In der Sicht der Kritiker dieser Bezeichnung leben die Muslime nur zufällig, sozusagen „irrtümlich“ und hoffentlich vorübergehend in Europa. Europa sei, so sagen sie, seinem Wesen nach „christlich“. Man spricht sogar wieder, wie in der Politik der 50er-Jahre des 20. Jahrhunderts, vom „christlichen Abendland“ – nur dass diese Formel heute nicht mehr zur Abgrenzung gegen den kommunistischen Osten gebraucht wird. Der Feind kommt weiterhin aus dem Osten, aber seine weltanschauliche Prägung hat sich geändert. Die Gegenthese zur Deklaration lautet schlicht: Einen europäischen Islam gibt es nicht.

Geschichtliche Erinnerungen

Zunächst zwei historische Erinnerungen:
Im Sommer 1530 konnte es für einen Augenblick der Geschichte so aussehen, als gebe es in Deutschland so etwas wie eine – zumindest innerchristliche – Religionsfreiheit. Der Reichstag tagte in Augsburg und Kaiser Karl V. war bereit, der Sache der Reformation Gehör zu schenken. Am 25. Juni trugen die Lutheraner unter Führung von Philipp Melanchthon ihr Bekenntnis vor, bis heute ein Grundtext der lutherischen Kirchen: die Confessio Augustana, das Augsburger Bekenntnis. Aber dabei blieb es nicht. Wenig später formulierten die Theologen der vier Freien Reichsstädte Memmingen, Lindau, Straßburg und Konstanz ihr eigenes Bekenntnis und brachten es vor den Reichstag, die Confessio Tetrapolitana, das „Vierstädtebekenntnis". Wenig später folgte Huldrych Zwingli aus Zürich mit seiner „Fidei Ratio ad Carolum Imperatorem", der „Begründung des Glaubens für Kaiser Karl". Auch die altgläubigen, erst später „katholisch" genannten Theologen, blieben nicht stumm. Sie antworteten auf die Confessio Augustana mit ihrer Confutatio oder „Widerlegung". (Faktisch handelt es sich um eine zwar polemische, aber doch zugleich konstruktive Darstellung des katholischen Glaubens.) Der Reichstag vertagte sich, indem er einstweilen allen Parteien ihre Religionsausübung zubilligte.

Man könnte von einem „Augsburger Frühling" sprechen. Aber so wie 400 Jahre später die Sowjetunion den Prager Frühling nicht ertrug, so konnte Europa den Augsburger Frühling mit seinem friedlichen Austausch verschiedener Bekenntnisse nicht lange ertragen. Bald wurden Kriege geführt, die religiöse und politische Motive ununterscheidbar vermischten. Um wenigstens den äußeren Frieden zu sichern, musste ein anderer Reichstag im September 1555 den „Augsburger Religionsfrieden" beschließen, der auf die Formel hinauslief: „cuius regio, eius religio“, frei übersetzt: „Der Landesherr bestimmt die Religion“ – und zwar in seinem Herrschaftsgebiet als einheitliche, für alle verpflichtende Religion.

Man hat immer wieder, zuletzt beim Jubiläum im Jahr 2005, die Beschlüsse vom Herbst 1555 als Durchbruch gefeiert, als Grundlegung eines stabilen (Religions-)Friedens in Europa. Daran ist sicher einiges richtig. Die andere Seite aber ist: Die persönliche Religionsfreiheit war damit in Deutschland abgeschafft, und zwar für wenigstens 250 Jahre. Man musste, wenn man in das Gebiet eines Fürsten vom anderen Glauben umzog – auch innerhalb Deutschlands –, die „Religion“ wechseln. (Von „Konfessionen“ im heutigen Sinn sprach man bis ins 18. Jahrhundert nicht. Man redete etwa von der „lutherischen Religion“.) Wer sich weigerte, die jeweils herrschende „Religion“ anzunehmen, erhielt bestenfalls nicht die vollen Bürgerrechte, schlimmstenfalls wurde er, wie etwa die Hugenotten in Frankreich, verfolgt.

In der Wahrheitsfrage – und ernsthafter Glaube hat es immer mit der Wahrheitsfrage zu tun – war die Formel von Augsburg 1555 eine Ohnmachtsformel. Weil man den Streit um die Wahrheit auf friedlichem Wege nicht austragen konnte, entschied man sich dafür, die Machtfrage über die Wahrheitsfrage zu stellen.

Das Argument dürfte klar sein: Die Formel „Europa ist christlich“ hat keinen deskriptiven, sondern präskriptiven Charakter. Sie ist ohne Verbindung des Christentums mit der staatlichen Macht nicht denkbar. In der Sache ist die Formel genau das, was die Beschlüsse vom September 1555 in ihrer Zeit waren: eine Kapitulation vor der Frage nach der Wahrheit der Religion und der Religionen. Wer aber der religiösen Wahrheit mit der politischen Macht meint nachhelfen zu müssen, der glaubt nicht an Gott, sondern an den Staat – und das ist eigentlich Nihilismus.

Dass evangelische Theologie in der zweiten Hälfte des 20. Jahrhunderts die Idee der Menschenrechte in ihr ethisches Konzept aufgenommen hat und lernte, in der Religionsfreiheit einen hohen Wert zu sehen, kann darüber nicht hinwegtrösten, dass diese Bejahung der Religionsfreiheit nicht aus dem Eigenen kam, nämlich aus der reformatorischen Grundeinsicht von der Freiheit und Gottunmittelbarkeit des Glaubens jedes Menschen. Natürlich kann man argumentieren, dass die aufklärerische Idee der Religionsfreiheit sich letztlich auf Umwege doch der Reformation verdankt. Aber dann muss man die lange Geschichte des Widerstandes gegen diese Idee in der evangelischen Kirche erklären.

Die zweite Erinnerung: Die Formel „Europa ist christlich“ war deskriptiv niemals zutreffend. Ich übergehe zunächst die Präsenz des Islams in Spanien, Sizilien und auf dem Balkan. Ich übergehe auch die Reste vorchristlicher Religiosität, die nicht nur im Volksbrauchtum bis ins 20. Jahrhundert hinein wahrnehmbar waren oder sind. Und ich übergehe den Atheismus, der spätestens seit dem 19. Jahrhundert – eigentlich aber schon viel früher – zur weltanschaulichen Tradition Europas gehört und der für das Christentum – das mag manche Muslime überraschen – gerade durch seine Religionskritik hilfreich geworden ist. Religion ist immer in Gefahr, korrumpiert zu werden, zum Götzendienst zu entarten. Deshalb bedarf Religion immer auch der Kritik.

Ich spreche jetzt aber von einer Religion, die die christliche Wahrnehmung Gottes in Christus ausdrücklich ablehnt, nämlich dem Judentum. Es gab in Europa, auch in Mitteleuropa, seit der Römerzeit eine Präsenz des Judentums. Das Christentum hat zeitweise versucht, die Juden mit Überredung oder Gewalt zum Christentum zu führen. Es hat später versucht, vor der Existenz des Judentums die Augen zu verschließen oder dieser fortdauernden Existenz die innere Berechtigung abzusprechen. Es hat aber bis in die Gegenwart keine dogmatisch geklärte Theorie entwickelt, die dem Judentum und seiner

Gotteserkenntnis einen Platz neben dem Christentum eingeräumt hätte.

Der evangelische Theologe Friedrich-Wilhelm Marquardt hat immer wieder auf die Nähe christlich-theologischen Denkens zur Gewalt hingewiesen. Die deutlichste „Gewaltkritik“ findet er bei dem großen jüdischen Gelehrten Leo Baeck (1873–1956), der 1902 mit seinem „Wesen des Judentums“ auf weithin bekannten Vorlesungen des „Erzvaters“ des modernen Protestantismus, Adolf von Harnack (1851–1930), über das Wesen des Christentums reagierte.

Baeck sah, dass ein christliches Dogma eine „stützende Macht (braucht), die ihm seinen anerkannten, maßgebenden Charakter verbürgt“. Der Protestantismus ist in dieser Hinsicht noch bedürftiger als der Katholizismus: „So hat er fast immer … Anlehnung an die staatliche Gewalt gesucht. Er wurde oft, ausgesprochen oder unausgesprochen, zur Staatskirche, wozu ja auch seine geschichtlichen Voraussetzungen hinführten, und die Konfession erhielt so einen politischen Einschlag.“[1] Für die Juden gilt: „An keines ihrer Zeitalter hat sich die Religion angeheftet, um mit ihm abzuschließen; sie ist nie ganz fertig. Die Aufgabe steht fest, nicht aber die Lösung. Die alte Offenbarung wird immer zu Neuem; die Religion erfährt ihre stetige Renaissance.“ Beim Christentum aber sei das Heil „fertiger Besitz … (ein) wundersamer Schatz, den die göttliche Gnade dem Menschen geschenkt hat, dass er hierdurch gerettet sei und selig werde.“[2]

Es ist sehr bemerkenswert, dass Juden die Gewaltsamkeit der christlichen Lehrbildung nicht allein im alten, dem sogenannten „orthodoxen“ Protestantismus entdecken, sondern gerade auch in seiner modernen, höchst liberalen Form.

Ob die jüngsten Entwicklungen der Lehren über das Verhältnis des Christentums zum Judentum, die ja nicht älter als 25 Jahre sind und etwa von einer auch nach

Christus „bleibenden Erwählung Israels“ sprechen, dauerhaft und für den Glauben der evangelischen Gemeinden prägend sein werden, muss sich erst noch zeigen. Die Folgen des früheren Unverhältnisses zum Judentum waren bekanntlich furchtbar: Das Christentum hatte, als der rassische – oder besser: rassistische – Antisemitismus entstand und nach der politischen Macht griff, keine eigenen Abwehrkräfte entwickelt und tat in seiner überwiegenden Mehrheit so, als sei die Verfolgung der Juden kein Thema, das den christlichen Glauben anginge.

Umso merkwürdiger ist es, wenn nun von manchen Zeitgenossen eine „jüdisch-christliche Tradition“ für Europa reklamiert wird. Bis vor wenigen Jahrzehnten hätten die allermeisten christlichen und insbesondere auch die protestantischen Theologen dies als Zumutung zurückgewiesen und energisch darauf bestanden, dass zwischen Judentum und Christentum Abgründe lägen. Man wird nicht fehlgehen, wenn man in der Formel von der „jüdisch-christlichen Tradition“ Europas einen ähnlich ideologischen Sinn erkennt wie in der älteren Wendung vom „christlichen“ Europa: Etwas Drittes soll als zu Europa nicht gehörig ausgeschlossen werden. Der evangelische Theologe Stefan Schreiner beschreibt diese Situation folgendermaßen:

„... diejenigen, die am lautesten die jüdisch-christliche Tradition für Europa reklamieren, tun dies in aller Regel allein mit dem Ziel, damit den Islam gleichsam per definitionem von (s)einer Zugehörigkeit zu Europa auszuschließen. Auch wenn Muslime in großer Zahl – unbestreitbar und unbestritten – in der Vergangenheit nicht anders als heute – Teil seiner Bevölkerung sind, der Islam gehört nach dieser Auffassung nicht nur nicht zu Europa, sondern bildet nachgerade einen Gegensatz zu ihm.“[3]

Wenn evangelische Theologie ihrem Anspruch nach kritische und selbstkritische Theologie ist, dann wird sie ihr doppeltes Versagen in der Vergangenheit erkennen.

Sie wird erkennen, dass sie in der Reformationszeit am Thema Religionsfreiheit gescheitert ist, in dem sie es – zumindest in ihrer großkirchlich-lutherischen oder reformierten Gestalt – zuließ, dass die Wahrheitsfrage zur Machtfrage wurde. Und sie wird erkennen, dass sie es spätestens im 19. Jahrhundert versäumte, eine Dogmatik zu entwickeln, die Raum lässt für einen anderen – sei es jüdischen, sei es muslimischen – Zugang zu Gott.

Evangelische Theologie als selbstkritische Theologie wird deshalb die Zugehörigkeit des Islam zu Europa anerkennen, und zwar in seiner dreifachen Gestalt:

- als geistiges Erbe, das über die Präsenz des Islams in Spanien, Sizilien und (später) auf dem Balkan das intellektuelle Leben Europas mitgeprägt hat;
- als autochthone muslimische Bevölkerung, die in Bosnien-Herzegowina, Serbien, Kosovo, Albanien, Mazedonien, Bulgarien, Rumänien, Polen und Russland seit Jahrhunderten existiert;
- als muslimische „Diaspora" aufgrund der Migrationsbewegungen der letzten Jahrzehnte in fast allen anderen europäischen Staaten.

Der Grundthese von Dr. Cerić, dass der Islam zu Europa und zur europäischen Kultur gehört, kann der kritische evangelische Theologe also nur zustimmen, einerseits aufgrund des historischen Befundes, andererseits aufgrund der Lehren, die er aus den Fehlern der eigenen Disziplin gezogen hat.

Europa als „Haus des Vertrages"

Europa ist nach Cerić „dar as-sulh"*, Haus des Vertrages. Dahinter steht die klassische muslimische Unterscheidung von „dar al-Islam"*, dem Haus des Islam, und „dar al-harb"*, dem Haus des Krieges. Europa ist nach Cerić nicht Haus des Islam, weil die Muslime nicht „die Mehrheitsregierung (the majority rule) des Landes konstituieren", es ist aber auch nicht Haus des Krieges, weil „einige Aspekte des muslimischen Gesetzes in der europäischen Gesellschaft erfüllt werden können" (Übersetzung der englischen Texte jeweils von mir, R. O.).

Die dritte Möglichkeit bildet das Haus des Vertrages. Europa ist als Haus des Vertrages anzusehen, weil „es möglich ist, in Übereinstimmung mit dem Islam im Kontext des (europäischen) Gesellschaftsvertrages zu leben".

Dr. Cerić weist im Vorwort der Deklaration zunächst nach, dass das Konzept vom „Haus des (Gesellschafts-) Vertrages" ein „genuiner Bestandteil der gesamten islamischen Lehre und Geschichte" sei. Bereits Muhammad schloss Verträge in Hudaybiyya mit den Nicht-Muslimen, den Juden und Christen von Medina und den benachbarten Königen von Äthiopien, Persien und Byzanz. Die rechtgeleiteten Kalifen nach ihm setzten diesen Weg fort. Das Haus des Vertrages ist aber zugleich das „Haus des Friedens". Sodann erläutert Dr. Cerić die Schritte, die nötig sind, damit Muslime ihren Platz im Haus des Vertrags bzw. im Gesellschaftsvertrag Europas einnehmen können:

Erstens müssen sie „verstehen, dass Europa das Haus des Friedens und nicht des Krieges ist".

Sodann müssen sie wissen, welche „Angelegenheiten im Rahmen des Gesellschaftsvertrages enthalten" sind. Drittens müssen sie „eine Organisation oder Institution gründen, die sowohl den Islam als Weltreligion wie die Muslime als gute Bürger Europas repräsentieren kann".

Wichtig ist nun, wie Dr. Cerić den (Gesellschafts-)Vertrag vom Bund (covenant) mit Gott unterscheidet: „... der Vertrag ist ein Diktat der Vernunft, während der Bund der Wille des Herzens oder Glaubens ist ... Durch den Bund widmet der Mensch sein Herz Gott und empfängt innere Gewissheit, durch den Vertrag widmet er seine Vernunft dem Staat und empfängt soziale Sicherheit als Bewohner einer Stadt."

In einer späteren Veröffentlichung, einem Aufsatz, der im Januar 2008 in der Zeitschrift „European View" der Europäischen Volkspartei erschienen ist, fügt Dr. Cerić noch eine weitere Unterscheidung hinzu: „So ist der islamische Bund, die Scharia, ewig, nicht verhandelbar und ohne Ende. Er ist ewig, weil er Gottes unendliches (azali) Wort in der Vergangenheit ist; er ist nicht verhandelbar, weil er die Kraft hat, Gehorsam zu erzwingen; und er ist ohne Ende, weil er unbegrenzt (abad) in der Zukunft ist. Der Fiqh (das islamische angewandte Recht) ist nicht die Scharia. Eher ist er ein spezielles Verständnis der Scharia. So ist der Fiqh (das Verständnis) der Scharia einer speziellen Person oder Gruppe nicht ewig, verhandelbar und endlich."[4]

Das Ziel des ganzen Argumentationsganges ist klar: Die europäischen Muslime können ihrem Glauben treu bleiben und zugleich gute Bürger Europas sein. Die Scharia ist dabei kein Hindernis. Denn sie bezeichnet den speziellen muslimischen Bund mit Gott, die besondere islamische Gotteserkenntnis, während das angewandte Recht wandelbar ist und an den Kontext des „europäischen Gesellschaftsvertrages" mit den Mitteln der Vernunft angepasst werden kann. Cerić zeichnet dabei im Vorwort zur Deklaration ein durchaus nüchternes Bild der geistigen Situation Europas: „Seine Philosophie ist gegründet auf Rationalismus und Naturwissenschaft. Seine Kultur ist abgeleitet von der Geschichte des Christentums. Seine Politik ist geprägt von der Vorstellung des Überlebens der Stärksten."[5] Eben mit diesem Europa sollen die Muslime in einen „Dialog auf Augenhöhe" eintreten.

Man könnte nun natürlich fragen, was geschähe, wenn sich die Muslime in einem europäischen Land in der Mehrheit befänden und „die Mehrheitsregierung (majority rule) des Landes konstituieren" könnten. Doch diese Frage bleibt rein hypothetisch. Der Sinn der Deklaration ist hier ganz klar: Die Treue zum Islam erfordert nicht, dass man die europäische Gesellschaft, in der man lebt, nach islamischen Gesetzen umgestalten müsste.

Wichtig für einen evangelischen Theologen ist der Hinweis in dem zuletzt genannten Aufsatz, dass sich der islamische Bund einfügt in die Geschichte der Bundesschlüsse Gottes, also anschließt an Noahbund und Sinaibund. Der „neue Bund“ wird nicht genannt, was vielleicht daran liegt, dass man hier eher vom „Testament“ spricht als vom Bund, eher aber wohl an der speziellen islamischen Christologie. Durch Cerić’ Hinweis erhält die Bezeichnung der Scharia als „Bund“ einen neuen und tieferen Sinn. Denn bei jedem der Bundesschlüsse gibt Gott seinem Volk eine neue Lebensordnung, eine Weisung zum Leben, zuerst die noachidischen Gebote, dann die Tora vom Sinai.

Sowohl die Neuordnung nach der Sintflut wie die Mosetora beziehen sich aber nicht nur auf das persönliche, sondern ebenso auf das gesellschaftliche und staatliche Leben. Man denke nur an die Bestimmungen über das Sabbat- und Erlassjahr in Levitikus 25 oder an das Zinsverbot im gleichen Kapitel – letzteres ist weitgehend deckungsgleich mit der entsprechenden islamischen Bestimmung.

Nun hat allerdings das Judentum nach dem babylonischen Exil, also seit 2500 Jahren, nur noch kurzfristig in einem eigenen Staatswesen gelebt und war als gesellschaftliche Minderheit nicht in der Lage, die Tora auf die staatliche Ordnung anzuwenden. Es hat deshalb notgedrungen die bürgerlich-rechtlichen und strafrechtlichen Bestimmungen der Tora eher allegorisch oder in Erwartung eines „neuen Israel“ eschatologisch interpretiert.[6] Wie es sich mit der Anwendung der Tora im Staat Israel seit 1948 verhält, ist nochmals eine Frage für sich.

Das Christentum hat komplizierte Theorien über die Geltung bzw. Nichtmehrgeltung der Tora entwickelt, etwa die der Tora völlig fremde Unterscheidung von Zeremonial- und Moralgesetz. Bekanntlich waren aber noch Thomas von Aquin und Martin Luther der Meinung, das Zinsverbot gelte auch in der Christenheit. Es bedurfte eines hermeneutischen Eiertanzes, um die christliche Ethik an die Bedürfnisse der neuzeitlichen Geldwirtschaft anzupassen.

Dass die göttliche der staatlichen Ordnung widerstreiten könnte, zeigt sich in Europa eigentlich nur bei Fragen der Sexualethik, etwa beim Widerstand der katholischen Kirche gegen liberalisierte Abtreibungsbestimmungen. Allerdings wird dieser Widerstand in der Regel nicht mit dem Gesetz Gottes begründet, sondern, katholischem Naturrechtsdenken gemäß, mit dem allgemein-menschlichen Sittengesetz, das von der Kirche nur interpretiert wird.

Man fragt sich jedoch angesichts etwa des Kampfes der katholischen Bischöfe Spaniens gegen das gegenwärtige spanische Scheidungsrecht, was geschähe, wenn der politische Katholizismus in diesem Land wieder eine – vielleicht nur knappe – Mehrheit bekäme und die Chance hätte, „die Mehrheitsregierung des Landes zu konstituieren“, also nicht nur in der etwas gemäßigten Form, wie sie sich in den Positionen der konservativen Partei spiegelt. Würde in diesem Fall das geschehen, was man den Muslimen von interessierter Seite zutraut, nämlich dass diese Mehrheit versucht, ihre eigene Ordnung, ihre Tora, ihre „Scharia“ oder ihr Sittengesetz der Gesellschaft insgesamt aufzuzwingen?

Kehren wir zur Sozialethik zurück, die Cerić skizziert. Konservative protestantische Theologen wären mit diesem Konzept vermutlich zufrieden. Denn es scheint ja auf den Grundsatz hinauszulaufen: das Herz für Gott, die Vernunft für den Staat. Das konservative Luthertum hat sich im 19. Jahrhundert seiner Verantwortung für die Entwicklungen in Staat und Gesellschaft dadurch entzogen, dass es die sogenannte „Zwei-Reiche-Lehre“ reformulierte. Nun war das Glaubensleben etwas nur noch

Persönliches, das Staatsleben aber vom Glaubensleben getrennt. Im Herzen solle Gott regieren, während die Ordnung des Staates eine Sache der weltlichen Vernunft sei. Der Lutheraner Bismarck hat zugespitzt formuliert: „Mit der Bergpredigt lässt sich keine Politik machen", und – das ist das Erstaunliche – die Theologen seiner Kirche haben ihm in der Regel undifferenziert zugestimmt und tun dies teilweise heute noch.

Kritische protestantische Theologie stellt hier die Frage, woraus die weltliche Vernunft eigentlich ihre Grundsätze ableiten soll. Friedrich-Wilhelm Marquardt schreibt in seinem Aufsatz „Perspektiven der Noah-Tradition für die Weltgestaltung aus der Sicht des Christentums": „Die *abendländische* Vernunfttradition entsteht immer wieder in einem ausdrücklich anti-jüdischen Affront ... Noch Kant hat seine Vernunftreligion im angeblichen Gegensatz Jesu gegen das pharisäische Gesetzesjudentum begründet, und Hegel hat seinen Drei-Schritt des Geistes in langsamer Entwicklung aus den sog. Antithesen der Bergpredigt Jesu gegen Mose abgeleitet."[7] Ich fürchte, wenn man heute versuchte, die Ordnung der Gesellschaft aus allgemein-menschlichen Vernunftregeln abzuleiten – den Spitzenvertretern der Kirchen wäre dies vielleicht ganz recht, solange sie an der Definition des Vernünftigen mitwirken dürften –, dann käme wieder etwas Anti-Jüdisches und gleich darauf etwas Anti-Islamisches heraus. Die Perspektive Marquardts scheint mir dagegen verheißungsvoll: „Nirgendwo sehe ich eine christliche Gemeinde, eine Synode, eine Basisgruppe, eine Kirchenleitung damit beschäftigt, ethische Erkenntnis aus ihrer Seelsorge-Erfahrung, auch ihrer theologischen Hellsichtigkeit, umzusetzen in Gesetzesvorschläge für Abgeordnete, Ausschüsse, Parlamente, Gerichte und moralischen Protest oder ethische Ideen in juristische Kleinst- und Feinarbeit zu kleiden. Wenn das schon Bürgerrechtsbewegungen nicht können; Kirchen sollten sich im Zeichen von: ‚Wir lösen das Gesetz nicht auf, sondern richten es auf', darin üben und sich darum ... wieder mit Mose anfreunden."[8]

Nun ist es für Muslime, die immer noch um ihre bürgerliche Anerkennung in Europa kämpfen, nicht leicht, aus ihrem Bund mit Gott, aus ihrer speziellen Gotteserkenntnis, praktische Anregungen für das politische Leben zu gewinnen. Ein Beispiel, das Dr. Cerić nennt, ist der Wunsch, „Wege zu finden, wie muslimisches Recht für Personenstandsangelegenheiten, wie z. B. Familienrecht, anerkannt werden kann". Abgesehen davon, dass erst noch ausgeführt werden müsste, welche familienrechtlichen Regelungen sich Dr. Cerić konkret wünscht, ist dieser Vorschlag allzu defensiv. Er will besondere Regelungen für Muslime und sucht keine Verbesserung der gesellschaftlichen Ordnung insgesamt.

Drei andere Beispiele mögen zeigen, was hier möglich wäre: Einmal zeigt die aktuelle Finanzkrise, zu welchem Irrsinn die scheinbare „Vernunft des Marktes" fähig ist. Das Zinsverbot in seiner biblischen oder koranischen Logik aber wäre umzusetzen in Vorschläge für eine Neuordnung des Wirtschaftslebens. Zum anderen ist die „Tierproduktion" in Europa zum Teil unerträglich grausam. Die islamischen Speisevorschriften sagen ja nicht einfach, welche Art von Fleisch genossen werden darf. „Halal"* kann recht verstanden nur die Speise sein, die auf angemessene Weise erzeugt wurde. Ein Huhn aus Käfighaltung etwa kann schwerlich „halal" sein, auch wenn es ein muslimischer Metzger nach allen Regeln geschlachtet hätte. Schließlich: Sowohl das muslimische Prinzip der Ummah als einer universalen Gemeinschaft wie auch die biblischen Gebote über die Behandlung der Fremdlinge schließen m. E. die Ausländerpolitik, welche die Europäische Union derzeit betreibt, kategorisch aus.

Zweierlei ist nötig, wenn man das Gesetz Gottes in „Kleinst- und Feinarbeit" in praktikable Gesetzesvorschläge umsetzen will:

Es muss immer im Blick bleiben, dass in Europa Menschen unterschiedlicher Religionen, Atheisten und religiös Gleichgültige zusammenleben und jedes Gesetz auf seine Zumutbarkeit für alle geprüft werden muss. Die noachidischen Gebote werden ja in der Bibel und in der Tradition des Judentums – mit Einschränkungen auch in der Tradition des Christentums – im Unterschied zur Mosetora als eine Ordnung verstanden, die für die ganze Menschheit gelten könnte und sollte.

Und es darf das Gesetz Gottes niemals ungeschichtlich – also fundamentalistisch – verstanden werden, so als seien Strafrechts- und Erbvorschriften, die in ihrer Entstehungszeit fortschrittlich waren, heute noch unverändert anzuwenden. Das Wagnis des Verstehens besteht darin, aus dem Geist des Gesetzes heraus seinen Buchstaben kritisieren zu können. Die daraus entstehende Debatte in der eigenen Gemeinschaft lässt sich nicht vermeiden. Ein Beispiel: Dr. Cerić hat sich im November 2008 etwa bei einer Veranstaltung in München als Gegner der Todesstrafe bekannt. Ich nehme an, dass ihn zu dieser Auffassung nicht irgendeine allgemeine Vernunft gebracht hat – zumal die Mehrheit der Bevölkerung, der „gesunde Menschenverstand“, in fast allen Ländern Europas weiterhin für die Todesstrafe eintritt –, sondern seine Glaubensüberzeugung. Es bedarf keiner weiteren Erläuterung, dass im Koran für allerlei Vergehen die Todesstrafe angeordnet wird. Dass man aus dem Islam und aus dem Christentum eine Ablehnung der Todesstrafe herleiten kann – oder wie ich meine: herleiten muss –, für diese Einsicht muss man auch in der je eigenen Religion und der je eigenen Gemeinde erst noch kämpfen. Der Gewinn aber ist groß: So ist es möglich, neben altbekannten Vorschlägen für die Gestaltung der öffentlichen Ordnung eigene neue Beiträge zu leisten. Muslime erfahren sich so nicht nur als Leute, die sich ihre Bürgerrechte eben erkämpft haben, sondern als Bürger, die das gesellschaftliche Leben aus ihrem Glauben heraus mitgestalten wollen.

Ordnung der Natur?

Im vorangegangenen Abschnitt kritisierte ich, dass Dr. Cerić, um den Muslimen ihren Platz in der europäischen Gesellschaft zu verschaffen, sich allzu schnell auf ein Trennungsmodell von Glaube und Vernunft einlässt: der Glaube im Herzen, die Vernunft in der Gesellschaft. Meine Kritik war deshalb so deutlich, weil die evangelische Theologie und Kirche in ihrer eigenen Geschichte mit einem solchen Trennungsmodell schlimme Erfahrungen gemacht hat.

Nun möchte ich einen Abschnitt der Deklaration europäischer Muslime betrachten, in dem Dr. Cerić Glaube und Vernunft bzw. Glaube und natürliche Erkenntnis allzu eng zusammen sieht, nämlich die Familienethik. In dem Abschnitt der Deklaration, der sich an die Muslime in Europa richtet, heißt es in der Übersetzung von Stefan Wimmer: „Der Wert, den der Koran auf den Zusammenhang zwischen der Verehrung Gottes und der Achtung der Eltern legt, beinhaltet eine starke Botschaft für den Osten wie für den Westen. Die Botschaft für den Osten besteht darin, dem Druck nach Zurückdrängung der Familienwerte nicht nachzugeben; und die Botschaft für den Westen besteht darin, von dem gefährlichen Spiel mit der Zukunft der Menschheit abzulassen. Zur Institution der Familientradition gibt es keine Alternative. Der Versuch, das Grundgesetz vom Familienleben zu brechen, kommt dem Versuch gleich, das Grundgesetz der Natur vom Sonnenaufgang im Osten zu brechen. Niemand ist in der Lage, die Natur des Sonnenaufgangs zu ändern; und niemand wird in der Lage sein, das Gesetz des Familienlebens zu brechen, solange die Sonne durch den Willen des Allmächtigen Gottes aufgeht.“

Ohne Zweifel wird es für solche Sätze Beifall geben von Seiten konservativer Theologen, aber genauso von Seiten konservativer Politiker. Der Beifall von dieser Seite wird allenfalls dadurch gebremst werden, dass diese Aussagen von einem Muslim stammen. Es ist gewiss kein Zufall, dass die göttliche Ordnung gerade im Bereich der Privatethik, genauer: der Familien- und Sexualethik, ins Spiel gebracht wird. Vergleichbare Erscheinungen im Christentum wurden bereits im letzten Abschnitt genannt.

Ich muss aber darauf hinweisen, dass Ausdrücke wie „Institution der Familientradition“ oder „Grundgesetz vom Familienleben“ höchst unklar sind. Ich gebe dafür zunächst zwei Beispiele aus Deutschland: Um die Mitte des 19. Jahrhunderts wurden in München 30–40 % aller Kinder außerehelich geboren, in anderen Teilen Bayerns noch mehr. Das lag daran, dass viele Menschen nicht heiraten konnten – etwa weil sie als Dienstboten auf Bauernhöfen oder in städtischen Haushalten lebten. Oder sie durften keine Ehe schließen, weil hierfür eine staatliche Eheerlaubnis notwendig war, die nur beim Nachweis ausreichender finanzieller Mittel erteilt wurde. Will man etwa behaupten, dass in dieser Zeit nur bürgerlich verheiratete Personen ein moralisch einwandfreies Familienleben führten? Die überwiegende Mehrheit des Klerus in den beiden großen Kirchen hat dies so gesehen. Dann aber wäre die Moralität der Leute von einer bürgerlichen Lebenssituation abhängig, sprich: vom Geld, was die marxistische Kritik der bürgerlichen Moral exakt bestätigen würde. Gemäßigt konservative Theologen haben diese Problematik schon im 19. Jahrhundert verstanden. So hat etwa Alexander von Oettingen (1827–1905) seine Ethik nicht normativ angelegt, sondern im Jahr 1867 eine „Moralstatistik“ verfasst, um den tatsächlichen Lebensverhältnissen Rechnung zu tragen.

Ein zweites Beispiel: Häufig beklagt man die hohen Scheidungsziffern in unserem Land. Tatsächlich ist die Zahl der Ehescheidungen in den letzten Jahren unaufhaltsam gestiegen. Zurzeit werden etwa 40 % aller Ehen durch den Richter aufgelöst. Was man aber in aller Regel nicht sagt: Die durchschnittliche Dauer aller Ehen (also sowohl der geschiedenen wie der bis zum Tod eines Ehepartners bestehenden Ehen) ist heute etwa doppelt so lang wie zu der Zeit, als es Ehescheidungen allenfalls in Fürstenhäusern gab. Das liegt daran, dass Ehen früher wegen der hohen Frauensterblichkeit oft sehr kurz andauerten. Der Reformator der Stadt Nürnberg, Andreas Osiander, der 25 Jahre lang Hauptprediger an St. Lorenz war, war in dieser Zeit viermal verheiratet. Mit anderen Worten: Trotz der Ehescheidungen ist das eheliche Leben heute beständiger und vermutlich auch intensiver als früher. Natürlich hat es im 16. Jahrhundert genau wie heute eine Ehe gegeben, doch die konkrete inhaltliche Füllung dieses Begriffes war aufgrund der Zeitumstände eine andere als heute. – Diese Beispiele ließen sich noch lange vermehren. Sie mögen aber genügen, um zu belegen, dass es zwar immer so etwas wie Ehe und Familie gegeben hat, dass aber die konkrete soziale und rechtliche Form dieser Institution sich im Lauf der Zeit zu stark verwandelt hat, als dass man mit diesen Begriffen eine eindeutige Vorstellung verbinden könnte.

Nun zur Familie im muslimischen Kontext:

Hier liegt die Problematik der Berufung auf *die* Familie noch klarer auf der Hand. Enes Karić hat in seiner Münchener Antrittsvorlesung im Oktober 2008 darauf hingewiesen, dass es im bosnischen Islam seit Jahrhunderten keine Polygamie mehr gab. Wo sie praktiziert wurde, war sie eine Sache der zahlenmäßig sehr kleinen osmanischen Führungsschicht. Diese – für den Islam in Europa sehr erfreuliche und hilfreiche – Tatsache führte Karić auf den kulturellen Austausch mit dem Christentum zurück. In anderen Gegenden, wo der Islam wesentlich weniger Kontakt mit anderen Religionen und Kulturen hatte, hat sich das Eheverständnis bekanntlich anders entwickelt. Die Polygamie ist etwa in Ägypten auch heute noch erlaubt, wenn auch in der mittleren und höheren Gesellschaftsschicht nicht üblich. Gesellschaftlich anerkannt ist jedoch die „sukzessive Polygamie“, d. h. die durch die relativ einfachen Scheidungsvorschriften erleichterte Praxis, eine Mehrzahl von Ehen nacheinander zu schließen. In Nagib Machfuz’ Kairo-Trilogie wird es einmal direkt ausgesprochen: „Wir sind ja nicht katholisch. Wenn es nicht funktioniert, wird eben wieder geschieden“, sagt da ein Protagonist, wobei dieser allerdings als ein etwas frivoler Mensch gilt.

Aber die Bandbreite des Eheverständnisses reicht bis dahin, dass im Iran bis heute Folgendes möglich und üblich ist: Männer schließen zur Vermeidung des Ehebruches neben ihrer Dauerehe (oder auch ihren Dauerehen) befristete Kurzzeitehen. Unabhängig von der Bewertung solcher Sitten, ist evident, dass man nicht ohne Weiteres von einer klaren und einheitlichen Vorstellung von Ehe und Familie im Islam sprechen kann. Man wird einwenden, dass die überwiegende Mehrheit der frommen Muslime die hier kritisch genannten Phänomene entschieden ablehnt und ein sehr anderes, von großer Treue geprägtes Eheverständnis hat. Das bestreite ich nicht. Doch wird eine theologische Ethik gut daran tun, nicht von idealistischen Positionen oder von der Praxis einer religiösen Elite auszugehen. Vielmehr wird sie – wie ich es vorhin für die evangelische Ethik angedeutet habe – die gesellschaftlichen Realitäten ins Auge fassen; und dazu gehören nun einmal auch sukzessive Polygamie, befristete Ehe, Prostitution und die Ausbeutung von Frauen. Nur auf der Grundlage eines solchen Realismus werden dann auch Veränderungen zu bewirken sein.

Ein Wort muss hier außerdem gesagt werden zur Behandlung der Homosexualität. Der liberale Protestantismus hat sich in einem jahrzehntelangen Kampf dazu durchgerungen, die traditionelle Beurteilung der Homosexualität zu revidieren, homosexuell veranlagte Gemeindeglieder nicht mehr zu diskriminieren, ihre Zweierbeziehungen anzuerkennen und ihnen auch den Zugang zu geistlichen Ämtern zu öffnen.

Man hat diese Entscheidungen, denen medizinische, psychologische und theologische Studien vorangingen, heftig kritisiert. Und zwar erfolgt die Kritik von Seiten des konservativen Flügels in den jeweiligen Kirchen, in besonders massiver Form aber auch von Seiten der orthodoxen Kirchen. Auch bei muslimischen Gelehrten war das Verständnis eher gering. Man hat dabei in der Regel nicht begriffen, dass es sich hier nicht um einen Tribut an den Zeitgeist handelt, sondern um einen Akt der Umkehr zu unseren homosexuellen Schwestern und Brüdern, die jahrhundertelang ausgegrenzt, schikaniert und gequält worden waren. Eine Revision dieser Entscheidungen aus Rücksicht auf konservative Protestanten, Orthodoxe oder Muslime kann deshalb nicht in Frage kommen. Eher sind evangelische Theologen bereit, ihre Gesprächspartner, seien sie Christen oder Muslime, zu fragen, ob sie mit ihren theologischen Urteilen nicht den unverantwortlichen und menschenrechtswidrigen Umgang ihrer Gesellschaften mit einer sexuellen Minderheit absichtlich oder unabsichtlich rechtfertigen. Vor diesem Hintergrund muss man entweder den Ausdruck „Familie“ auch auf homosexuelle Lebensgemeinschaften ausweiten oder im Falle einer engeren Definition neben die Familie andere Lebensgemeinschaften stellen, in denen Menschen ebenfalls in einem von Gott gesegneten Stand leben können.

Ich habe die Frage der Definition von „Familie“ deshalb in einer gewissen Breite erörtert, weil sich hier ein theologisches Grundsatzproblem verbirgt. Der konservative Protestantismus, insbesondere im lutherischen Bereich, hat im 19. und im frühen 20. Jahrhundert die Theorie der „Schöpfungsordnungen“ entwickelt. Damit war gemeint, dass es Strukturen menschlichen Zusammenlebens gibt, die sich aus der „Natur“ des Menschen selbst ergeben und deren Gesetze den Naturgesetzen gleichen. Man kann sie mit dem bloßen Verstand erforschen und dennoch in ihnen den Willen Gottes erkennen. Mit der Theorie der Schöpfungsordnungen ist die Lehre von der Möglichkeit einer natürlichen Gotteserkenntnis bzw. der natürlichen Erkenntnis des göttlichen Gesetzes verknüpft. Faktisch handelt es sich hier um einen theologischen Naturalismus oder Rationalismus, der aber anders als der Rationalismus der Aufklärungszeit sehr traditionelle Inhalte hat.

Die eingangs zitierten Sätze von Dr. Cerić verbinden ebenfalls einen traditionellen – und, wie gezeigt, keineswegs klar definierten – Inhalt mit einem Naturgesetz: der Bewegung der Gestirne. Die Geschichte der protestantischen Theologie macht aber deutlich, dass es zwischen den Naturgesetzen und den sittlichen Ordnungen nur eine scheinbare Analogie gibt. Zu den Strukturen, die man meinte exakt als göttliche Ordnungen wahrnehmen und definieren zu können, gehörten auch das Volk (und die jedem Volk eigene „völkische Gesetzlichkeit") und die Rasse. Wohin es geführt hat, die Rassen – und auch gleich noch die Rangordnung der Rassen – als göttliche Ordnung zu begreifen, braucht hier nicht dargestellt zu werden. Nicht nur die bosnischen Juden können davon berichten, auch die Muslime, die man einige Jahrzente später nicht nur aus religiösen, sondern auch aus rassischen Gründen verfolgt hat. „Natürliche Theologie" ist nach Überzeugung einer kritischen evangelischen Theologie nicht natürlich, sondern ein ideologisches Konstrukt, ein Versuch, bestimmte Vorstellungen vom menschlichen Leben mit dem Nimbus einer göttlichen Ordnung zu umgeben und damit Macht auszuüben. Es ist kein Zufall, dass die natürliche Theologie im Christentum gerade im 19. Jahrhundert, als die Kirchen in Europa an Einfluss verloren, einen theoretischen Aufschwung nahm. Das Papsttum z. B. verstand sich seit dem I. Vaticanum, also seit dem Verlust des Kirchenstaates, nicht nur als Interpret der katholischen Morallehre, sondern als Ausleger des natürlichen – und damit alle Menschen verpflichtenden – Sittengesetzes. Die politische Tendenz dieser Lehrentwicklung ist offenkundig. Beispiele dafür gibt es nicht nur im 19. Jahrhundert. Als etwa Papst Paul VI. mit seiner Enzyklika „Humanae Vitae“ von 1968 die „künstliche Empfängnisverhütung“ ablehnte, meinte er, damit das natürliche Sittengesetz in einer universal gültigen, d.h. an die Grenzen der katholischen Kirche nicht gebundenen, Weise zu interpretieren. Die Delegierten des Vatikans argumentieren bis heute auf den Weltbevölkerungskonferenzen entsprechend – wobei man ehrlicherweise auch sagen muss, dass der Vatikan bereit ist, sich für diese Sicht der Dinge den bevölkerungspolitischen Interessen etwa der USA entgegenzustellen.

Ein anderes Beispiel wäre, dass ein evangelischer Theologe wie Paul Althaus noch nach 1945 für die Wiedereinführung der Todesstrafe ins Strafrecht eintrat, weil er meinte, nur diese Strafe für den Mord entspreche der natürlichen Ordnung.

Mein Gegenvorschlag lautet: Jeder Mensch ist in jeder sozialen Ordnung und Struktur, in der er sich befindet, ein Geschöpf Gottes und deshalb berufen zur Befreiung, Erlösung und Heiligung seines Lebens durch Gott. Es ist Sache der christlichen – oder muslimischen – Gemeinde, die ethischen Konsequenzen aus dieser Berufung im konkreten Fall zu ergründen, dabei aus den Quellen der eigenen Tradition zu schöpfen und im gemeinsamen Gespräch Regeln zu formulieren. Recht verstandene Theonomie ist kein Gegensatz zur Autonomie, sondern deren innere Begründung.

Zur Repräsentanz des Islams in Europa

Zweck der Deklaration ist es, dem Islam in Europa eine Stimme zu geben. Eigentlich muss man betonen: *eine* Stimme. – Der Hintergrund ist klar: Zurzeit ist der Islam in Deutschland, aber auch in anderen Staaten Europas, ethnisch verfasst. In größeren Städten gibt es etwa türkische, bosnische, arabische, afghanische Moscheegemeinden und innerhalb der arabischsprechenden vielleicht noch marokkanische und ägyptische.

So erscheinen die Moscheegemeinden als „Auslandsgemeinden", genauso wie sich etwa deutsche Diplomaten, Geschäftsleute und Wissenschaftler in Tokio zu einer „deutschen" katholischen oder evangelischen Gemeinde zusammenfinden, wohl wissend, dass man irgendwann nach Deutschland zurückkehren wird. Man hat deshalb als Christ aus Deutschland auch nicht unbedingt das Bedürfnis, sich etwa mit der katholischen Gemeinde der Spanier oder mit der evangelischen Gemeinde der Schweden zusammenzuschließen.

Umgekehrt haben sich die orthodoxen Christen in Westeuropa nationalkirchlich organisiert (russisch-orthodox, griechisch-orthodox usw.), obwohl das orthodoxe Kirchenrecht eine nationalkirchliche Struktur außerhalb des „kanonischen Gebietes" der jeweiligen Nationalkirche verbietet.

Grund für solche Organisationsformen ist natürlich – neben einer gewissen Verbundenheit mit dem Heimatland – der Wunsch, im religiösen Bereich die Muttersprache zu pflegen. Das gilt für den Islam wie für die Orthodoxie in Deutschland und ebenso für deutsche christliche Gemeinden im Ausland. Man muss allerdings wissen, was man mit diesem Verhalten eigentlich tut: Die dauerhafte Verwendung einer „Fremdsprache" im Gottesdienst ist ein Signal, dass sich eine bestimmte Gruppe zusammenschließt und andere ausschließt. Vor allem aber wird damit gezeigt: Wir wollen unseren Status als Gast in der Kultur des jeweiligen Landes behalten.

Das Christentum als missionarische Religion hat in seiner Geschichte mit der Aufgabe und den Problemen der Übertragung des Glaubens in neue Kulturen eine Fülle von Erfahrungen gesammelt. Es hat wohl niemals eine solche Übertragung gegeben, bei der nicht eine mehr oder weniger große Gruppe von Christen gedacht hätte, hier werde nun das Christentum endgültig verfälscht. Die Kirche, die sich in der neuen Kultur einwurzelt, ihre eigenen Ausdrucksformen entwickelt, die ihrer Lehre in der neuen Sprache einen neuen Ausdruck gibt, die sich „inkulturiert", erweckt Misstrauen bei den Christen in den anderen, „früheren" Kulturen.

Dennoch gibt es zu diesem Weg keine Alternative, insbesondere nicht für den Protestantismus. Die Kirchen der Reformation haben die Pfingstgeschichte konsequent gelesen. Dort ereignet sich bekanntlich ein Sprachwunder. Leute aus allen möglichen Ländern und Ethnien sind versammelt: Parther, Meder und Elamiter, Leute aus Mesopotamien, Judäa, Kappadozien, Pontus, Phrygien und Pamphylien, Ägypten, Libyen und Rom (Apostelgeschichte 2,9–10). Ihnen allen soll das Evangelium verkündigt werden. Nun aber werden sie nicht wunderbar befähigt, die eine und einheitliche Sprache des Glaubens zu verstehen. Vielmehr hören sie alle *in ihrer je eigenen Sprache* „von den großen Taten Gottes reden" (Apg 2,11).

Für die Reformatoren bestand die Aufgabe darin, dieses Sprachwunder fortzusetzen. Jedes Volk hat ein Recht auf die Verkündigung des Glaubens in seiner eigenen Sprache, auch die kleinen Völker, die noch gar keine eigene Literatursprache besitzen. Wenn es für eine Sprache noch kein Wörterbuch und keine Grammatik gibt, wenn in dieser Sprache noch kein Satz geschrieben wurde, so müssen eben die Pfarrer die Wörterbücher und die Grammatik schaffen.

So hat die Verkündigung der Reformation viele Sprachen erst als Schriftsprachen hervorgebracht. Der Theologe Primus Truber etwa schuf das Slowenische als Schriftsprache, Michael Agricola das Finnische. Aber auch das Estnische, das Isländische und andere Sprachen sind erst durch den Einfluss der Reformation als Schriftsprachen entstanden. Im 19. und 20. Jahrhundert wiederholt sich dieser Vorgang an ungezählten Sprachen Afrikas und Asiens.[9]

Jochen Teuffel formuliert die Herausforderung, die sich hier stellt: „Transkulturelle Mission …, wie sie von europäischen und amerikanischen Missionaren in der Neuzeit vorgenommen wurde, funktioniert nicht in einem direktiven Modus, wo eine Missionarin ‚Eingeborenen' mitteilt, woran sie zu glauben hätten. Was das Evangelium in einer kulturfremden Sprache zu bedeuten hat, kann von einer Missionarin eben nicht selbst bestimmt werden. Stattdessen wird sie in ihren Übersetzungsversuchen permanent mit sprachlichen Missverständnissen und Einwänden konfrontiert, die sie dazu herausfordern, sich verständlich zu machen. Es ist schließlich ihre Verantwortung als „Bringschuld" und nicht die der Empfängerin, dass die christliche Botschaft sinngemäß verstanden wird. Von daher obliegt es der Missionarin auf der Suche nach passenden Umschreibungen und Ersatzbegriffen, so intensiv wie möglich am befremdlichen Leben von Menschen in einer anderen Kultur teilzunehmen."[10] Mit meinen Worten: Inkulturation des Christentums in einer neuen (Sprach-)Kultur heißt Reformulierung des Glaubens mit den Mitteln einer anderen Sprache und in einer anderen Gedankenwelt. Es kann dabei keine vollständige Übereinstimmung zwischen der Darstellung des Glaubens in zwei verschiedene Kulturen und Sprachwelten geben. Wer das erwarten würde, hätte den Vorgang des Übersetzens noch nicht hinreichend reflektiert.

Für Muslime wird sich die Aufgabe sicherlich etwas anders darstellen als für das Christentum. Sie werden in

Europa keine Sprache erst noch zur Schriftsprache machen müssen. Vor allem aber spielt das Arabische als Sprache des Korans und des Gottesdienstes im Islam eine Rolle, die mit den Ursprachen der Bibel nicht zu vergleichen ist. Dennoch: Die Aufgabe der Übersetzung und der Inkulturation stellt sich auch dem Islam, wenn er als „universale Weltanschauung“ (Cerić) nicht nur in seinen ursprünglichen Verbreitungsgebieten, sondern in ganz Europa heimisch werden will. Nach meinem Eindruck ist diese Aufgabe in der Deklaration erkannt, wenn dort auch noch nicht ganz klar gesehen wird, welche Transformationen sie mit sich bringt. – Die Frage der Repräsentanz des Islam in Europa, so wichtig sie in politischer Hinsicht ist, kann hinter dieser Aufgabe zurücktreten. Der Protestantismus ist ja insofern mit dem Islam zu vergleichen, als er die Aufgabe der „Repräsentanz“ nach außen nicht in den Mittelpunkt stellt und dem Institutionellen in der Religion nur einen dienenden Charakter zuspricht.

Stellungnahme aus islamischer Perspektive

dem Reisu-l-ulema der Islamischen Gemeinschaft von Bosnien und Herzogowina gewidmet

Aziz Hasanović

Ich möchte nicht den Anspruch erheben, eine umfassende Analyse der „Deklaration europäischer Muslime“ zu geben, sondern konzentriere mich als europäischer Muslim auf eigene Überlegungen zur Deklaration. Die Deklaration und ihre Relevanz für das religiöse, muslimische und gleichzeitig europäische Leben bieten wichtige Erfahrungen, die es verdienen, mit anderen geteilt zu werden.

Was bietet und was verlangt die Deklaration?

Die Deklaration regt an, dass Europa einen Vertrag, einen „Gesellschaftsvertrag“, mit dem Islam eingeht. Diese Religion hat sich für eine geschichtlich erfahrbare Wende entschieden: Sie nimmt einerseits die europäische Säkularität als ihre eigene Wirklichkeit an und verändert andererseits ihr Inneres, indem sie ihre vermeintlich „ewigen Tatsachen“ aufgibt, wonach nämlich der Islam nur durch den Dschihad* und durch die Hidschra* (Auszug) gelebt werden könne. Somit erkennt der Islam Europa als das „Haus des Gesellschaftsvertrags“ an, und damit als „Haus des Friedens und der Sicherheit“, und geht mit Europa im gleichen Rhythmus wie mit der ganzen Welt. Dabei verlangt der Islam nicht nur eine Internationalisierung, sondern die volle *Anerkennung der Sendung*, die andere Religionen und religiöse Gemeinschaften genießen. Er möchte von Europa als autochthone und unverfälschte Institution anerkannt werden, die mit dieser Umgebung verwachsen ist, nicht importiert oder erfunden, und die eben nicht pauschal gewalttätig und bedrohlich ist.

Die Deklaration möchte die europäischen Normen als eigene Standards in das zeitgenössische Lernen der Muslime einbringen, das sich in vielen Dingen von der Lehre der übrigen Welt unterscheidet. Die Deklaration ist aber nur ein Ausgangspunkt und noch kein Ziel, an dem man schon angelangt wäre.

Sie versteht sich als ein Entwurf, in den jeder gutwillige Mensch seine Meinung einbringen soll, sodass diese Idee nicht nur auf einem Blatt Papier bleibt, sondern gelebt werden kann. Wenn alles nur auf dem (deklarativen) Niveau der gegenseitigen Erklärungen der Toleranz und Akzeptanz bleibt, verfallen Europa und der Islam dem Stillstand, aus dem sie nur von einigen blasphemischen Karikaturen oder Ähnlichem aufgeweckt werden und wo einer dem anderen droht. Die „Deklaration europäischer Muslime“ teilt der EU mit, dass es an der Zeit ist, den Islam in Europa zu institutionalisieren, und dass die Muslime „ihr europäisches Ziel definieren“. Autochthone europäische Muslime sind dazu eingeladen, sich an der Bearbeitung und Implementierung der Deklaration zu beteiligen.

Ein Vorzug der Deklaration, die Prof. Dr. Mustafa Cerić entworfen hat, liegt in der Tatsache, dass der Autor selbst die autochthonen Muslime Europas repräsentiert und in dieser Position von allen Mitgliedern der Islamischen Gemeinschaft akzeptiert wird. Neben der Definition der Muslime in Europa enthält sie konkrete Vorschläge und Richtlinien zur Lösung der „muslimischen Frage". Der Autor der Deklaration bezieht sich auf islamische und muslimische Länder und bietet Christen das gleiche Modell für die Lösung der christlichen Minderheitenfrage in islamisch geprägten Ländern an. Wenn wir einen Vergleich zwischen der Deklaration von Mustafa Cerić und der Charta der Vereinten Nationen, der Deklaration der Menschenrechte, der internationalen Konvention für die Abschaffung der Rassendiskriminierung, der Deklaration der UN für die Angehörigen ethnischer, religiöser und sprachlicher Minderheiten und zu anderen europäischen und internationalen Dokumenten zu menschlichen Grundwerten wagen, erkennen wir, dass die Deklaration eigentlich eine Implementierung des demokratischen und zivilisierten Europas und eine Umsetzung der eigenen Erklärungen verlangt, mit dem Ziel einer Bekräftigung des „Haus(es) des Friedens und der Sicherheit" oder „Dar ul-'ahd". Das Wesentliche der genannten Dokumente kann zusammengefasst werden in Forderungen an die Muslime in Europa, in der Anerkennung der europäischen Werte und in den Forderungen und Erwartungen der europäischen Muslime (im Einzelnen siehe jeweils den Wortlaut der Deklaration).

Probleme der europäischen Muslime und ihr Wunsch nach Institutionalisierung

Muslime in Europa und auf der ganzen Welt erleben oft, dass sie sich gegen Vorwürfe wehren oder sich für etwas entschuldigen sollen (z.B. 11. September 2001; Madrid 2004). Sie haben das Gefühl, dass sie jemandem etwas angetan hätten oder jemandem etwas schuldig seien. Die Anschläge fundamentalistischer Gruppierungen werden verallgemeinert. Oft sind es systematische und tendenziöse Medienberichte über negative Ereignisse in der

Welt, denen man ein islamisches Vorzeichen anheftet. Die Schwäche der Muslime Europas besteht in ihrer mangelnden Organisation. Die steht im Gegensatz zum universellen Begiff der Ummah und fördert eine Marginalisierung der Muslime, die im heutigen Globalisierungstrend gefährlich wäre. Dafür tragen andere keine Schuld. Wir suchen die Lösung bei uns, weil der Koran lehrt: „Allah ändert die Lage eines Volkes nicht, bis sie sich nicht selbst ändern" (Koran 13:7).

In diesem Sinne wird eine *Internationalisierung* der Islamischen Gemeinschaft Europas mit einer einzigen Struktur angeregt, die aus verschiedenen nationalen Gemeinschaften besteht. Ihre Hauptaufgabe wäre es, für die Freiheiten und Rechte der Muslime in Europa einzutreten, interne Missverständnisse zu klären und Gegensätze, die die Gemeischaft destabilisieren könnten, zu beseitigen. Die Institutionaliserung des Islams und der Islamischen Gemeinschaft ist ein Imperativ Europas. Wir, die Zeugen dieser Situation, müssen bei der Vereinigung einer einheitlichen Islamischen Gemeinschaft mithelfen und ihr die Legitimität gegenüber den Regierungen der Länder geben, in denen wir wirken. Sonst müssen wir eingestehen, dass wir an dem verworrenen Zustand der Muslime mitschuldig sind und Muslime eine potentielle Gefahr für Europa darstellen. Ich denke, das ist wichtig sowohl für die Muslime in Europa als auch für Europa selbst, das unsere Heimat ist. Wir sind bereit, die demokratischen, kulturellen und anderen Werte anzuerkennen, weil sie unsere Religion, unsere Kultur und Tradition bereichern. Auf diese Weise tragen wir zu einer multikulturellen und multireligiösen Gesellschaft bei, die Muslimen erlauben soll, sich selbst zu definieren und ihren Glauben zu leben.

Was heißt Euro-Islam?

Es ist wiederholt versucht worden, Muslimen das Etikett „Euro-Islam“ anzuhängen. Was bedeutet das? Dieser Ausdruck und seine Bedeutung zeigen das Schicksal des heutigen muslimischen Lebens in Europa. Die katholischen und protestantischen Theologen in Europa und in der westlichen Welt sehen keine Notwendigkeit, ihre „katholische“ oder „protestantische Konfession“ zu erklären. Man findet in ihrer Literatur keinen Begriff „Euro-Katholizismus“ oder „Euro-Protestantismus“. Wir finden aber von London bis zum Uralgebirge immer öfter Bezeichnungen, die die Wortverbindung „Euro-Islam“ beinhalten.

Mit diesem Begriff „Euro-Islam“ soll viel gesagt werden. Aufschlussreich ist bereits, wer den Begriff „Euro-Islam“ verwendet und mit welchem Ziel das geschieht. Manchmal ist bereits der bloße Ausdruck ein Beispiel künstlichen Friedens zwischen Europa und Islam.

Wenn einerseits Muslime heute „Islam in Europa“ oder „Euro-Islam“ sagen, klingt es so, als ob sie sich rechtfertigen oder gar entschuldigen müssten. Muslime sind keine Seltenheit auf europäischem Boden, sondern – so meinen es einige – ein normales „europäisches Phänomen“. Wenn andererseits europäische Regierungsbeamte und Intellektuelle, die den Ton in der europäischen Politik angeben, von „Euro-Islam“ sprechen, dann verfolgen sie oft das Ziel, den Islam in Übereinstimmung mit den Grundsätzen der liberalen Demokratie des Westens zu bringen.

Manche Zeitgenossen sehen im sogenannten „Euro-Islam“ gleichsam ein „Trojanisches Pferd“ mit versteckten Gefahren. In der Tat plädieren viele Muslime heute für einen „Euro-Islam“, den sie aus der Sicht europäischer Muslime definieren wollen. Doch dann befürchten europäische Regierungen eine „Islamisierung“ Europas oder eine schleichende Aneignung dieses Kontinents durch Muslime. Andererseits wird versucht, den Begriff „Euro-Islam“ anhand der liberalistischen Vorgaben der Regierungen zu definieren, was umgekehrt bei den muslimischen Europäern die Sorge auslöst, mit einer „Europäisierung“ des Islams würde eine wesentliche Aushöhlung und Entfremdung von der Religion einhergehen. Sie befürchten, Muslime seien *per se* nicht erwünscht.

Wir vermuten, dass hinter dem heutigen muslimischen Gebrauch und den Bemühungen im Zusammenhang mit dem „Euro-Islam“ oder dem „Islam in Europa“ Folgendes steht: Wenn jemand zum Namen seiner Religion noch den Namen seines Kontinents hinzufügt, das heißt, die Komponente des Bodens und der Erde, dann will er auf das viele Gemeinsame im Bereich der Politik, Kultur, des Unterrichts, der Medien, der Menschenrechte usw. aufmerksam machen. So rechtfertigt sich der, der spürt, dass er nicht oder nur halbwegs anerkannt ist und sich als ein Vertriebener oder als ein Einwohner einer Enklave empfindet oder sich selbstverschuldet in die Position einer kulturellen, religiösen, politischen Enklave begeben hat.

So müssen wir europäische Muslime, muslimische Europäer, Europäer im Islam (bezeichnen wir uns so, wie es uns gefällt!) uns erneut beweisen, definieren und – wer weiß zum wievielten Mal – einen Standpunkt und einen festen Boden suchen. Vor allem müssen wir dies tun in den Jahren der Erweiterung der EU und in der Herausbildung der Verfassung der EU, in denen mittelalterliche Stimmen zu hören sind, die von einem exklusiv christlich verwurzelten Europa sprechen.

Heute werden viele friedliche Menschen vom Antiislamismus und Antimuslimismus der amerikanischen evangelikalen Kirchen umgetrieben. Ohne Berücksichtigung der Tatsache, dass es schon vor 14 Jahrhunderten zur Begegnung von Islam und Europa an den westlichen, nördlichen und vielen östlichen Küsten des Mittelmeers gekommen ist, seit nach Edward Gibbon (1737–1794) die

„große Debatte" zwischen Islam und Europa andauert und seit der Islam und Europa miteinander verflochten sind, hat sich trotzdem mit dem Fall der äußerlichen Formen des Kolonialismus in der zweiten Hälfte des 20. Jahrhunderts einerseits und mit dem Einzug der arabischen, türkischen, kurdischen und balkanischen Arbeiter- und Flüchtlingsarmut in Länder des westlichen Europa andererseits, die Frage der Definition des Islams in Europa allgemein und in der EU speziell aktualisiert.

Dabei gibt es wenige Versuche seitens der Muslime, Europa zu definieren, und zwar ein Europa, wie sie es sich wünschen. Leider handelt es sich immer noch um ein einseitiges, europäisches Bemühen, den Islam und die Muslime nach eigenen Vorstellungen zu definieren. Es gibt bisher nur wenig Versuche, dass sich auch europäische Muslime an ihre Definition von Europa heranwagten.

Assimilation nein, Integration ja

Die islamischen Einrichtungen in Europa müssen mehr tun für die Bildung der Muslime, sowohl was die Kenntnisse des Islams selbst betrifft wie auch im Bereich des Wissens über andere Religionen. Auf diese Weise sollen Vorurteile aus dem Weg geräumt und eine bessere Zusammenarbeit ermöglicht werden. Es ist nicht hinnehmbar, dass ein Mensch in einer Umgebung lebt und seine Existenz aufbaut, sich und seinen Kindern aber das Recht auf die Sprache und die Werte des Landes vorenthält, die der islamischen Religion nicht entgegenstehen. Daher sind gute Kenntnisse des Islams eine Garantie für die Erhaltung der Eigenständigkeit. Kenntnisse über Tradition und Kultur eines Landes sind der beste Weg für eine Integration in die Gesellschaft. Was für alle Muslime Europas notwendig ist: *Assimilation nein, Integration ja*. In den letzten Jahren wird Assimilation kaum als Thema soziologischer Forschung erwähnt. Mit der Anerkennung der Idee einer kulturellen Pluralität wird der Begriff der Integration immer seltener mit der Forderung des Wachsens einer Minderheitskultur zu einer dominanten Kultur verbunden, sondern immer öfter mit der Anerkennung gemeinsamer Werte der demokratischen Gesellschaft, während Assimilation als widerrechtlicher Eingriff in die Freiheiten der Bürger erkannt wird.

Die Bildungsinstitutionen der Muslime sind mit den Bildungsinstitutionen der Länder, in denen sie leben, zu vernetzen. Ein Faktor, der den Prozess der Integration und Internationalisierung verlangsamt, besteht in der Tatsache, dass die leitenden Kräfte Laien sind. Ich schätze ihre Arbeit und Gott möge sie dafür belohnen. Aber die Auffassung unserer Religionsgemeinschaften in Europa geht dahin, dass der Leiter eine theologisch ausgebildete Person sein soll. Es sollte eine Vertikale der Mandatsverantwortung von oben bis unten geschaffen werden. Ich befürchte, dass jene dazu nicht bereit sind, die meinen, dass jeder Muslim ein Imam sein kann, den Koran auslegen und den Islam vertreten kann. Die Zeit und der Raum, in denen wir leben, fordern fachlich gebildete, authentische, weise, flexible und großherzige Imame. Auf diese Weise werden sie sich in dem Land, in dem sie leben, als gleichberechtigte Theologen erweisen.

Ich denke, dass muslimische Völker und muslimische Gemeinschaften in der westlichen Welt dringend als universelle Gemeinschaften bejaht und anerkannt werden sollten, indem sie den Islam universell darlegen und erklären. So wird Europa für Muslime vertretbarer werden.

Auf der Ebene der muslimischen Einwanderung in Westeuropa bedeuten universelle kulturelle Prämissen, dass „türkische“, „pakistanische“, „bosnische“ und „marokkanische“ Moscheen durch den Prozess der Universalisierung des Islam in Europa europäische Moscheen werden, in denen der Islam kulturell und universell dargelegt wird. (Erfreulicherweise habe ich in einigen Moscheen in der westlichen Welt gesehen, dass die Hutba* [Freitagspredigt] in zwei oder drei Sprachen gehalten wird. Das ist ein gutes Beispiel der Universalisierung eines islamischen Rituals.) In Bezug auf Lebens- und Verhaltensweisen bedeutet es, dass universellere Muster des Islams in der westlichen Welt mit der Zeit die lokal und kulturell erfolglos verpflanzten Muster, die Muslime aus ihren Heimatländern Indien, Mittelasien, Türkei, Nordafrika usw. mit sich bringen, ersetzen.

Ich denke, dass die Festlegung solcher universeller Muster des Islams in der westlichen Welt eine der schwierigsten Aufgaben ist. Bei ihrer Bewältigung müssen wir in Europa behilflich sein. Denn die europäischen Muslime sind nicht organisiert und haben keinen repräsentativen Ansprechpartner in religiösen und politischen Fragen.

Identität der Muslime?

Wenn von einer Universalisierung im Sinne eines guten Synkretismus des Islams in Europa gesprochen wird, darf die Frage nach dem Erhalt der nationalen und kulturellen Identität der Muslime heute in Europa nicht ausgeklammert werden. Hier geht es um zwei verschiedene Ebenen, die übereinander stehen und nicht vermischt werden sollten. Gehen wir davon aus, dass für die zweite und dritte Generation der Muslime in der westlichen Welt der universelle Islam weitaus wichtiger ist als nationale und kulturelle Besonderheiten, an die sie oder ihre Eltern sich noch erinnern. In Bosnien, Albanien, im Kosovo und auf dem Balkan generell sind der Islam und nationales Bewusstsein der Völker nicht gegeneinaner ausgerichtet. Mit dem Islam macht man einen Schritt auf andere Muslime zu, mit der Nation teilt man ein Gefühl gemeinsamer Geschichte und der Heimat. (Wir erleben heute, dass Nationalität, Folklore und Religion häufig mit Karikaturen ihrer selbst verwechselt werden. Zwischen diesen verschiedenen Identitäten bestehen große Spannungen. In Europa treten Menschen in arabischer Kleidung auf, die dem Wüstenklima angepasst ist, und behaupten, diese Kleidung sei „islamisch". Das ist ein typisches Beispiel grober Unkenntis der Grenzen zwischen Religion und Kultur, zwischen universalem und regionalem Islam.)

Im Europa der freien Religionen, das uns versprochen wird, könnte uns der universell konzipierte Islam, der national von kurzer Dauer ist, bei der Europäisierung behilflich sein. Die Prozesse der Universalisierung des Islams in Europa und auf dem Balkan – der ja ein Teil Europas ist – müssen gefördert werden. Es ist offenkundig, dass die Universalität des Islams heute gegenüber den kulturellen und nationalen Besonderheiten der Muslime im Westen überwiegt. Ich wiederhole mich und möchte damit nicht sagen, dass der Islam gegen die nationale Identität oder gegen kulturelle Unterschiede sei. Ich möchte damit nur sagen, dass der Islam in der Geschichte die Menschheit vom Fetischismus und von nationalen, kulturellen, sprachlichen oder rassistischen Besonderheiten befreit hat.

Die Universalität des Islams steht an erster Stelle. Wir sehen das an muslimischen Studenten, die in Großbritanien geboren sind, die britische Staatsbürgerschaft besitzen und deren Eltern Pakistani oder Bangladeschi sind. Man stellt sich nun die Frage, ob diese Jugendlichen Briten oder Pakistani oder Bangladeschi sind oder einfach muslimische Europäer.

Das sind alles wichtige Bestandteile der Identitätsfrage dieser muslimischen Gruppen. Die Suche nach Identität muss die Festlegung der Hauptkonturen des Islams in Europa auf eine universelle Weise mit einbeziehen.

Ängste vor dem Definieren und Konzeptualisieren der islamischen Universalität im Westen sind ebenso wenig angebracht wie Ängste vor der Universalität der europäischen Muslime oder der muslimischen Europäer. Solange man in Europa und in der westlichen Welt versucht, den Islam zu definieren, sollte man darin nicht die Gefahr eines „Trojanischen Pferdes" wittern. Das Konzept des Islams in Europa, das von gebildeten und kulturell heranwachsenden Europäern getragen und artikuliert wird, besteht auf universelle Aspekte des Islams. In ihren Arbeiten betonen sie, dass regionale (pakistanische, afrikanische, türkische, bosnische ...) muslimische Züge, die in den Herkunftsländern gelebt werden können, nur eine sekundäre Rolle spielen dürfen. Der Islam sollte in Europa universell dargelegt werden, so dass er die muslimischen Europäer aus ihrer Einkapselung von sich selbst und aus der Abschottung des Islams in Europa und in der westlichen Welt befreien kann.

Wir denken, dass es besonders für die Prozesse der erneuten universellen Bestätigung des Islams als Religion in Europa und im Westen hilfreich ist, sich der älteren und neueren Werke der Europäer zu bedienen, die sich mit verschiedenen Aspekten des Islams auseinandergesetzt und ihn geradezu besungen haben: die Werke von Johann Wolfgang von Goethe, Annemarie Schimmel, Louis Massignon, Henry Corbin, Murad Wilfried Hofmann, Tim Winter, Huston Smith, Karen Armstrong und anderen. Sie sind sehr inspirierend für die Entstehung eines Klimas des gegenseitigen Respekts. Denn diese Werke beschäftigen sich mit verschiedenen religiösen, kulturellen, zivilisatorischen, künstlerischen und vielen anderen Aspekten des Islams in der westlichen Welt.

Die Frage der Anerkennung der Rolle, die islamische Tradition in Synthese mit der jüdisch-christlichen Tradition und Kultur einnimmt, ist eine besonders wichtige Aufgabe, die dringend bewältigt werden muss. Muslime in der westlichen Welt müssen die Synthese der Zivilisation des Judentums, Christentums und des Islams anerkennen. Ich spreche hier von der „Zivilisationssynthese", nicht von der Religionssynthese. Religionen sind unterschiedlich und die Unterschiede müssen respektiert werden, aber der Islam kann sich heute im Sinne einer Zivilisation dem Judentum und Christentum gleichberechtigt anschließen. Wenn wir als Muslime die jüdisch-christlich-islamische Zivilisation im heutigen Westen bejahen, dann werden wir die Bedenken von Bernard Lewis, Samuel Huntington und von denen, die den Islam als östliche Religion ansehen, aus dem Weg räumen. Wir nähern uns einer tatkräftigen Synthese an, die Edward Said befürwortet. Und der Islam an sich ist eine solche Synthese!

Anhand dieser Positionen hat das Oberhaupt der Islamischen Gemeinschaft in Bosnien und Herzegowina, Mustafa Cerić, die „Deklaration europäischer Muslime" entworfen. Die Islamische Gemeinschaft in Kroatien unterstützt diese edelmütige Idee und hat ihre Bekanntgabe mit einem besonderen Ereignis im Islamischen Zentrum von Zagreb organisiert. Ich muss zugeben, dass bis zu diesem Zeitpunkt noch niemand die gesamte politische, religiöse, kulturelle und diplomatische Elite an einem Ort wie diesem in Kroatien versammelt hatte. Es war sehr bedeutend für die Medien. Man konnte besonders oft folgenden Satz lesen und hören: „Wenn die europäischen Länder und ihre gesellschaftliche und politische Elite die ‚Deklaration europäischer Muslime' anerkennen, könnte sich die Geschichte verändern."

Ich gehe davon aus, dass Europa einerseits den Beitrag des Islams zur großen europäischen Kultur zu schätzen weiß und andererseits zugesteht, dass die europäischen Prinzipien der Freiheit und der Menschenrechte in der Geschichte nicht immer adäquat verwirklicht worden sind und dass Europa den selbst proklamierten Prinzipien von Demokratie und Pluralismus nicht immer gerecht geworden ist. Islam ist ein Geschenk Gottes für die ganze Menschheit, und insofern ist es meine Überzeugung, dass die Anerkennung oder Institutionalisierung des Islams Europa in der Welt geistig, kulturell, politisch und wirtschaftlich nur weiter voranbringen kann.

Am Ende dieser Stellungnahme zur „Deklaration europäischer Muslime" möchte ich an folgende Weisheiten erinnern: „Güte in Worten schafft Vertrauen, Güte in Gedanken schafft Tiefe und Güte im Geben schafft Liebe." Allein die Idee der Deklaration ist ein Zeichen der Güte; die Worte sind auf Vertrauen ausgerichtet; die gründliche und tiefe Analyse der Probleme und die gebotenen Lösungen spiegeln eine hervorragende Kenntnis der Probleme und die Weitsicht des Autors der Deklaration wider. Die Qualität der Deklaration ist ein Beleg der Liebe des Verfassers zum Islam, zu den Muslimen, zu seiner engeren, bosnischen Gemeinde und seiner weiteren, europäischen Gemeinde. Die Bereitschaft des Autors, sich bei der Lösung aller Probleme von der Bodenständigkeit und Inspiration Bosniens ausgehend einzubringen, verdient Hochachtung!

Perspektiven für die Zukunft

Das Beispiel Penzberg

Ein Gespräch mit Gönül Yerli, Vizedirektorin des Islamischen Forums Penzberg. Die Fragen stellte Stefan Jakob Wimmer (25.5.2009)

WIMMER: *Frau Yerli, wenn man zum Islamischen Forum nach Penzberg kommt, dann fällt dem Besucher einiges auf: Direkt an der Hauptstraße liegt eine überraschend moderne Moschee, architektonisch ganz anders als die sonst üblichen türkischen Kuppelbauten; und dann trifft man auch noch auf eine Vizedirektorin! Worin unterscheiden sich nach Ihrer Ansicht Moschee und Gemeinde in Penzberg von vielen anderen islamischen Gemeinden in Deutschland?*

YERLI: Diese Frage taucht sehr oft auf, vor allem dann, wenn wir – wie beinahe täglich – nichtmuslimische Besuchergruppen im Islamischen Forum in Penzberg empfangen. Anfänglich war uns dieser Schritt nicht so bewusst: Wir beten in einer „modernen" Moschee!? Erst heute merken wir, dass wir mit dem Bau eines bislang ungewohnten Stils manchmal sogar das Gefühl bekommen, mutige Schritte unternommen zu haben! Wenn wir heute von Moscheen sprechen, schwebt uns doch ein Kuppelbau mit filigranen Minaretten vor und gerade von dieser typischen Architektur wollten wir bewusst abrücken. Wir wollten ein Unikat schaffen und keine Kopie von Formen, die uns meist von unseren Herkunftsländern gängig sind. Dabei gibt es weltweit Moscheen, die je nach geografischer Lage landestypische Gegebenheiten und auch die vorhandenen Bausubstanzen berücksichtigen. Und so verstehen wir unsere Moschee in unserer Stadt: ein Bau, der sich im bayerischen Oberland verwirklichen konnte. Die beteiligten Firmen stammen größtenteils aus Penzberg und Umgebung. Wobei wir nicht den Ehrgeiz hegen, „Das Deutsche Modell“ zu sein, aber durchaus ein mögliches Beispiel.

Denn wir verstehen uns in erster Linie als Muslime in Deutschland, in Europa, und als eine hier verortete Moscheegemeinde, und das sollte im ästhetischen Erscheinungsbild zum Ausdruck kommen. In dem Bau, den man auch ohne Minarett verstehen könnte, könnte man sogar eine städtische Einrichtung oder ein Museum vermuten. Das heißt, die Moschee „schreit“ nicht: „Hurra, hier bin ich!“, sondern sie hält sich im Stadtbild zunächst einmal dezent zurück. Sie macht neugierig und nicht ängstlich. Das sage ich deshalb, weil wir gegenwärtig leider noch zu oft in unseren Städten über Moscheebaupläne debattieren müssen. Das war aber nicht der Grund, weshalb wir einen innovativen Weg gegangen sind. Er war vor allem deshalb innovativ, weil wir uns selber dazu entschlossen haben, ohne einem Druck ausgesetzt zu sein, dass wir „modern bauen“ müssten, andernfalls uns womöglich Unterschriftenaktionen gegen den Bau drohten. Nein, unsere Überzeugung war und ist es, dass sich unsere Religion durchaus dem Geist der Zeit und des Ortes anpassen kann und dies sogar von uns fordert. Die Architektur bringt so ihren Beitrag für eine offene Geisteshaltung ein.

Nun, was unterscheidet die Islamische Gemeinde in Penzberg von anderen Moscheen? Ich sehe unsere Gemeinde als ein Konstrukt, das sich aus vielen Mosaiksteinchen zusammenfügt, und vergleiche es immer wieder gerne mit der gläsernen Front im Gebetsraum: Viele Einzelteile ergeben das Gesamtbild. Hier haben sich zur gegebenen Zeit diejenigen Menschen zusammengefunden, die ein gemeinsames Ziel vor Augen hatten, die ihre Zukunft mit ihren Familienangehörigen in Deutschland sahen und dafür bekennende Signale setzten. Ausschlaggebend ist sicherlich auch die demografische Verteilung der Mitglieder. Kaum vertreten sind Muslime der ersten Migrantengeneration. Etwa 70 % sind unter 45 Jahre, sind entweder hier geboren oder aufgewachsen, sprechen gut deutsch. Und schließlich sind da die Frauen, die die Gemeinde in erheblichen Teilen mitprägen.

Dass da ganz zufällig der Vizedirektor von einer Frau gestellt wird, dürfte deshalb nicht überraschen. Es ist heute selbstverständlich, dass von den vier Beschäftigten drei Frauen sind, neben dem Imam. Man hat hier nicht aufgrund des Geschlechts entschieden oder unterschieden, sondern nach den jeweiligen Qualifikationen, die die Leute mitbrachten. Da war die Frage Mann oder Frau nicht ausschlaggebend. Ich sehe in diesem Punkt nicht die großen Unterschiede zu anderen Moscheebetrieben, es sind die Feinheiten, in denen wir ein wenig voraus zu sein scheinen.

WIMMER: Wann und wie ist die Islamische Gemeinde Penzberg entstanden, und wie hat sie sich im Lauf der Zeit entwickelt?
YERLI: Die Islamische Gemeinde Penzberg wurde im Jahre 1994 gegründet. Damals bemühten sich Muslime aus der Türkei, aus Bosnien und dem albanischen Kulturraum um eine Gebetsstätte. Diese fanden sie schließlich im Stadtzentrum in einer leer stehenden Scheune. Zeitgenau richtig, um der Flüchtlingswelle aus Bosnien-Herzegowina in unsere Stadt Unterstützung zu bieten. Die Zahl der bosnischen Muslime wuchs rapide. Es war diesen Menschen wichtig, in ihrer Religion Halt zu finden, und da war die erste Anlaufstelle die örtliche Moscheegemeinde, also die heutige Islamische Gemeinde Penzberg. Seit der Gründung lief parallel dazu die Öffentlichkeits- und

Pressearbeit. Mit anderen Worten, die Islamische Gemeinde Penzberg kennt seit ihrer Gründung den Dialog. Dieser ist hier nicht – wie vielerorts – erst nach dem 11. September 2001 in Gang gekommen. Sodass wir heute in Penzberg nicht über Dialog sprechen, sondern über freundschaftliche Verhältnisse, die sich inzwischen entwickelt haben. Derzeit zählt die Gemeinde etwa 700 Angehörige, in einem Einzugsgebiet von 50 km im Umland. Aus anfänglich wenigen Nationen wurden etwa ein Dutzend Herkunftsnationen. Das ist unser Markenzeichen. Jede Herkunftsnation erfährt hier Wertschätzung, das Eigentliche aber, das uns zusammenschweißt, ist unser Land: Deutschland, Bayern. Dementsprechend verhält es sich mit der Sprache. Wir können zwar noch nicht davon ausgehen, dass wir alle unsere Landessprache wirklich beherrschen, aber für die Zukunft sind Meilensteine – mittlerweile ja auch in der Landespolitik – gelegt. Wir unterstützen dies insoweit, dass wir unsere Korrespondenz in Deutsch abwickeln, die Mitgliederversammlungen und Vorstandssitzungen in Deutsch abhalten, Sprachkurse begleiten oder deutschsprachige Predigten anbieten.

WIMMER: Wie hat die Stadt Penzberg damals auf die Moscheebaupläne reagiert? Wie ist heute das Verhältnis der Islamischen Gemeinde zur Stadt und ihrer Bevölkerung? Gegeneinander? Nebeneinander? Miteinander?

YERLI: Soweit bekannt, lässt sich deutschlandweit die Zahl der sogenannten „sichtbaren Moscheen“ derzeit mit etwas mehr als 150 beziffern. Als wir mit unseren Planungen 1999 begannen, waren wir eine der ersten Moscheegemeinden, die das in Bayern verwirklichen wollten. Es war eigentlich Neuland, und zwar für beide Seiten, sowohl auf der Seite der Kommune bzw. der Gesellschaft als auch auf der Seite von uns Muslimen.

Im Vergleich zu heute waren damals die Verhältnisse noch relativ ruhig. Es gab keine erheblichen Einwände.

Außer einiger baurechtlicher Vorgaben, die zu beachten waren und den typischen Fragen: wie hoch das Minarett sein würde und in welchem Gebiet der Stadt die Moschee überhaupt stehen sollte. Natürlich sind solche Fragen aufgetaucht, aber die tauchen heute schon bei einfachen Giebelfenstern im privaten Bereich auf und dürfen einen nicht wirklich überraschen. Ebenso die Frage nach den Parkplätzen.

Bevor wir das Grundstück erworben und mit dem Projekt begonnen haben, sind wir mit der Grundidee zunächst an unseren Ersten Bürgermeister herangetreten. Dann wurde jede einzelne Stadtratsfraktion nacheinander im Rathaus besucht, um das Projekt vorzustellen und die entsprechenden Pläne zu präsentieren. Letztendlich kam es im Stadtrat zu keiner einzigen Gegenstimme. Auf die Unterstützung der beiden örtlichen Kirchen und der lokalen Medien konnten wir zählen. Das Projekt wurde lange vor dem ersten Spatenstich im Katholischen Pfarrgemeindehaus einer breiten Öffentlichkeit vorgestellt, in Anwesenheit des katholischen Pfarrers und des evangelischen Pfarrer-Ehepaares. Es folgte eine positive Reportage in den örtlichen Zeitungen und bis zur Grundsteinlegung 2003 sollten auch noch mal drei Jahre vergehen, Zeit, um das Vorhaben intensiv bekannt zu machen. Die offizielle Eröffnung am 18. September 2005 feierten wir mit 3000 Gästen, ein großer Teil davon aus Penzberg.

Heute ist das Verhältnis so, dass wir auf unsere Stadt und auf unser Miteinander stolz sind. Wir werden nicht nur von angemeldeten Besuchergruppen tagtäglich aufgesucht, sondern auch von neugierigen Touristen, die vielleicht an den Kochelsee oder in die Berge fahren. Vor allem in den Sommermonaten macht man oft Halt und schaut, was für ein Bau hier direkt in der Stadt steht.

Selbst bei der Eröffnung einer Arztpraxis oder eines Autohauses wird der Imam mit dazu geladen, damit er gemeinsam mit seinem katholischen und evangelischen

Kollegen diesen Häusern seinen Segen gibt. In genau dieser Absicht ist auch das räumliche Konzept des Forums entworfen worden, so dass wir nicht nur im Haus bleiben, sondern eben auch rausgehen, an der Gesamtgesellschaft teilhaben. So wurde ganz bewusst auf eine sportliche Jugendeinrichtung verzichtet und auf die Angebote der Stadt hingewiesen, die zur Genüge vorhanden sind. Alle Räumlichkeiten sind mobil nutzbar und können von jedermann angemietet werden. Letztes Jahr war zum Beispiel der Waldkindergarten der Stadt Penzberg für einige Wochen bei uns einquartiert, weil er einen Wasserschaden erlitten hatte. Die Frage „Gehen jetzt unsere Kinder in die Moschee oder in den Kindergarten?“ ist nicht aufgetaucht, denn man hat gewusst, die Kinder gehen in das Islamische Forum, das seine Räume öffentlich vermietet und damit ein Zeichen für Selbstverständlichkeit setzen möchte, genauso wie muslimische Kinder am Nachhilfeunterricht im katholischen Gemeindezentrum teilnehmen.

WIMMER: Das klingt fast zu schön, um wahr zu sein! Haben Sie keine Probleme? Innerhalb der Gemeinde, in Penzberg oder darüber hinaus?

YERLI: Ich denke, es kommt darauf an, ob es als Problem gesehen wird – oder als etwas, das man mit vereinten Kräften bewältigt. Wenn wir heute von der „Oase des friedlichen Miteinanders“ sprechen, dann deshalb, weil wir einen mühsamen Prozess durchlaufen haben. Zunächst innerhalb der eigenen muslimischen Gemeinde. Die unterschiedlichen Traditionen, Lebenseinstellungen und das religiöse Verständnis konnten schließlich zu einer Symbiose werden. Genauer meine ich damit, dass Muslime, die aus europäischen Ländern wie Bosnien oder Albanien stammen, nicht unbedingt den Vorstellungen eines Türken oder Arabers entsprachen. Was damals in manch einer Situation komplex und prekär erschien, mündete in einen offenen Diskurs. Auch Tabuthemen wurden durchaus auf den Tisch gebracht und schonungslos diskutiert. Diese Entwicklung führte uns allmählich zur heutigen Struktur. Das machte das Ganze leichter, den Kontakt nach außen, zur Gesellschaft, zur Bevölkerung in Penzberg zu suchen. Und hier haben wir, wie schon geschildert, offene Türen gefunden. Unsere Schritte fanden Erwiderung, und nur so kann das Miteinander in einer pluralen Gesellschaftsordnung funktionieren. Sicher gibt es auf beiden Seiten weiterhin ungeklärte Fragen, für die wiederum beide in Verantwortung und Pflicht stehen.

Um noch mal auf die Islamische Gemeinde in Penzberg zurückzukommen: Auch wenn viele der Mitglieder nicht unbedingt direkt zum Wirken der Gemeinde beitragen können, darf man nicht vergessen, dass diese Arbeit von den Gemeindemitgliedern größtenteils finanziell getragen wird. Nach meiner Meinung besteht gerade darin eine große Form der Unterstützung. Es ist nicht selbstverständlich, auf ein neues Auto oder auf den ersehnten Urlaub zu verzichten und dafür mehrere Tausend Euro in den Moscheebau zu investieren, weil man sich dessen bewusst war und betont hat: „Uns ist die Zukunft unserer Kinder wichtig. Wir möchten, dass unsere Kinder einen würdigen Ort des Gebetes haben, wo sie dann auch einen – nicht nur religiös – würdigen Dialog suchen können." Das muss man, denke ich, den Gemeindemitgliedern hoch anrechnen. Die laufenden Kosten übernehmen nach wie vor unsere Gemeindemitglieder.

WIMMER: Schildern Sie bitte noch kurz Ihre Rolle und Ihre Aufgaben als Vizedirektorin! Wie ist das Arbeitsverhältnis zum Imam?

YERLI: Imam Benjamin Idriz ist nicht nur der geistliche Vorsteher, er ist auch gleichzeitig der Direktor des Islamischen Forums. Ich bin seine Stellvertreterin in Bezug auf das Direktorenamt, nicht in seiner Funktion als Imam.

Ich habe über 8 Jahre ehrenamtlich den Frauenbund der Gemeinde geleitet und bin mit dieser Tätigkeit in die Aufgaben eines Moscheebetriebes hineingewachsen. Vordergründig liegen meine Aufgaben in der Öffentlichkeits- und in der Pressearbeit, wo es sehr viel zu tun gibt. Dazu gehört, dass ich fast täglich Besucher durch die Moschee und das Gemeindezentrum führe. In letzter Zeit vertrete ich meine Gemeinde oft als Referentin zum Thema „Islam". Derzeit unterstütze ich Imam Idriz in seinem Vorhaben für das Projekt ZIE-M (Zentrum für Islam in Europa – München), wie und wo immer es auch geht.

WIMMER: Fast täglich Führungen in der Moschee – Sie haben also sehr viele Besucher?

YERLI: Richtig, wir haben sehr viele Besucher, vor allem sehr viele nichtmuslimische Besucher, die als Gruppen, Vereine, Verbände, Gewerkschaften oder Bildungseinrichtungen vom Kindergarten bis zu Hochschulen zu uns kommen. Mittlerweile sind es seit der Eröffnung 2005 mehr als 15.000 Besucher gewesen. Vordergründig mag die Architektur interessieren, aber nicht nur. Es ist nicht selten vorgekommen, dass Personen am Ende ihres Besuches auf mich zukamen, mich umarmten oder mit Tränen in den Augen das Gebäude verließen. Manch einer mag mit Ängsten und negativen Vorstellungen gekommen sein. Von einem zwei- bis dreistündigem Aufenthalt nehmen diese Menschen, Jung und Alt, eine neue Erfahrung mit, die sie in ihrem Umfeld bislang kaum wahrnehmen konnten, obwohl sie vielleicht sogar tagtäglich mit Muslimen in Kontakt stehen. Was mir sehr stark auffällt: Wir sind uns noch zu fremd. Unser Bild von „dem Anderen" prägen Karl-May-Erzählungen. Hinzu kommt die weltweite Situation und die Informationsflut über den Islam und die Muslime. Alles, was im Nahen Osten, in Nordafrika oder Tschetschenien über den Islam berichtet wird, wird hier zum Maßstab unserer Beziehung. Es sind meist negative Konnotationen, die wir heute mit dem Islam in Verbindung bringen. Da wären der Extremismus, die Unterdrückung der Frau, der Moscheenboom, der Schmeicheldialog und das in Gefahr befindliche europäische Werteverständnis. Alles dreht sich mehr oder weniger um diese Angelpunkte. Dabei versuche ich immer wieder zu bekräftigen: Genauso, wie es nicht „das Christentum" gibt, gibt es auch nicht „den Islam", Religionen sind das eine, was Menschen daraus machen, etwas anderes. Leider werden sie aber noch zu oft zur Haftung mitherangezogen. Neulich kam eine 10-jährige Schülerin nach der Führung auf mich zu, bedankte sich für das Gespräch und äußerte ihre Eindrücke so: „I werd mei'm Papa sag'n, dass ihr gar net so anders seids wie mir!" In jeder einzelnen Begegnung liegen bewegende, emotionale Momente, die wiederum Kraft und Mut für weitere geben.

WIMMER: Welche Aktivitäten finden im Islamischen Forum statt? Geht es in erster Linie um den religiösen Moscheebetrieb?

YERLI: Vor etwa 15 Jahren haben wir die Moschee gegründet, um religiöse Dienste anzubieten. Wenn ich jetzt ein gutes Jahrzehnt später daran denke, dass etwa 30 % unserer Aktivitäten für die religiösen Dienste aufgewendet werden und der Rest für soziale, kulturelle und dem Dialogbereich gewidmete, hat sich dieses Bild deutlich gewandelt. Gewiss auch deshalb, weil viele Aufgaben von außen an uns herangetragen wurden, wie beispielsweise Deutschkurse im Haus abzuhalten, Nachhilfeunterricht für Kinder anzubieten oder in der Frauenarbeit tätig zu sein. Die Begleitung in individuellen Lebensphasen von der Geburt bis zum Tode gehört nach wie vor zum Spektrum.

WIMMER: Welche Wünsche, Hoffnungen und Visionen haben Sie für die Zukunft der Islamischen Gemeinde Penzberg?

YERLI: Ich wünsche es mir nicht nur für meine Gemeinde. Ich wünsche der gesamten Menschheit einen starken Willen. Hoffnungen bleiben passiv, wenn wir nicht einen eifrigen Willen verfolgen. In einer immer mehr zusammenwachsenden Weltordnung haben wir eine gemeinsame Verantwortung zu übernehmen, ob wir uns nun als Muslim, Christ, Jude, Buddhist oder Atheist bekennen. Wir sind alle Geschöpfe eines Schöpfers, der uns einen Kosmos zum Leben zur Verfügung stellt. Alleine diese Tatsache sollte uns „Menschen" zusammenbringen, ungeachtet unserer Religionszugehörigkeit, zur Bewältigung der realen Konflikte, an denen es ja nicht mangelt. Ich bin davon überzeugt, dass, wenn jede/r in seinem Mikrokosmos seinen Anteil zum Frieden beiträgt, wir dies übertragen können in unsere Makrowelt. Europa, Deutschland, sollte diese Chance ergreifen. Muslime wie Nicht-Muslime.

WIMMER: Vielen Dank, Frau Yerli, Vergelt's Gott, alles Gute und Gottes Segen für Sie und Ihre Arbeit!

Weiteres zur Islamischen Gemeinde Penzberg:
www.islam-penzberg.de

Islamischer Religionsunterricht als Integrationsfaktor

Stephan Leimgruber

Hier wird die These vertreten, dass die Einführung islamischen Religionsunterrichts für islamische Kinder und Jugendliche sowohl den Muslimen als auch der Mehrheitsgesellschaft zugutekommt. Wird dieser Unterricht weiterhin nicht eingeführt, droht die junge Generation in einem kulturellen, weltanschaulichen und religiösen Niemandsland aufzuwachsen und anfällig für ein Abgleiten in Fundamentalismus oder ortlosen Atheismus zu werden. Der islamische Religionsunterricht wirkt zwar ebenso wenige Wunder wie der christliche Religionsunterricht beider Konfessionen, aber er gibt eine optimale Vorlage für eine intensivere Beschäftigung mit Sinnfragen, mit gesellschaftlichen, kulturellen und ethischen Problemen. Er kann Orientierung und Halt vermitteln und das Interesse an einem Leben mit Tiefgang wecken.

Nun zeichnet es sich ab und findet in politischen Parteien und christlichen Kirchen immer breitere Zustimmung, dass in Deutschland ein Islamischer Religionsunterricht (IRU) gewünscht wird, der den Anforderungen für Religionsunterricht entspricht, wie sie im Grundgesetz der Bundesrepublik von 1949 Artikel 7 Absatz 3 festgehalten sind:

„Der Religionsunterricht ist in den öffentlichen Schulen mit Ausnahme der bekenntnisfreien Schulen ordentliches Lehrfach.

Unbeschadet des staatlichen Aufsichtsrechts wird der Religionsunterricht in Übereinstimmung mit den Grundsätzen der Religionsgemeinschaften erteilt. Kein Lehrer darf gegen seinen Willen verpflichtet werden, Religionsunterricht zu erteilen" (Art. 7,3 GG).

Damit ist Islamischer Religionsunterricht als gleichberechtigtes Schulfach vorgesehen, das für fächerübergreifende Kooperationen offen ist. Er wäre auch ein versetzungsrelevantes Notenfach, das in schulischen Räumen erteilt und für alle Musliminnen und Muslime obligatorisches Pflichtfach ist. Der Islamische Religionsunterricht wäre damit dem christlichen Religionsunterricht in seiner katholischen wie evangelischen Konfessionalität und dem bereits existierenden jüdischen und dem christlich-orthodoxen Religionsunterricht ebenbürtig. Mit Bezug auf die ebenfalls im Grundgesetz gewährte Religionsfreiheit kann man sich aus Gewissensgründen vom Religionsunterricht abmelden und das angebotene Ersatzfach „Ethik" bzw. „Philosophie" besuchen. Weil das Grundgesetz an einem wechselseitigen förderlichen Verhältnis von Kirche und Staat festhält, bildet der Religionsunterricht eine „res mixta", eine „gemischte Angelegenheit". Staat und Religionsgemeinschaften hätten je eigene spezifische Verantwortlichkeiten und Aufgaben, die dann entsprechend auch für Islamischen Religionsunterricht festgelegt werden müssten.

Zu den *Aufgaben des Staates* gehört es, Räume für IRU bereitzustellen, Religionslehrerinnen und -lehrer anzustellen und zu besolden sowie deren Ausbildung zu garantieren. Überdies wäre der Staat (nicht ein womöglich ferngesteuerter islamischer Verband) dafür verantwortlich, dass die Lehrpläne eingehalten würden. Das Grundgesetz mit den Grundwerten der Person, der Gleichberechtigung der Geschlechter und die Religionsfreiheit müssten in einer Demokratie beachtet werden.

Zu den *Aufgaben der Religionsgemeinschaft* zählt die inhaltliche Füllung und Gestaltung des Lehrplans und die

Beauftragung der Lehrkräfte (missio [kath.]/vocatio [evang.]). Als Ansprechpartner sollten sich die islamischen Denominationen in einem „Islamrat" zusammenschließen, der dann im Namen der diversen Gruppierungen nötige Verhandlungen führen kann. Islamischer Religionsunterricht sollte in einem Geist der „Großen Ökumene" (der Religionen) und in Offenheit für den interreligiösen Dialog erteilt werden.

Wie bereits der Beschluss „Der Religionsunterricht in der Schule" der „Gemeinsamen Synode der Bistümer in der BRD" (1975) vor über 30 Jahren festhielt, dürfen Schülerinnen und Schüler unterschiedlicher religiöser Sozialisation diesen Unterricht besuchen, also streng praktizierende wie auch liberale Schüler bis hin zu Suchenden und religiös nicht gebundenen Schülern. Der IRU muss deshalb informativ für eine plurale Schülerschaft gestaltet werden. Da sich die Glaubenslehre der Aleviten* erheblich vom orthodoxen Islam sunnitischer* und schiitischer* Prägung unterscheidet, müsste alevitischen Schülerinnen und Schülern ein eigener Religionsunterricht angeboten werden[1].

Mit dieser beschriebenen, institutionellen Verortung und in dieser Aufgabenverteilung wäre ein Schritt in die richtige Richtung getan. In seiner jüngsten Stellungnahme bezeichnet das „Zentralkomitee der deutschen Katholiken" den IRU treffend als „Schlüssel der Integration"[2].

Verschiedene Modelle islamischen Religionsunterrichts

Das erwähnte, weithin favorisierte Modell eines

a) *bekenntnisorientierten islamischen Religionsunterrichts,* auch *„Islamunterricht"* genannt, als ordentliches Schulfach in Analogie zum konfessionellen Religionsunterricht in der Verantwortung von Kirche und Staat wird bisher nur in wenigen Schulen (z.B. in Bayern) erprobt. Es ist aber nur *ein* Modell. Denkbar wären auch weitere Modelle.

b) Das Modell eines *muttersprachlichen Ergänzungsunterrichts* in der Herkunftssprache (u.a. Türkisch), der teils in den Schulen, teils außerhalb der Schulen stattfindet, und zwar entweder in Verantwortung der jeweiligen Kultusbehörde oder des betreffenden Staats (z.B. der Türkei). Dieses Modell findet als sogenannter „konsularischer Religionsunterricht" in Baden-Württemberg, Saarland und Schleswig-Holstein statt und dient vorwiegend türkischen Schülern, mit ihrer Herkunftskultur und mit der Religion des Islams vertraut zu werden. Aufgrund der Herkunft vieler Schüler aus anderen Ländern mit je anderen Kulturen wird dieses Modell (b) zunehmend in Modell (a) überführt.

c) *Religionsunterricht in den Koranschulen* als Modell c steht in der Verantwortung der Moscheegemeinde und versteht sich als Einführung in den gemeindlichen Glaubensvollzug. Zentral ist hier die Einübung der Koranlektüre und der Koranrezitation vornehmlich in arabischer Sprache. Diese Glaubensunterweisung in den Koranschulen ist eine Ergänzung zum schulischen Religionsunterricht, doch gilt sie einigen Eltern und Erziehungsverantwortlichen als ausreichend, weshalb sie ihre Kinder vom islamischen Religionsunterricht abmelden.

d) *Islamischer Religionsunterricht in islamischer Verantwortung.* Modell (d) wird seit dem Schuljahr 2001/2002 in Berlin durchgeführt. Dort hat es die „Islamische Föderation", ein Dachverband mehrerer islamischer Organisationen, erstritten. Ausgangspunkt war die Bremer Klausel, ein Sonderfall in Deutschland, wonach die Bestimmungen des Grundgesetzes außer Kraft sind und der Religionsunterricht in Eigenverantwortung der (islamischen) Religionsgemeinschaft erteilt wird. Das Land übernimmt die Personalkosten und stellt Räume unentgeltlich zur Verfügung.

e) Religionskundliche Modelle

Eine ernsthafte Alternative zum bekenntnisorientierten islamischen Religionsunterricht stellen die verschiedenen religionskundlichen Modelle dar, welche einen Religionsunterricht für alle Schülerinnen und Schüler entwerfen, der nicht in der Verantwortung einer Religionsgemeinschaft liegt, sondern stattdessen religionswissenschaftlich beheimatet ist. Ähnlich konzipiert ist das sogenannte Brandenburger Modell *„Lebensgestaltung – Ethik – Religionskunde" (LER)*, welches nach der Wiedervereinigung in den neuen Bundesländern mit einer weitgehend religionsfernen Bevölkerung ausgearbeitet wurde und bis heute praktiziert wird. In dieselbe Richtung zielt auch das sogenannte *„Hamburger Modell"*, das in einer multikulturellen und religiös pluralen Großstadt einen multireligiösen Unterricht – wenn auch in evangelischer Trägerschaft – vorsieht und die Schülerinnen und Schüler verschiedenster Religionen zu einem interreligiösen Gespräch von der ersten Klasse an zusammenführt. In Nordrhein-Westfalen wird seit dem Schuljahr 1999/2000 an 140 Schulen *„Islamkunde in deutscher Sprache"* erteilt.

Und nochmals in dieselbe Richtung zielt das Zürcher Modell *„Religion und Kultur"*[3], welches in der Schweiz unabhängig von den Kirchen, aber in Anbindung an die Religionswissenschaften seit 2005 in allen Klassen aufgebaut wird. Obwohl in diesem Fach prinzipiell alle Religionen zur Sprache kommen sollen, wird dem Christentum eine zentrale Rolle zuerkannt, weil die Tradition in der Schweiz doch mehrheitlich christlich bestimmt ist, wenn auch in der reformierten oder in der römisch-katholischen konfessionellen Variante.

Gemeinsam ist all diesen religionskundlichen Modellen, dass kein Theologe oder Vertreter einer Religionsgemeinschaft diesen Unterricht bestreiten soll (und in Zürich darf), sondern ein Lehrer, der sich in allen Religionen einigermaßen auskennt. Gegenüber dem Argument der Bekenntnisorientierung, das für viele Kinder eine Hilfe ist, steht das Argument der Beeinflussung oder Missionierung und der frühen Entscheidung. Dass mit dieser Entscheidung Schüler von ihrer entwicklungspsychologischen und religiösen Lage her überfordert sind, wird in den einschlägigen Diskussionen nicht in den Vordergrund gestellt.

Von islamischer Seite ist schwer nachvollziehbar, dass jemand einen solchen „neutralen" Unterricht hält, der keiner Religionsgemeinschaft verpflichtet ist. Vom islamischen Religionsunterricht erwarten Muslime doch eine Innenperspektive. Sie möchten, dass ihre Kinder von authentischen Zeugen des Islams als Religionslehrer unterrichtet werden. Wenn ich recht sehe, erhalten all diese religionskundlichen Modelle von islamischer Seite wenig Zustimmung.

Von diesem Modell einer „neutralen" Religionskunde ausgehend, kann an den Islamischen Religionsunterricht die Frage gestellt werden: Welche Bedeutung hat in dieser Konzeption die Information, das Wissen und die kognitive, diskursive Reflexion? Bekanntlich tritt uns der Islam nicht als wissenschaftliches Gebäude entgegen, nicht als hochsystematische islamische Wissenschaft, die standortfrei, unabhängig wäre. Das Interesse der großen islamischen Gelehrten zielte nicht nur auf Wissen, sondern auch auf Mystik, Verinnerlichung und Meditation, wie es beispielsweise die Sufi-Mönche kennen. Auch islamischer Religionsunterricht darf sich nicht mit Information und Wissensvermittlung begnügen, aber er muss unbedingt ein Grundwissen aufbauen. IRU braucht angesichts der pluralen Schülerschaft eine informierende Dimension, welche Basis für ein Grundwissen bereitstellt, von denen aus dann weitergegangen werden kann.

Hinzu käme das Problem, das entstünde, wenn der Staat allein für die Erstellung und Kontrolle der Lehrpläne verantwortlich wäre. Denn dann überschritte er seine Kompetenz und liefe leicht Gefahr, RU zu ideologisieren und Schüler zu instrumentalisieren. – Für die Schülerinnen und Schüler ist wichtig, dass sie nicht einseitig kognitiv angesprochen werden, sondern auch in ihrem Gemüt und in ihren psychosozialen Bedürfnissen, mit dem Schweizer Pädagogen Heinrich Pestalozzi gesprochen, mit „Kopf, Herz und Hand“.

Plädoyer für einen bekenntnisorientierten *und* informativen IRU

Ich plädiere für einen moderaten bekenntnisorientierten und einen informierenden Islamischen Religionsunterricht. – Der erste Grund liegt im Islam als Religion selbst, der sich als Bekenntnis versteht und nicht bloß als Bericht erstattende Außenansicht aus der Vogelschau.

Zweitens haben die Schülerinnen und Schüler das Recht, überzeugte authentische islamische Religionslehrerinnen und Religionslehrer kennen zu lernen, die ihre Religion begründet vertreten, ohne aber die Schüler zu missionieren oder zu Fundamentalismen zu verleiten. Das Plädoyer für einen (auch) informierenden IRU gründet in der elementaren Aufgabe jeden schulischen Unterrichts, zur Allgemeinbildung der Schüler beizutragen. Hier hätte der IRU die wichtige Aufgabe, Sinnfragen zu beantworten und letzte Begründungen geltend zu machen.

Drittens stärkt ein bekenntnisorientierter islamischer Religionsunterricht auch das grundgesetzliche Unterrichtsmodell des konfessionellen Religionsunterrichts in Deutschland.

Viertens handelt es sich um das Modell, das der religiösen und entwicklungspsychologischen Situation junger Menschen am gerechtesten wird.

Die neue Rede vom „performativen Religionsunterricht“[4] wäre für IRU insofern einschlägig, als er die Praxis des religiösen Vollzugs im Islam aufzeigen könnte, nicht aber einüben müsste. Es gibt auch muslimische Schülerinnen und Schüler, die nicht religiös sozialisiert werden. Der islamische Religionsunterricht bewahrte sie vielleicht vor einem areligiösen Lebensentwurf.

Korrelativer und elementarisierter islamischer Religionsunterricht

Wenn man das didaktische Profil eines islamischen Religionsunterrichts etwas näher bestimmen möchte, wird man aus der Sicht der christlichen Religionsdidaktik zuerst das alte Katechismusvorgehen dem islamischen Religionsunterricht nicht empfehlen können. Dieses zielte auf der kognitiven und memorativen Ebene auf das Behalten und Auswendiglernen von Glaubensansätzen und von religiösem Wissen. „Memorieren – nicht reflektieren"[5] lautete die Devise, der es nicht um eine gedankliche Auseinandersetzung und persönliche Aneignung ging.

Viel eher dürfte sich ein Vorgehen anbieten, das mit der Korrelationsmethode oder/und mit der Elementarisierung charakterisiert werden kann. Nach der Korrelationsmethode geht es um die Verknüpfung von biblischen Glaubenserfahrungen mit heutigen Fragen und Erfahrungen der Schüler. Mit den Worten der Gemeinsamen Synode der Bistümer der Bundesrepublik (1971–1975): „Der Glaube soll im Kontext des Lebens vollziehbar und das Leben soll im Licht des Glaubens verstehbar sein" (2.4.2). Das Elementarisierungskonzept sieht eine Konzentration des Unterrichtsstoffes auf das Wesentliche vor und versucht, elementare Zugänge für die Schüler zu erarbeiten.

Lehrpläne und Religionsbücher

Die *Inhalte und Lehrpläne* eines solchen IRU müssten von einer repräsentativen islamischen Vertretung entwickelt und auf die Jahrgangsstufen hin konkretisiert werden. Hierbei bildeten islamwissenschaftliche Kenntnisse eine Voraussetzung, um schülergemäße Unterrichtssequenzen zu entwerfen und auf die jeweilige entwicklungspsychologische Situation hin zu elementarisieren. Eine vielfältige, plurale Schülerschaft könnte in den Blick genommen werden, teilweise eine individualisierende Didaktik. Der „Lehrplan für die Islamische Unterweisung in deutscher Sprache“ (2005) des Bayerischen Staatsministeriums für Unterricht und Kultus sieht folgende acht Themenbereiche vor:

Acht Themenbereiche des Lehrplans
- Zusammenleben“ mit anderen
- „Glaubenslehre“ wie Frage nach Gott, Glaubensartikel des Islams, Schöpfung
- „Gebet“ als 2. Säule und religiöse Praxis
- „Religiöses Leben“ (3.–5. Säule, Gottesdienst, Feste)
- „Muhammad“ – seine Geschichte und Bedeutung
- „Koran“ – Hinführung an exemplarischen Texten
- Prophetenerzählungen
- „Andere Religionen“ – interreligiöses Zusammenleben

An folgenden vier *Lernorten* sollen die Inhalte stufengemäß behandelt werden:
1. Individuelles Lernen
2. Gemeinschaftliches Lernen
3. Lernen außerhalb der Lerngruppe
4. (Interreligiöses) Lernen in Begegnung mit anderen Religionen.

Zwei neue Religionsbücher für IRU

Ein erstes Lehrmittel für Islamischen Religionsunterricht ist vom religionspädagogisch spezialisierten Kösel Verlag in München in Zusammenarbeit mit 16 islamischen Religionslehrern erarbeitet worden. „Saphir 5/6" ist ein „Religionsbuch für junge Musliminnen und Muslime", herausgegeben von Lamya Kaddor, Rabeya Müller und Harry Harun Behr (München 2008). Als „Schülerbuch" steht es islamischen Schülern der 5. und 6. Jahrgangsstufe zur Verfügung. Die Folgebände sind für die 7. und 8. sowie für die 9. und 10. Jahrgangsstufe gedacht, und drei entsprechende Lehrerkommentare sind in Vorbereitung. Im Jahr 2009 hat der Oldenbourg Verlag ein Religionsbuch für die ersten beiden Jahrgangsklassen mit Lehrermaterialien herausgebracht.

Das erstgenannte Lehrmittel „Saphir" nimmt auf den Bayerischen „Lehrplan für die islamische Unterweisung in deutscher Sprache" (Grundschule/Hauptschule, Jahrgangsstufen 1–10)[6] Bezug. Dieser Lehrplan strebt eine „Erziehung hin zu mündigen Bürgerinnen und Bürgern" an. Es will ein „Basiswissen" vermitteln und ein „Forum für die aktive Auseinandersetzung des muslimischen Schülers mit dem Islam und mit der Gesellschaft" bieten[7]. Sachlichkeit, Kritikfähigkeit und das Gefühl der Zugehörigkeit werden angestrebt. Implizit wird die Vorstellung angesprochen, dass der IRU eine Integrationshilfe darstellt, wenn es heißt:

> „Im Rahmen der religiösen Unterweisung lernen die Schüler auch, dass Achtung, Liebe und Dankbarkeit zusammen mit Hilfsbereitschaft und Toleranz das Fundament für das Zusammenleben der Menschen darstellen."[8]

Das Schülerbuch „Saphir 5/6" enthält 15 Kapitel, die in zwei Jahren behandelt werden sollen. Zur Ausstattung des Lehrbuches zählen islamische Kalligraphien mit pflanzlichen und geometrischen Motiven, Darstellungen von Miniaturen, symbolische Bilder und am Schluss ein Lexikon für Schüler und Lehrer. Das Buch möchte die Vielfalt und Schönheit des Islams zum Ausdruck bringen und junge Menschen in positiver, nicht unkritischer Weise in die Religion einführen. Die Worte „Gott“ und „Muhammad“ sind jeweils mit kleinformatigen arabischen Kalligraphien für „Allah“ bzw. für „Gottes Frieden über ihn!“ versehen.

In *didaktischer Hinsicht* wird ein methodisch variables, ganzheitliches Lernen intendiert. Keine neue Katechismusdidaktik wird angestrebt, sondern vielfältige, religiöse Lernprozesse, die ein Sehen, Wahrnehmen und Erkunden, ein Überlegen, Fragen, Kritisieren und Verstehen, ein Argumentieren, Projektieren und Experimentieren einschließen. Das Gedächtnis wird eingeordnet in ein alle Sinne umfassendes Lernen. Natürlich bleiben die Religionslehrer dafür verantwortlich, optimale schülerorientierte Lernarrangements bereitzustellen, damit die Schüler als Subjekte selbstständig lernen können.

Das Religionsbuch ist analog zu christlichen Unterrichtsbüchern gestaltet bis hin zum Konzept der Doppelseite, bis hin zu Denkaufgaben, Einzel- und Gruppenarbeiten. Am Schluss sollen die Schüler über ein Grundwissen verfügen. Als Unterrichtsprojekte seien das Erstellen eines interreligiösen Kalenders genannt, ein Moscheebesuch und die Mitgestaltung des Tages der Religionen. – Natürlich gibt es auch Kritikpunkte an Saphir 5/6, die aber im Vergleich zu der Pionierarbeit des Verlags weniger wiegen: etwa die Bezeichnung des Christentums als „Buchreligion“ oder eine etwas „weichgezeichnete“ Darstellung des Islams als „Religion des Friedens“, ohne das Problem der Gewalt zu benennen. Bei den interkulturellen und interreligiösen Kompetenzen, die ineinander verwoben sind[9], wären Schwerpunkte zu setzen.

Das Lehrmittel „Mein Islambuch“ für die beiden ersten Jahrgangsstufen ist von einer muslimischen Lehrergruppe und Professor Bülent Ucar, Universität Osnabrück, im Oldenbourg Schulbuchverlag erarbeitet worden. Es gliedert sich in zweimal fünf Kapitel für die 1. und 2. Jahrgangsklasse.

1. Ich, Familie, Gemeinschaft
2. Die Schöpfung
3. Mit Gott sprechen und beten
4. Die Propheten und der Koran
5. Der Islam und andere Religionen

Im Wesentlichen geht es um eine Hinführung zur Religion des Islams aus der Perspektive der Kinder. Die künstlerische Gestaltung mit Kalligraphien, Bildern von Moscheen und lebendigen Zeichnungen versetzt die Schüler in vielfältige Kontexte. Die deutsche Sprache wird ergänzt durch arabische Suren. Das Buch ist mit Fragen und Aufgaben ausgestattet und möchte bei jungen Menschen ein islamisches Selbstbewusstsein fördern. „Muslime haben vieles gemeinsam", gemeint ist der Koran, das tägliche Gebet, die Hilfsbereitschaft, die Gebete [...] und die Moschee als „Gebetsraum". Deutlich wird, dass die Kinder [...] in Europa leben und mit unseren Kindern das Leben teilen. Vereinzelt wird das Kopftuch getragen. Erfreulich ist die interreligiöse Perspektive, in welcher die heiligen Bücher der drei abrahamitischen Religionen dargestellt werden, das Juden und Muslimen gemeinsame Fest der Beschneidung und Ostern und Weihnachten aus christlicher Perspektive. Das ist in Religionsbüchern aus einigen islamisch geprägten Ländern nicht der Fall, denn dort dominiert die koranische Perspektive, auch beispielsweise für das Verständnis Jesu Christi. „Mein Islambuch" ist ein lebendiges, vielfarbig gestaltetes, verantwortungsbewusstes Lehrbuch für muslimische Kinder. Es kann durchaus für den christlichen Religionsunterricht ergänzend benutzt werden, v.a. wenn es dort um das Thema Islam geht (v.a. 7. Jahrgangsstufe).

Zwei Ausbildungsgänge für islamische Religionslehrer

Zum Konzept des IRU gehört ein Ausbildungskonzept für die Lehrerinnen und Lehrer. Zwei fächerübergreifende, integrative Ausbildungsmodelle für islamische Religionslehrer liegen bereits vor. Träger des ersten ist das „Interdisziplinäre Zentrum für Islamische Religionslehre“ in Erlangen-Nürnberg; Träger des zweiten ist das „Zentrum für interkulturelle Islam-Studien der Universität Osnabrück“.

a) Der Ausbildungsgang an der Universität Erlangen-Nürnberg

Der Studiengang an der Universität Erlangen-Nürnberg ist analog zur Ausbildung der Lehrer für die Unterrichtsfächer Evangelische und Katholische Religionslehre für Lehramt an Grund-, Haupt- und Realschulen aufgebaut und sieht bereits eine Form der Modularisierung vor. Er ist sowohl interdisziplinär ausgerichtet (mit Beteiligung von Islamwissenschaft, Erziehungswissenschaften und anderen Humanwissenschaften) als auch dialogisch-kooperativ (im Blick auf nichtislamische Religionen und eine plurale Gesellschaft) angelegt und integriert gezielt die Verknüpfung von Theorie und Praxis. Der Studiengang für Lehre des IRU – Erlangen-Nürnberg umfasst folgende Bereiche:

Bereich I:	Bereich II:	Bereich III:
Erziehungswissenschaften	Religionswissenschaft	Islamische Theologie/ Religionslehre
• Allgemeine Pädagogik, • Schulpädagogik, • Erziehungssoziologie, • Erziehungspsychologie, • Allgemeine Didaktik (Methoden, Medien usw.)	• Religionsgeschichte • Grundkenntnisse nichtislamischer Religionen (besonders: Grundlagen, Geschichte, gegenwärtige Ausprägung des Christentums)	• „Arabikum" • Koranwissenschaften (Methodologie, Korankommentar usw.) • Sira* und Hadithwissenschaften (Methodologie, Textkommentar usw.) • Islamische Theologie – Kalam, Mystik • Islamische Geschichte • Islamisches Recht (Fiqh) Rechtsschulen, Denkschulen, Lehrmeinungen • Islamische Religionspädagogik, Fachdidaktik, Fachpraktikum

Damit liegt der Schwerpunkt der Lehrerausbildung auf dem Kennenlernen des Korans und der islamischen Kultur (Sprache) und Theologie, auf der Geschichte des Islams, islamische Rechtswissenschaft und Religionspädagogik. Diverse Gastprofessoren kommen dazu, um weitere islamwissenschaftliche Module zu lehren. Im Übrigen gehört die didaktische und erziehungswissenschaftliche Ausbildung zur üblichen Ausstattung eines islamischen Religionslehrers bzw. einer islamischen Religionslehrerin. Damit ist eine breite und qualifizierte Ausbildung der Lehrer garantiert.

b) Der Ausbildungsgang an der Universität Osnabrück

An der Universität Osnabrück wurde im Wintersemester 2008/09 das „Zentrum für Interkulturelle Islam-Studien" eröffnet. Der Studiengang umfasst drei Studienbereiche:

1. Islamische Religionswissenschaften
2. Islamische Religionspädagogik und Fachdidaktik
3. Interreligiöse und Interkulturelle Studien

Folgende Module sind vorgesehen:

A: Islamische Fachwissenschaften

M 1 Glaubensgrundlagen und Theologie
M 2 Hauptquellen des Islams: Koran und Sunna
M 3 Biographie des Propheten Muhammad und Islamische Geschichte
M 4 Islam in der Praxis – Islamische Ethik
M 5 Islamische Philosophie und Mystik
M 6 Arabisch für Islamlehrer
M 7 Korankompetenzen

B: Islamische Religionspädagogik und Fachdidaktik

M 8 Islamische Religionspädagogik und Fachdidaktik

C: Interreligiöse und Interkulturelle Studien

M 9 Religionswissenschaft
M 10 Christliche Theologien
M 11 Interkulturelle Pädagogik
M 12 Migrationsforschung

M 13 Kultur- und Zivilisationsgeschichte
M 14 Religionswissenschaft – Dialogkompetenzen

Damit ist eine umfassende Ausbildung islamischer Religionslehrer gewährleistet, die sowohl fachwissenschaftliche wie fachdidaktische Anteile enthält und sich damit der Religionslehrerausbildung annähert, wie sie an Theologischen Fakultäten konzipiert ist. Dazu gehören auch Praktika, Probelektionen und das bewährte Referendariat. Geplant ist ferner ein Ausbildungsgang für Imame und die Einrichtung weiterer islamischer Lehrstühle.

Fazit

Islamischer Religionsunterricht fördert die Integration muslimischer Kinder in einer vielfachen Weise: Zunächst vermittelt er ihnen den Eindruck, in Bezug auf Religion ebenbürtig behandelt zu werden mit christlichen Kindern, die vielleicht sogar zur selben Zeit den Religionsunterricht besuchen. Dann stärkt dieser Unterricht bei Muslimen nicht ein Überlegenheitsgefühl, dass ihre Religion mehr wert sei als die der Christen, sondern ein religiöses Selbstbewusstsein, das zugleich ein eigenes Profil aufweist, aber auch Gemeinsamkeiten mit den Angehörigen der beiden anderen abrahamitischen Religionen vorzeigen kann. Auf der Ebene der Lehrmittel und der Didaktik zeigen die beiden besprochenen Schulbücher, dass sich die Didaktik des islamischen und christlichen Unterrichts annähern. Auch die Ausbildung islamischer ReligionslehrerInnen ist auf dem besten Weg, zur ernsthaften universitär fundierten und praxisorientierten Lehrerbildung zu avancieren. All diese Ähnlichkeiten legen auch phasenweise Kooperationen von christlichem und islamischem Religionsunterricht nahe. Interreligiöses Lernen wird konkret. Integration, nicht Assimilation mit Unterordnung werden möglich im Sinne eines gleichberechtigten Religionsunterrichts. Mit den Worten des Zentralkomitees der deutschen Katholiken:

„Islamischer Religionsunterricht in Entsprechung zu evangelischem, katholischem oder jüdischem Religionsunterricht ist ein notwendiger Schritt auf dem Weg zur Gleichbehandlung der Muslime und insofern auch ein Beitrag zur Integration."[10]

Perspektiven aus Deutschland – Überlegungen zur Zukunft der Muslime in Europa

Benjamin Idriz

Das Abendland ist auch muslimisch

Alle heute in Europa vertretenen Religionen waren auf diesem Kontinent ursprünglich einmal fremd. Nicht anders als der Islam stammen das Judentum und das Christentum aus dem Osten, und neben diesen hat auch der Islam europäische Identität mitgeprägt. Gläubige der drei abrahamitischen Religionen haben den Werdegang Europas durch die Geschichte hindurch ebenso begleitet und gestaltet wie die sich entwickelnde Wissenschaft, die Kunst, die Industrie und die Demokratie. Nachdem der Islam auf ganz unterschiedlichen Wegen vom 8. bis 15. Jahrhundert in Andalusien im Westen blühte, ab dem 14. Jahrhundert im Osten auf dem Balkan heimisch wurde und mit dem 20. Jahrhundert auch in Mitteleuropa begonnen hat, Wurzeln zu entwickeln, ist er aus dem Selbstverständnis des Kontinents nicht mehr wegzudenken. Das Fränkische Reich Karls des Großen profitierte von der Interaktion mit dem Kalifen Harun al-Raschid, der in Bagdad das *Dar ul-Hikmah,* das „Haus der Weisheit“, gründete, wo griechische Philosophie ins Arabische übersetzt und verbreitet wurde. Es waren die Werke des

Andalusiers Ibn Rushd (1126–98), also eines Europäers, vielen besser bekannt als Averroës, die dem katholischen Theologen und Philosophen Thomas von Aquin (1225–74) Zugang zum Geist des Aristoteles eröffneten.

Für die muslimischen Regionen Europas waren Austausch und Konvivenz mit Christen und Juden kennzeichnend. In diesen Interaktionen liegt unsere gemeinsame Vergangenheit, gestaltet sich unsere Gegenwart und wird sich unsere Zukunft formieren.

Anders als infolge der sogenannten „Reconquista" und der Vertreibung der Juden und Muslime aus Spanien, wurde die islamische Kultur auf dem Balkan mit dem Rückzug der Osmanen aus Bosnien nicht gewaltsam ausgelöscht. Die tolerante Herrschaft des katholischen Kaisers Franz Joseph von Österreich-Ungarn (1848–1916) ermöglichte die Bewahrung islamischer Identität und öffnete gleichzeitig neue Wege der Weiterentwicklung und der Integration in einem gemeinsamen Werte- und Herrschaftssystem. Das 1887 in einem prächtigen ost-westlichen Stil erbaute Gebäude Mekteb-i Nuvvab in Sarajewo, das die älteste Fakultät für islamische Wissenschaft in Europa beherbergt, sowie die ebenfalls in jener Zeit geschaffene Institution des Reisu-l-ulema als geistiges Oberhaupt und Repräsentant der Muslime künden noch heute von der Offenheit und Weitsicht des christlichen Monarchen. Angesichts der Probleme, die Muslime heute in Europa zu bewältigen haben, vermisst man auf der einen Seite Politiker mit ähnlichen Fähigkeiten wie Aufrichtigkeit und Mut. Auf der anderen Seite fehlen aber auch islamische Visionäre wie seinerzeit zum Beispiel Džemaludin Čaušević (1870–1938), der das Bedürfnis nach einem an Europa orientierten islamischen Selbstverständnis zu fördern und zu erfüllen vermochte. Weder hat damals Franz Joseph „islamische Werte" zur Disposition gestellt noch Čaušević „europäische Werte", sodass Europa und Islam nicht als gegensätzlich zueinander aufgefasst wurden.

Muslime in Europa

Muslime in Europa wurden nicht nur von der Inquisition verfolgt. Zuletzt litten sie unter der Aggression der Kriege in Bosnien und im Kosovo, deren tragischen Höhepunkt die Massaker von Srebrenica markierten. Dennoch ist der Wunsch nach einem gemeinsamen Zuhause mit Christen, Juden und auch religionsfernen Menschen gerade bei Muslimen groß, vielleicht sogar besonders groß. Die trotz jahrhundertelanger Kriege kontinuierlich in Osteuropa beheimateten Muslime, sowie die ab der Mitte des 20. Jahrhunderts auf der westeuropäischen Bühne sichtbar werdenden Muslime können wir in vier Gruppen gliedern:

1.) Autochthone Muslime: Europäische Muslime, deren Vorfahren vor Hunderten von Jahren hierherkamen, die also hier geboren und seit vielen Generationen hier beheimatet sind. Sie sind nach ihrer geographischen und ihrer religiösen Zugehörigkeit mit Europa zu identifizieren. Diese Gruppe umfasst rund 10 Millionen Menschen in Bulgarien, Rumänien, Griechenland (West-Thrakien), Albanien, Mazedonien, Kosovo, Serbien, Montenegro, Bosnien, Kroatien und Slowenien. In diesen Ländern existieren längst feste religiöse Strukturen. Langjährige Erfahrungen im Bereich theologischer Ausbildung auf schulischer und universitärer Ebene haben besonders Bosnien, Kosovo, Kroatien und Mazedonien aufzuweisen. Bosniakische und albanische Muslime, die aus diesen Ländern aufgrund von Verfolgung oder aus wirtschaftlichen Motiven nach Westeuropa migriert sind, bilden in der Schweiz und in Schweden die größte, in Deutschland und Österreich die zweitgrößte Gruppe der Muslime. Für sie liegt sowohl ihre alte wie ihre neue Heimat in Europa. Wenn ein in Deutschland lebender und arbeitender Muslim aus Bosnien, dem Kosovo oder aus Griechenland im Urlaub in sein Herkunftsland fährt, dann begibt er sich lediglich vom westlichen Teil Europas in den östlichen. Mit beiden Beinen steht er in Europa, mit seinem Denken und seiner Seele – er kann europäischer Kultur gar nicht fremd sein. Nicht anders als Franzosen, Briten oder Deutsche sind Bosniaken, Albaner, Kosovaren oder West-Thraker Hausherren in Europa.

2.) Migrierte Muslime: Seit der Mitte des 20. Jahrhunderts haben sich aus unterschiedlichen Motiven – Suche nach Arbeit, Flucht vor Verfolgung, Streben nach Bildung – Muslime aus der Türkei, dem Nahen Osten, Asien oder Afrika in westeuropäischen Ländern wie Österreich, Deutschland, Frankreich, Großbritannien, Niederlande, Belgien, der Schweiz, Italien, Spanien und den skandinavischen Ländern niedergelassen. Der wohl größte Teil dieser Migranten lebt mit einem Bein an ihrem neuen Wohnort, mit dem anderen aber weiterhin in ihrem Geburtsland. Physisch befinden sie sich in den Ländern, in denen sie jetzt leben und arbeiten, mit ihren Gedanken und Empfindungen aber sind viele von ihnen dort geblieben, wo sie geboren wurden und aufgewachsen sind. Ihr Leben spielt sich in eigenen Welten, in sogenannten Parallelgesellschaften, ab, in überwiegend *einer* Kultur und *einer* Sprache, welche beide dem Umfeld, in dem sie leben, fremd sind. Häufig stammen solche Muslime, die die große Mehrheit der ersten und oft auch noch zweiten Generation der Muslime in Westeuropa umfassen, aus ländlichen Regionen der Herkunftsländer oder aus dem Arbeitermilieu, mit entsprechend niedrigem Bildungsstand. Durch sowohl eigene wie auch staatliche und gesellschaftliche Versäumnisse bedingt, haben diese Kreise bis heute die größten Schwierigkeiten, wirklich heimisch zu werden. Nachdem sie zu einem erheblichen Teil zum wirtschaftlichen Erfolg und steigenden Wohlstand Europas beigetragen haben und nun eigentlich ein geruhsames Rentnerdasein genießen sollten, fehlt es weitgehend an geeigneter Betreuung. Während ihre Sterberaten täglich ansteigen, haben weder die muslimischen Organisationen noch der Staat bisher Antworten auf die Erwartungen und Bedürfnisse dieser Menschen gefunden.

3.) In Europa geborene Muslime: Die neue und junge, dritte Generation der Muslime in Westeuropa wächst überwiegend mit zwei Kulturen und Sprachen auf. Viele von ihnen haben die Staatsbürgerschaft des Landes erworben, in dem sie selbst geboren sind. Wiewohl sie alle ähnliche Voraussetzungen mitbringen, empfinden es einige von ihnen als Dilemma, sich weder mit der sie umgebenden Kultur noch mit der der Eltern und Großeltern vollständig identifizieren zu können. Manche fühlen sich der östlichen Kultur näher. Viele aber verstehen sich selbst nicht mehr als fremd, sondern sind mit (west-)europäischen Sprachen und westlicher Lebensart vertraut und glücklich mit ihrer europäischen Identität. Erhebliche Unterschiede sind oft zwischen dieser dritten Generation muslimischer Jugendlicher und der ersten und zum Teil zweiten Generation, die andere Sozialisierungsprozesse erlebt haben, in Bezug auf die Lebensweise und auf religiöse Einstellungen auszumachen. Viele Jugendliche zeigen gute und sehr gute Leistungen in Schule und Beruf und sind erfolgreich in die Gesellschaft integriert. Wenn andere, die durch falsche Erziehung im Elternhaus, schulische Überforderung, negative Beeinflussung durch ihr Lebensumfeld und verstärkt durch das Gefühl von Ausgrenzung und Diskriminierung durch die Gesellschaft zum Problem werden, verdecken sie in der öffentlichen Wahrnehmung leicht die Leistungen und Erfolge der Mehrheit. Das Potential der Jugendlichen, die sich zum Nutzen aller in die Gesellschaft einbringen wollen und können, die zwei Kulturen und Sprachen verbinden, ist im Bewusstsein der Öffentlichkeit noch kaum präsent. Als geborene und gewachsene Brückenbauer können sie in Zukunft zwischen West und Ost in Wirtschaft, Kultur und Politik produktiv wirken.

4.) Neue autochthone Muslime: In der Vergangenheit sind muslimische Gemeinschaften in Osteuropa als Folge zunächst militärischer Eroberungen, dann oft auch kultureller und gesellschaftlicher Anziehungskraft entstanden und gewachsen. Ganz anders ist heute eine in die Hunderttausende gehende Zahl von Europäern motiviert, die ohne oder eher entgegen gesellschaftlicher Vorgaben den Islam als ihre neue Religion gewählt haben, sei es durch Kontakte mit anderen Muslimen, bedingt durch Heirat, oder schlicht als Ergebnis eigener Suche. Viele von ihnen fühlen sich nun einerseits ihrer weitgehend säkular oder religiös anders geprägten Gesellschaft in gewisser Weise entfremdet, andererseits sprechen die bestehenden muslimischen Organisationen, die als Migrantenverbände auf fremden nationalen, ideologischen oder politischen Fundamenten aufbauen, sie nicht an. In dem hier entstehenden Vakuum wird die Gefahr religiöser Desorientierung im Sinne eines Abdriftens in fragwürdige und extremistische Strömungen in Einzelfällen relevant. Andererseits haben Kreise der neuen, einheimischen Muslime angesichts ausbleibender Initiativen sowohl der Verbände wie der Behörden selbst mit dem Aufbau neuer Strukturen begonnen. Indem ihre Religion nicht mit jahrhundertealten Traditionen anderer Länder vermischt bzw. belastet ist, sie uneingeschränkt hier zuhause sind und zudem häufig über einen hohen Bildungsstand verfügen, werden sie – englische, deutsche oder französische Muslime – in Zukunft zweifellos bei der Gestaltung des Islams in Europa maßgebliche Rollen übernehmen.

Europa hat in der jüngsten Vergangenheit den Genozid an Muslimen im ehemaligen Jugoslawien zugelassen, hat jahrzehntelang kein ernsthaftes Interesse an der Integration muslimischer Arbeiter mit Migrationshintergrund aufgebracht, zeigt noch immer den Erwartungen und Bedürfnissen der neuen muslimischen Generation und der eigenen muslimischstämmigen Bürger kein ausreichendes

Entgegenkommen, ergreift keine überzeugenden Maßnahmen zur Verhinderung islamfeindlicher Aktivitäten. Europa macht heute eine Prüfungsphase vor seiner Geschichte durch. Wenn Europa getreu seinen tief verwurzelten Traditionen und Werten seine muslimischen Bürger nicht länger als „die Anderen“ betrachtet und behandelt, dann wird es, wie früher, auch in Zukunft auf der Grundlage jüdisch-christlich-muslimischer Einigkeit sicher und selbstbewusst sein. Davon wird der Verlauf des 21. Jahrhunderts maßgeblich abhängen.

Europäische Muslime der neuen Generation

In Europa wächst eine neue Generation heran, die sich selbst als „europäische Muslime“ definiert. Sie „verlinkt“ die Kulturen, verbindet den Islam und die Moderne, arbeitet konstruktiv und nach Weltmaßstäben. Sie hat keine Scheu davor, sich einzubringen und wettzueifern. Sie will der Gemeinschaft, dem Land, ja der Menschheit insgesamt dienlich sein und ist dies auch. Sie sieht im Anderen keinen Gegner und Feind, sie instrumentalisiert nicht die Religion für die Politik, sie denkt und fühlt nicht nationalistisch, und sie ist bemüht, die kulturellen, wissenschaftlichen, humanen, ethischen und ästhetischen Dimensionen der Religion weiterzuentwickeln.

Bei der Identitätsfindung dieser neuen Generation sind nun die muslimischen Gemeinden, aber auch der Staat und die Gesellschaft überhaupt, gefordert, Verantwortung zu übernehmen. Das gilt auch für die Suche nach Imamen und islamischen Gelehrten, die in der Sprache und in der Kultur, in der sie leben, zuhause sind. Und es gilt beim Aufbau moderner Moscheestrukturen, wenn fremdgesteuerte und nach außen gerichtete Orientierungen durch ein funktionierendes, unabhängiges und demokratisches System abgelöst werden.

Die Lehre und das Wertesystem des Islams sind entstanden, um fünf fundamentale Rechte zu schützen: das Recht auf Religion, auf Leben, Eigentum, Vernunft und Nachkommenschaft. Auch das im Westen entwickelte Wertesystem schützt diese Rechte. Sie lassen sich keiner bestimmten Philosophie oder Ideologie zuordnen, sondern gelten als universelle Rechte der ganzen Menschheit. Über sie hinaus ist die neue Generation um Werte wie Ehrlichkeit, Empathie und Moral bemüht. Daraus ergibt sich, dass man das, was man für sich selbst wünscht, auch anderen wünscht, und umgekehrt: „Was du nicht willst, dass man dir tu', das füg auch keinem andern zu!" Es bedeutet, dass niemand Angst vor uns haben muss, nicht vor unseren Werken, nicht vor unseren Worten, nicht vor unseren Gedanken. Es bedeutet, genauso zu sein, wie man erscheint, und genauso zu erscheinen, wie man ist. Es bedeutet, immer und überall gegen Unrecht und für Gerechtigkeit einzutreten, unabhängig davon, wer zu den Tätern und wer zu den Opfern gehört. Es bedeutet, dass der Mensch als Mensch gilt und das Umfeld nicht anders behandelt wird, als wenn es sich um die eigene Familie handeln würde. Es bedeutet auch, Familien-, Verwandtschafts- und Nachbarschaftsbeziehungen zu pflegen und zu achten. Es bedeutet ferner, Religion und Wissenschaft miteinander zu versöhnen, Verstand und Geist nicht auseinanderzureißen. Für den Materialismus nicht den Geist zu töten, aber auch nicht für den Geist die Realität zu verleugnen. Es bedeutet, die Wärme des östlichen mit dem Verantwortungsgefühl des westlichen Menschen zu verbinden. Es bedeutet, die Sprache des Ostens, die das Geheimnis des Universums und der Liebe manifestiert, mit der Sprache des Westens, die das Lebenstalent des Verstandes zum Ausdruck bringt, in Einklang zu bringen. Es bedeutet, ein offenes Ohr zu haben für den lauter werdenden Ruf nach Liebe, Gerechtigkeit und nach Glauben aus dem Osten und für den lauter werden Ruf nach Vernunft, Freiheit, Gleichheit, Rechtsstaatlichkeit und Demokratie aus dem Westen.

Allen Europäern gemeinsame Werte müssen sein: die Menschenrechte, Demokratie und Rechtsstaat, uneingeschränkte Glaubens- und Meinungsfreiheit, Pluralismus des Denkens, der Religionen, Sprachen und Ethnien, Sicherheit des Einzelnen wie des Landes, Bildung und Erziehung, Toleranz und Vertrauen innerhalb der Gesellschaft und Gerechtigkeit und Gleichheit zwischen den Individuen, Bewahrung der Schöpfung. Unser gemeinsames Ziel muss sein, Entwicklungen zu bekämpfen, die diese Werte in Frage stellen, wie Vorurteile und Diskriminierung, Doppelmoral, Ungerechtigkeit, Korruption, Hass, Extremismus, Parallelgesellschaften, Gewalt in jeglicher Form. Um diese Werte durchzusetzen, müssen wir uns von der Basis bis zur Spitze verbünden. Falls wir diese gemeinsame Orientierung als „Leitkultur" verstehen wollen, dann sollten Muslime eine aktive Rolle in ihrer Verwirklichung einnehmen. Wenn das gelingt, brauchen wir weder auf der einen Seite eine „Assimilation" zu fürchten noch auf der anderen „Parallelgesellschaften" als Symptome einer gescheiterten Integration.

Freilich dürfen wir nicht außer Acht lassen, dass in der Gesellschaft, unter Muslimen wie unter Nicht-Muslimen, durchaus nicht alle diese Werte und Hoffnungen teilen. Wir erleben auch fanatische Haltungen und stellen fest, dass manche sich aus der Gesellschaft absondern, diesem Land und seinen Menschen keine echte Sympathie entgegenbringen, obwohl sie hier leben. Gerade deshalb sind Staat und Gesellschaft aufgerufen, mit denjenigen zusammenzuarbeiten, die bei Bewahrung ihrer Identität sich erfolgreich integriert haben oder dazu bereit sind. Zu Recht wird permanent von Muslimen gefordert, dass sie sich in ihrem Lebensumfeld einbringen. Gleichzeitig können diejenigen, die genau dies tun, erleben, dass gerade sie als Bedrohung dargestellt, benachteiligt und – anstatt gefördert

dert – selbst von staatlichen Stellen diffamiert und behindert werden. Alle Integrationsbemühungen werden so zu Makulatur. Die Lippenbekenntnisse der betreffenden Politiker wecken dann nur noch verstärkt Misstrauen und bewirken gerade eine Zunahme von Abgrenzungstendenzen und letztlich von Extremismus.[1]

Drei Säulen für europäische Muslime

Die Identität der neuen europäischen Muslime wird sich in Zukunft auf drei Säulen stützen: Zugehörigkeit zum Land, Partizipation durch Dialog und eine vernünftige Gläubigkeit.

1. Loyalität gegenüber dem Land: In der Vergangenheit hat die islamische Rechtstradition die Welt in zwei Bereiche eingeteilt: Länder, in denen überwiegend Muslime lebten und über die politische Macht verfügten, als *dâr al-Islâm* („Haus des Islam"), im Gegensatz zu nichtmuslimischen Ländern als *dâr al-harb* („Haus des Krieges"). In unserer Zeit fordern mehr und mehr muslimische Intellektuelle, diese Terminologie aufzugeben. Einige haben vorgeschlagen, westliche Länder, in denen Muslime als Minderheiten leben, als *dâr as-sulh* oder *dâr al-'ahd* („Haus der Versöhnung/des Vertrages") zu definieren. Aber diese Begriffe sind weder theologisch begründet noch sind sie auf die globale Weltgemeinschaft von heute anwendbar. Anstatt in Kategorien von „Wir" und „die Anderen" zu denken, muss uns die sich immer rasanter entwickelnde und vernetzte Welt als von Gott zu Gunsten der gesamten Menschheit geschaffenes „gemeinsames Erbe" (Koran 3:180) gelten. „Gottes ist der Osten und der Westen. Egal, wohin sie sich wenden, dort werden sie Gottes Richtung finden" (Koran 2:115), so und ähnlich wendet sich der Koran an elf Stellen gegen die Polarisierung der Welt in konkurrierende Blöcke. Überall, wo

Muslime leben, sind sie aufgefordert, gemeinsam mit allen Bürgern in gegenseitigem Vertrauen an der Entwicklung und an der Sicherheit des jeweiligen Landes zu arbeiten. Darum ist der Mensch, gemäß dem Islam, erschaffen worden, damit er die Erde gestaltet, bebaut, entwickelt, sie schützt und für Sicherheit sorgt. „Dieser Gott hat euch aus der Erde geschaffen und ließ euch dort leben" (Koran 11:61). Diese Glaubensprinzipien sind heute mehr denn je unverzichtbar. Muslime in Deutschland müssen mit ihrer Hände Arbeit, aber ebenso mit Herz und Kopf, für dieses Land einstehen, nicht nur aus bürgerlicher Verpflichtung heraus, sondern auch aus religiösem Selbstverständnis. Dazu gehört, dass Musliminnen und Muslime die Geschichte, Kultur und die Traditionen der jeweiligen Länder, die Sprache, die staatliche und gesellschaftliche Ordnung, die Nationalhymne sowie die typischen Eigenschaften kennen und vertreten. Dazu gehört weiter, dass sie es als unsere religiöse, menschliche und nationale Aufgabe betrachten, in gegenseitiger Achtung gemeinsam mit der Gesellschaft und den entsprechenden Institutionen des Landes gegen un- und anti-demokratische Entwicklungen, gegen mangelnde Bildung, unmoralische Werte, Arbeitslosigkeit, Intoleranz, Gewalt, Terror, Hass gegen Juden, Christen oder Muslime vorzugehen. Die Fünf Säulen des Islams bilden für alle Muslime die gemeinsame Glaubensgrundlage und haben als „Norm" und „Dogma" einen Statuscharakter. Ein Land, das den Muslimen die Freiheit zur Ausübung dieser Grundsätze gewährt, wird von den Muslimen nicht als fremd empfunden, und sie akzeptieren dieses Land auch als Heimatland. Wie der bekannte ägyptische Dichterprinz Ahmad Shawqi mit kurdischer Mutter und türkischem Vater gesagt hat: „Wenn in einem Land der Name Gottes genannt wird, dann akzeptiere ich dieses Land als mein wahres Heimatland." Im Grundgesetz von 1949 wird die Glaubensfreiheit garantiert. Nach den demokratischen Gesetzen können Muslime die Substanz ihres Glaubens, die Schahadah* (Bekenntnis zu Gott und zum Prophetentum Muhammads), ungehindert bekennen, ihre Gebetszeiten einhalten, fasten, die vorgeschriebene Armensteuer abgeben und die Wallfahrt nach Mekka antreten. „Die Heimat zu lieben, bedeutet religiösen Glauben", sagt eine unter Muslimen verbreitete Redensart. „Heimat", *watan*, ist nach islamischer Auffassung das Land, in dem man geboren wurde. Damit dieses Land den hier geborenen und aufgewachsenen Muslimen Heimat sein oder werden kann, stehen alle Beteiligten vor großen Aufgaben.

„Die Würde des Menschen ist unantastbar. Sie zu achten und zu schützen ist Verpflichtung aller staatlichen Gewalt." Es ist keineswegs nur dieser erste Absatz unseres Deutschen Grundgesetzes, zu dem wir Muslime uns bekennen müssen. Satz für Satz und Wort für Wort ist das Grundgesetz die gemeinsame Grundlage für unser Selbstverständnis, für unsere Gegenwart und Zukunft, mit allen, die sich ebenso dazu bekennen. Gott selbst hat sein würdigstes Geschöpf, den Menschen, mit Verstand ausgekleidet und ihm die Aufgabe übertragen, selbst in eigener Verantwortung, in Seinem Sinne, Gesetze zu erlassen. Das Deutsche Grundgesetz gehört zu den großartigsten modernen Fundamenten, die ein Volk sich „im Bewusstsein seiner Verantwortung vor Gott und den Menschen"[2] geschaffen hat. Der Islam erlaubt uns nicht nur, uns treu und loyal zum Gesetz des Landes, in dem wir leben, zu verhalten, er fordert uns klar und deutlich dazu auf! Der Islam fordert eine auf Recht und Gerechtigkeit aufgebaute Gesellschaft. Was auch immer die Zeiten und Kulturen in ihrer gottgewollten Verschiedenheit hervorbringen: wo das politische System die Würde und Gleichheit des Menschen garantiert, die Religionsfreiheit, die Meinungsfreiheit, den Schutz von Eigentum und Nachkommenschaft – dort ist auch der Islam zuhause.

2. Partizipation durch Dialog: Eine dialogische Einstellung bildet die Grundlage für einen geschwisterlichen

Geist und ein Zusammenleben in gesellschaftlicher Pluralität. Dialog führt zu Partizipation. Obwohl Gott selbst das Universum führt und dazu von niemand Unterstützung braucht, steht er von Anfang an mit den Geschöpfen, Engeln und Propheten im Dialog. Selbst mit dem Satan trat er in Kontakt (Koran 38:73–83). Die Propheten waren ständig im Gespräch mit den Regierenden und mit ihren Opponenten. Gott forderte von Mose und seinem Bruder Aaron, dass sie über den Pharao, obwohl der die Kinder Israels bedrängte und unterdrückte, „in milden Worten" redeten (Koran 20:44). Der Koran ist m. E. ein Buch des Dialogs; er fordert und fördert Dialog, er ist voll von entsprechenden Beispielen. Auch die Zehn Gebote bilden eine Grundlage für den Dialog, für das Judentum, das Christentum und den Islam (vgl. Koran 17:22–29). Dass der Koran Juden und Christen als „Leute des Buches", *ahlu-l kitab** (diejenigen, die an göttliche Offenbarung glauben), bezeichnet, spricht nicht nur von Anerkennung, sondern von besonderer Wertschätzung des Gemeinsamen. Die Einladung des Korans an Juden und Christen zum „Gemeinsamen Wort" (Koran 3:64)[3] ist auch ein Appell zu gemeinsamem Handeln für die Wahrung der gemeinsamen Interessen und Werte. Der Prophet Muhammed bot persönlich einer christlichen Delegation aus der südarabischen Stadt Nadschran an, in seinem eigenen Haus, das zur Moschee geworden war, einen christlichen Gottesdienst zu feiern. Mit Christen und Juden wurden in Medina gute Beziehungen und Freundschaften aufgebaut, sie erhielten Verfassungsrechte. Die „Urkunde bzw. Verfassung von Medina", die der namhafte protestantische Theologe Julius Wellhausen (1844–1918) übersetzt und bearbeitet hat[4], ist ein Partizipationsdokument, das weiterhin, auf Grundlage seines historischen Kontextes, studiert werden sollte. In den 14 Jahrhunderten der islamischen Geschichte waren Angehörige anderer Religionen in der Regel unter den muslimischen

Herrschern geschützt. Zahlreiche Kirchen und Synagogen in muslimischen Ländern wie Syrien, Ägypten, Tunesien belegen die jahrhundertealte Partizipation von Nicht-Muslimen in der jeweiligen Gesellschaft. In der Türkei sind es heute 320 Kirchen, bei nur 0,3 % Bevölkerungsanteil von Christen. Der Besuch des saudiarabischen Königs Abdullah bin Abdulaziz, Träger des Titels „Hüter der Heiligen Stätten von Mekka und Medina", 2008 im Vatikan und seine Initiative zu einer jüdisch-christlich-islamischen Dialogkonferenz im selben Jahr in Madrid sind ermutigende Signale für einen zukunftsorientierten Neuanfang. Die unter gemeinsamer Federführung der Türkei und Spaniens unter der Schirmherrschaft der Vereinten Nationen ins Leben gerufene „Allianz der Kulturen" kann zu einem wichtigen Schutzschild gegen die Ängste werden, die der sogenannte „Kampf der Kulturen" (Samuel Huntington) heraufbeschwört.

Zu den konkreten Konsequenzen aus dem Dialog gehört, dass sowohl im Westen wie im Osten neue Gotteshäuser entstehen. In Europa werden in manchen Städten Moscheen und Islamische Zentren gebaut, in verschiedenen Ländern des Nahen Ostens entstehen neue Kirchen. In den Vereinigten Arabischen Emiraten, im Emirat Sharjah, werden unter der Patronage und mit Unterstützung des Emirs Dr. Sultan bin Muhammad al-Qasimi acht Kirchen für die verschiedenen christlichen Konfessionen gebaut und zusätzliche finanzielle Mittel für deren Zwecke zur Verfügung gestellt. Der Emir von Qatar, Hamad bin Khalifa II., hat für fünf christliche Kirchen ein Grundstück zur Verfügung gestellt und übernimmt die Baukosten. Eine neue, große Kirche ist im Zentrum der Hauptstadt von Kuweit unübersehbar. Bei seinem Besuch im Nahen Osten hat Benedikt XVI. im Mai 2009 den Grundstein für eine Christliche Universität in der jordanischen Stadt Madaba gelegt, in einer Stadt, wo eine neu gebaute Moschee den Namen „Jesus Christus, Sohn der

Maria“ trägt. Leider werden solche positiven Entwicklungen von den Medien im „Westen“ kaum aufgegriffen und sind daher, im Gegensatz zu gegenteiligen Vorkommnissen, weitgehend unbekannt. Dabei wird hier verdeutlicht: So wenig wie der Orient durch Kirchenbauten „christianisiert“ wird, wird Europa durch den Bau von Moscheen „islamisiert“.

Die Bemühungen um Dialog zwischen den Religionen haben in den letzten Jahren erfreulicherweise stark zugenommen. Auf institutioneller Ebene sind sie an sich jedoch nicht neu. Lange bevor die katholische Kirche sich im II. Vatikanischen Konzil 1962–65 für den Dialog mit anderen Religionen öffnete, war 1926 auf Initiative des World Muslim Congress das „International Islamic Forum for Dialogue“ im saudi-arabischen Jiddah gegründet worden. Es waren damit Muslime, die im 20. Jahrhundert den Dialog erstmals institutionalisierten. Nach der großartigen und historisch wichtigen Öffnung der Kirche durch das Konzil war es Papst Johannes Paul II., der mutige Zeichen für den christlich-islamischen Dialog setzte, die unvergessen bleiben werden. Die berühmt gewordene Vorlesung, die sein Nachfolger, Papst Benedikt XVI., in Regensburg hielt und die von Muslimen als kränkend empfunden wurde, ließ zunächst einen Abbruch der Bemühungen befürchten. Bald aber belebte die Reise des Papstes nach Istanbul sowie der Brief, den 138 muslimische Gelehrte aus aller Welt unter dem Titel „A Common Word“* an die Christenheit richteten, entfachte die Hoffnungen aufs Neue. Inzwischen wurde als Ergebnis des Briefes und als Antwort des Papstes darauf das „Katholisch-Islamische Forum“ gegründet, das den christlich-islamischen Dialog auf höchster Ebene voranbringt. Auch Protestantische Kirchen sind, insbesondere in Bayern, für den Dialog offen und fördern die Zusammenarbeit mit Muslimen.

Wir dürfen zudem den Dialog nicht auf Muslime und Christen einschränken. Auch mit jüdischen Gemeinden muss ein konstruktives Miteinander gesucht werden. Von den tragischen Entwicklungen im Nahen Osten losgelöst, müssen die in Europa lebenden Muslime den Dialog mit Juden voranbringen. Juden und Muslime haben gemeinsame Grundlagen, wie die Tradition der Konvivenz in Andalusien und auf dem Balkan. Beide verpflichten uns zu neuen Bemühungen für die Zukunft. Die Bekräftigung der Präsidentin des Zentralrats der Juden in Deutschland und der Israelitischen Kultusgemeinde München, Charlotte Knobloch, dass die Muslime ihr Recht auf eine repräsentative Moschee in München haben, ist ein wichtiges Signal für das friedliche Miteinander und die gleichberechtigte Teilhabe in der europäschen Gesellschaft. Das Projekt ZIE-M (Zentrum für Islam in Europa – München), das die einhellige Unterstützung aller demokratischen Parteien sowie auch der Religiongemeinschaften in München erfährt, ist eine authentisch europäsche Initiative, die europäische und islamische Werte zusammenfügen und den Dialog der Religionen in Europa verstärken wird.

Seit Jahrhunderten schon liegen Synagogen, Kirchen und Moscheen in Sarajewo auf engstem Raum nebeneinander. Das hat Bosnien nicht islamisiert – es hat das Land europäisiert!

Das beachtliche Engagement unzähliger ziviler Einrichtungen jenseits der großen kirchlichen Organisationen, wie etwa die Stiftung Weltethos, Gruppen und Initiativen wie die „Nymphenburger Gespräche“ in München, die Gesellschaft „Freunde Abrahams“ oder die „Eugen-Biser-Stiftung“ und zahlreiche weitere Institutionen, tragen dazu bei, dass Vorurteile und Klischees überwunden werden und Menschen zusammenkommen und sich kennenlernen. Wünschenswert wäre darüber hinaus auf nationaler Ebene ein „Interreligiöser Rat“, in dem die höchsten religiösen Repräsentanten regelmäßig miteinander gemeinsame Fragestellungen erörtern und zu aktuellen Entwicklungen gemeinsam Stellung beziehen.

Wenn es eine Entdeckung ist, dass der Dialog das 21. Jahrhundert maßgeblich bestimmen wird, dann ist der Dialog jetzt schon die größte Entdeckung des Jahrhunderts. Niemand, schon gar nicht Muslime, dürfen sich ihm verweigern. Denn derjenige flüchtet vor dem Dialog, der zu wenig Vertrauen in sich selbst hat. Der Dialog kennt keine Vorbedingungen. Er muss immer wieder aufgenommen werden, ob die Bemühungen fruchten oder nicht. Miteinander nicht zu kommunizieren und sich abzusondern, widerspricht der Natur des Menschen. „Und streitet nicht mit dem Volk der Schrift; es sei denn auf die beste Art und Weise. Ausgenommen sind jene, die ungerecht sind. Und sprecht: Wir glauben an das, was zu uns herabgesandt wurde; und unser Gott und euer Gott ist Einer; und nur Ihm sind wir ergeben" (Koran 29:46).

Im Dialog müssen wir nicht nur schöne, sondern die schönsten Worte und die besten Tätigkeiten finden. Über dem Schönsten steht die Ehrlichkeit. Dialog muss heißen, vor der Kamera das Gleiche zu sagen wie hinter der Kamera. Im Dialog erweisen sich Muslime als selbstbewusste und verantwortungsvolle Teilhaber an der Gesellschaft. Im Dialog gestalten wir die Welt, in der wir leben, mit.

3. Die Religion mit dem Verstand versöhnen: Mit Blick auf das Wiederaufleben der Religion in der Welt und das sichtbare Erscheinen des Islams in Europa gewinnt auch die Frage an Bedeutung, inwieweit Religion, insbesondere der Islam, mit der Vernunft in Einklang zu bringen ist. Tatsächlich sollten wir uns weder Religion noch Verstand getrennt und unabhängig voneinander vorstellen. An 49 Stellen wird im Koran der Begriff „Verstand" gebraucht und an mehr als zehn Stellen die Frage „Denkt ihr nach?" gestellt. Das Nachdenken und der Verstand werden an mehr als 60 Stellen betont, während blinder Gehorsam gegenüber anderen kritisiert wird. Bevor der Koran „Glaub!" gesagt hat, sagte er „Lies!" (Koran 69:1–6), weil durch die Vernunft der Glaube gefunden werden kann (Koran 34:6). Mit der Aussage des Korans, dass zuerst das Lesen und danach der Glaube kommt, rückt die Priorität der Information in den Vordergrund. Glaube, der dem Intellekt vorausginge, wäre demnach mangelhaft. Im Islam hat wissenschaftliches Forschen ein Nachdenken sowohl über profane wie auch religiöse Themen angeregt. Zu verschiedenen Zeiten sind einzelne Muslime sicherlich an die Grenzen ihres Verstandes gestoßen, für den Islam jedoch war dies nie der Fall. Immer wenn Muslime ihren Verstand zu nutzen wussten, waren sie produktiv und haben sich entwickelt. Wurde der Verstand vernachlässigt, wie es leider gerade heute teilweise zu beobachten ist, kam es zu Fehlentwicklungen, die die Religion verzerren, und die Muslime blieben sowohl in religiöser wie auch in weltlicher Hinsicht rückständig.

Die Zeitalter der Renaissance und der Aufklärung im Westen waren Reaktionen gegen die abwehrende Haltung der Kirche gegenüber der Vernunft. Die Moderne, der Fortschritt und die Überlegenheit der westlichen Zivilisation in Wissenschaft und Technik, sind durch eine klare Trennung zwischen dem Säkularen und dem Sakralen begünstigt worden. Die religiöse Identität der Menschen im Westen hat darunter jedoch gelitten, die Kirchen leerten sich. Heute befindet sich Europa auf dem Weg einer Versöhnung mit seiner Religion, nun aber im Einklang mit dem Intellekt. Echte Aufklärung ist ohne Vernunft nicht denkbar, ohne Rückkopplung mit dem Glauben aber wird sie leer und mangelhaft. So wie die Religion ihre Botschaft ohne den Verstand nicht sinnvoll vermitteln kann, so kann auch die Vernunft ohne Glauben nicht tragfähig wirken. Das Wiederaufleben der Religion in Europa sollte zu einer Durchdringung des modernen Denkens mit Geist, zu einem neuen Miteinander von Vernunft und Religion und in Einklang mit moralischen Kriterien zu einer „neuen Aufklärung" führen. Europa bereichert die Errungenschaft der Aufklärung jetzt mit religiösen Werten und geht seinen Weg weiter.

In der Frömmigkeit vieler Muslime von heute steht nicht das Wissen im Vordergrund, sondern das Nachahmen. Dadurch haben stark verzerrte Auffassungen Raum gewonnen, die nicht leicht korrigiert werden können. Bei den oft aus ländlichen Regionen nach Europa gekommenen Muslimen ist das Problem teilweise unübersehbar. Muslimische Intellektuelle und Theologen stehen vor einer gewaltigen Herausforderung. Der Idschtihâd, der sich zur Handlung wandelnde kreative Gedanke, ist für den Islam ein Mechanismus, der das rationale Denken in Gang bringt. Idschtihad, das Hervorbringen neuer Ideen und Lösungen bei veränderten Verhältnissen, ist wie ein Blutkreislauf. Gefriert er ein, dann gerät das Leben ins Stocken. Lange Zeit galt unter Muslimen, dass „das Tor zum Idschtihad" geschlossen wäre. Ihr Denken setzte aus. Mit der Einmischung der Politik in die Religion und der Religion in die Politik ist der Islam in enge, schiefe Bahnen gezwängt worden. In den Köpfen und im Leben der Muslime dominiert nicht ein vernunft- und geistorientierter Islam, sondern ein von Traditionen und Ideologien unterwanderter und gleichsam von schwerer Krankheit gezeichneter Islam. In Europa wird es muslimischen Theologen und Wissenschaftlern heute möglich sein, das Unternehmen Idschtihad wieder in Bewegung zu bringen und die Fehlentwicklungen in der Religion zu korrigieren. Europa bietet den aufgeklärten Muslimen die Chance zu einer „islamischen Renaissance".

Ist eine Reform des traditionellen Islam möglich?

Unter den Muslimen im Osten wie im Westen wird der Ruf nach Wandel und Weiterentwicklung immer lauter. Die Machthaber sowohl im politischen wie auch im religiösen Bereich beharren dagegen auf der Fortführung der bestehenden Strukturen und Verhältnisse. Die rasante Entwicklung der modernen Welt macht es aber unumgänglich, dass auch Muslime tiefgreifende Veränderungen mitvollziehen. Damit diese Prozesse konstruktiv und erfolgreich verlaufen können, muss auf Grundlage eines erneuerten Denkens ein funktionierender Mechanismus in Gang kommen. Wieder sind wir beim Prinzip des Idschtihad. Für eine alle Lebensbereiche, vom religiösen Verständnis bis zur gesellschaftlichen Umsetzung umfassende Wandlung halten die zentralen Quellen des Islam, der Koran und die Sunna, die Begriffe Islâh* („Verbesserung, Reform"), Taghyîr* („Veränderung") und Tadschdîd* („Erneuerung") bereit. Von Anfang an ist der Islam also auf Wandel, Innovation oder, wie man im Westen sagt, „Reform" hin angelegt. In der Geschichte der islamischen Welt kommen diese Prozesse immer wieder vor. Freilich aber hatten diejenigen, die Veränderungen wollten, auch gegen Widerstände anzukämpfen, und allzu oft waren und sind nicht sie es, die die Oberhand behielten. Der Geistliche Said Nursi (1876–1960) brachte es auf den Punkt: „Die alten Verhältnisse sind nicht mehr gültig; entweder kommen neue Verhältnisse oder ein erbärmliches Verschwinden." Dies gilt mehr als jemals zuvor für das 21. Jahrhundert.

Obwohl unter den islamischen Gelehrten heute die traditionalistischen, konservativen Strömungen dominieren, setzen die progressiveren Kräfte unbeirrt ihre Arbeit fort und gewinnen allmählich an Zulauf. So hat in der Türkei die sogenannte „Ankara-Schule"* (Ankara Okulu) schon weite Strecken bewältigt und hohes, auch internationales Ansehen erworben. Die Werke von reformorientierten Theologen und Wissenschaftlern in der Türkei haben in letzter Zeit ein breites Echo gefunden. Mit Spannung wird derzeit, ebenfalls aus der Türkei, eine neue Arbeit über Leben und Werk Muhammads aus heutiger Sicht erwartet. Sie wird von einer Gruppe von Wissenschaftlern in Anbindung an die Diyanet-Behörde (Amt für religiöse Angelegenheiten der Türkei) veröffentlicht. Vergleichbare Projekte sind in Ägypten, Malaysia, im Iran und selbst in Saudi-Arabien in Gang. In Europa sind hier bereits die Arbeiten unter Führung des bosnischen Theologen Husein Djozo (1912–82) wegweisend. An der durch seine Initiative 1977 gegründeten Fakultät für Islamische Studien in Sarajewo werden die Reformgedanken vom Lehrkörper und von den Studierenden engagiert vertreten und weitergeführt. Im Unterschied zu anderen Ländern zeichnet sich Bosnien dadurch aus, dass die Vorgaben der Reformer über den akademischen Bereich hinaus von der breiten Masse der Bevölkerung bereitwillig aufgenommen werden. Weil die entsprechenden Arbeiten, gerade auch aus der Türkei, noch kaum in andere Sprachen übersetzt sind, haben sie noch nicht den Bekanntheitsgrad über Bosnien, die Türkei und die angrenzenden Länder hinaus erlangt, den sie verdienen und in Zukunft wohl auch erreichen werden.

In Westeuropa lässt sich seit einigen Jahren eine erhebliche Zunahme von Berichten und Publikationen über islamische Themen beobachten. Hier muss allerdings darauf hingewiesen werden, dass speziell von den Medien als sogenannte Islamexperten oder Islamkritiker präsentierte Publizisten mit mehr oder weniger fundierten Kenntnissen in Islamwissenschaft unter Umständen weniger auf eine Reform als auf eine Deformation des Islam abzielen. Solche Richtungen sind kontraproduktiv, weil sie Schatten auf die seriöse wissenschaftliche Forschung werfen und Öl ins Feuer der Kritiker echter Reformbemühungen gießen.

Die Fundamente für die heute zunehmend spürbaren Prozesse wurden schon Ende des 19. und Anfang des 20. Jahrhunderts gelegt. Als mit dem Einfrieren wissenschaftlicher Betätigung das „Tor zum Idschtihad“ im Mittelalter geschlossen wurde und religiöser Traditionalismus und Aberglaube zunahmen, wurden keine ernsthaften Auswege aus den sozialen, ökonomischen und politischen Problemen der islamischen Länder mehr verfolgt. Stattdessen kam eine „gedankliche Auferstehung" in Gang, die in den Schriften zahlreicher Intellektueller des letzten Jahrhunderts aufscheint. Dazu gehören etwa Djamaluddin al-Afghani (1838–97), Muhammad Abduh (1849–1905), Rashid Rida (1865–1935), Mahmud Shaltut (1893–1963), M. Akif Ersoy (1873–1936), Muhammad Iqbal (1877–1938), Fazlur Rahman (1919–88) und viele andere. Sie haben vor dem Hintergrund der jeweiligen Verhältnisse ihres Landes und ihrer Zeit neue Interpretationen geliefert und Forderungen nach Wandel und Entwicklung zur Sprache gebracht. Ihnen folgen nun mit noch fortschrittlicheren Arbeiten die Erneuerer des 21. Jahrhunderts. In dem dreibändigen Werk „Die Erneuerer des Islam" (türk.: Islam Yenilikçileri, Istanbul 2002) von R. Ihsan Eliaçık werden die Persönlichkeiten, die seit den Anfängen bis heute für entsprechendes Denken und entsprechende Prozesse stehen, in eindrucksvoller Fülle dargestellt.

Seitdem auf verschiedenen Kontinenten der Wind von Wandel und Reform spürbar ist, wird in der islamischen Welt von einer neuen islamischen Aufklärung gesprochen. Gerade in Europa, auch in Deutschland, müssen Muslime auf allen Ebenen verstärkt und federführend neue Antworten suchen und bereitstellen. Ganz vorne steht in dieser Hinsicht die Auseinandersetzung mit dem Thema „Frau im Islam". Aus traditionell praktisch ausschließlich männlicher Perspektive interpretiert, haben Kommentare zu Koran und Hadith* (das Wort, die Anweisung und das Tun des Propheten) immer wieder zu frauenfeindlichen Diskursen und zur Missachtung von Gleichheitsprinzipien geführt. Nun muss, wie dies in der Diskussion im Westen und zunehmend auch im Osten geschieht, die Perspektive der Frau in den Vordergrund rücken. Die 58. Sure des Korans trägt den Titel al-Mudschadileh, „die debattierende Frau" (oder: al-Mudschadalah, „die Debatte"). Der Titel der Sure nimmt Bezug auf eine Diskussion zur Zeit des Propheten Muhammad, die von einer Frau eingebracht und angeregt worden war, woraufhin das zugrunde liegende Problem gelöst werden konnte. Dank ihrer eigenen Initiativen wird sich die Stellung der Frau in der Gesellschaft Tag für Tag weiter verbessern, und je mehr sie sich verbessert, desto schneller wird auch die Integration voranschreiten. Der Islam ist eine zeitgemäße Religion, zu der das im Lauf der Zeit entstandene, rückständige Image der Frau in eklatantem Widerspruch steht. Von der Feststellung des Propheten Muhammad ausgehend: „Frauen und Männer sind Teile des Ganzen", können die Musliminnen und Muslime der neuen europäischen Generation, in den Gemeinden beginnend, der Frau in der Gesellschaft zu ihrer verdienten, führenden Rolle verhelfen. Durch Bildung und Erziehung müssen vorhandene Tabus überwunden werden. In den Moscheen müssen Themen wie Klassenfahrten, Schwimmunterricht, Liebe, Partnerwahl, Polygamie, Erbrecht, Scheidungsrecht, Bedeckung, gesellschaftliche Teilhabe, Leitungsanspruch, Diskriminierung und Gleichstellung zwischen Mann und Frau, Gewalt in der Familie, sogenannte „Ehrenmorde" und viele andere Frauen- und Familienfragen offensiv in Vorträgen, Seminaren und Konferenzen angegangen werden. So wie es zur Zeit des Propheten Muhammad der Fall war, müssen solche Themen nach dem Vorbild der Sure „die Debatte" heute und morgen objektiv und öffentlich in den Gemeinden diskutiert werden.

Die Institutionalisierung des Islams in Deutschland

Der Islam ist, wie der Architekt der Deutschen Islamkonferenz, Bundesinnenminister Wolfgang Schäuble, es formulierte, auch ein Teil Deutschlands. Die Relevanz dieser neuen, unübersehbar gewordenen Realität steht in der demokratischen, den Religionen gegenüber neutralen und toleranten Struktur Deutschlands nicht mehr in Frage. Wenn auch in der gesellschaftlichen Wirklichkeit der Islam und seine Kultur, genauso wie andere Religionen, als eine hierher gehörende, wertvolle Weltanschauung begriffen werden soll, dürfen auch die muslimischen Bürger seitens der Gesellschaft Achtung und Respekt erwarten. Diskriminierungen, wie wir sie leider noch erleben, müssen aufhören, die volle Gleichstellung mit anderen Religionen und Konfessionen muss verwirklicht werden. Dazu müssen die Muslime selbst nicht nur in Worten, sondern auch in der Praxis ihre Treue zur Verfassung, ihre Zugehörigkeit zu diesem Land, ihr Bekenntnis zum Rechtsstaat, zu den Menschenrechten, zur Meinungsfreiheit, zur Gleichstellung von Mann und Frau unter Beweis stellen, und zwar nicht nur, weil dies opportun für alle wäre, sondern weil ihr Glaube das so vorsieht.

Noch haben die Muslime ihren Beitrag nicht vollständig geleistet. Ihre Zersplitterung in eine Fülle verschiedener Organisationen, von denen nicht wenige direkt oder indirekt an anderen Ländern ausgerichtet sind, blockiert die Köpfe der Menschen. Solche Strukturen sind oft ohne Vertrautheit mit den hiesigen Verhältnissen gewachsen. Auf Bundes-, Landes- und lokaler Ebene beklagen die öffentlichen Institutionen seit vielen Jahren das Fehlen repräsentativer muslimischer Stimmen. Eine organisierte Gesellschaft und eine funktionierende Verwaltung braucht eine organisierte und kompetente Institution als Ansprechpartner. Obwohl ein Klerus im Sinne einer Priesterschaft dem Islam fremd ist, gibt es doch keine religiösen Vorbehalte gegen ein organisiertes islamisches Leben.

Die bisherigen Ansätze der bestehenden Einrichtungen sind weit hinter den Erwartungen zurückgeblieben. Erzielt wurden gewisse Koordinierungen zwischen den großen Organisationen, aber nicht mehr. Mehr als gemeinsame Erklärungen ist unter diesen Bedingungen nicht zu erreichen. Die gemeinsamen Verlautbarungen der Dachverbände beschränken sich auf Rechtfertigungen gegenüber Anschuldigungen und auf Reaktionen gegenüber Kritik. Es bleibt ein Zeichen von Ohnmacht, wenn man sich nur darüber beklagt, dass man missverstanden und in einem falschen Licht dargestellt wird. Wenn man ununterbrochen Anforderungen an den Staat und die Gesellschaft richtet – und seien sie noch so berechtigt –, vergisst man leicht die eigenen Pflichten sich selbst und anderen gegenüber. Die islamischen Verbände in Europa haben in den teilweise vier Jahrzehnten ihres Bestehens weder funktionierende Strukturen im Sinne einer hierarchischen Organisation mit kompetenten, leitenden Kräften aufgebaut noch tragfähige Visionen entwickelt.

Wenn der Islam in Deutschland sich institutionalisiert und den Status einer Körperschaft im Sinne einer anerkannten Religionsgemeinschaft erreicht, dann wird sich das sowohl zum Wohle der Muslime wie auch zu Gunsten von Staat und Gesellschaft auswirken. Möglich wird dies nur in gegenseitigem Respekt und in Kooperation sein. Auch der Staat ist gefordert, die rechtlichen Voraussetzungen zu bereiten, auf die Muslime zuzugehen und ihnen bei ihren Bemühungen die Hand zu reichen. Die Muslime ihrerseits müssen jetzt damit anfangen, eine effektive und konstruktive, transparente gemeinsame Plattform zu bilden, den Prozess entschlossen anzugehen und ihn anhand eines strukturierten Programms zu verwirklichen. Dabei sollen sowohl die wichtigen islamischen Institutionen, unabhängige muslimische Intellektuelle, staatliche Behörden wie auch die bestehenden Religionsgemeinschaften eingebunden werden. Die am Ende dieses Prozesses auf Konsensgrundlage entstehende Formation wird qualifiziert und dazu bestimmt sein, als staatlich anerkannte Körperschaft den Islam in Deutschland bzw. über Staatsverträge in den einzelnen Ländern zu repräsentieren. Sie wird selbstverständlich demokratisch strukturiert sein.

Das kleine EU-Land Slowenien beispielsweise hat bereits einen vergleichbaren Weg beschritten. Der Obermufti des Landes, Nedžad Grabus, hat als Repräsentant der Muslime in Slowenien am 9. Juli 2007 mit Justizminister Lovro Šturm als Repräsentant der Regierung ein bilaterales Protokoll über die Stellung der „Islamischen Union Sloweniens“ unterzeichnet. Ähnliches gilt für das EU-Anwärterland Kroatien, in dem Muslime nur 2,2 % der Bevölkerung ausmachen. Solche Reglementierungen widersprechen weder dem rechtsstaatlichen noch dem gesellschaftlichen, noch dem religiösen Selbstverständnis eines Landes bzw. der Betroffenen.

Acht Postulate

Von Seiten der Muslime sollte nun weitgehende Einigkeit über Folgendes erreicht werden:

1. Ganz gleich, aus welchem Land wir kommen und mit welchen Traditionen im Rücken wir unsere Gemeinden gegründet haben, wir werden uns loslösen müssen von in den früheren Heimatländern bestehenden Ausrichtungen und uns für die Zugehörigkeit des Islams in Deutschland und Europa entscheiden.

2. Die bestehenden Dachorganisationen und Moscheevereine müssen daran interessiert sein, auf Konsensbasis in einer neuen Gemeinschaft aufzugehen. Das wird keinen Abbruch religiöser Beziehungen zu islamischen Ländern bedeuten, sondern das Ansehen und den Einfluss der deutschen und europäischen Muslime gegenüber der etablierten islamischen Welt, ohne gegenseitige Einmischungen, begründen und stärken.

3. Eine solche Gemeinschaft könnte z. B. die Bezeichnung „Islamische Religionsgemeinschaft in Deutschland (IRD)“ führen und ihren Hauptsitz in Berlin etablieren. Die verwirrende Präsenz von Bezeichnungen wie DITIB*, ZMD*, Islamrat*, IGMG*, VIKZ*, ATIB*, IGD*, IGBD*, UIAZD*, IGSGD* u. Ä. wird Geschichte sein; an ihre Stelle tritt der Name einer einzigen verbindlichen Institution mit dem entsprechendem Logo. Mit der Verschmelzung der Vereine und Verbände in die IRD wird die Anerkennung, Zusammenarbeit mit dem Staat und Unterstützung durch den Staat untrennbar verbunden.

4. An die Stelle von Ernennungen und Einmischungen von außen tritt ein demokratisch strukturiertes und hierarchisch gegliedertes System mit funktionierenden Wahlen. An der Spitze der IRD steht ein gewählter Großmufti oder Präsident mit theologischer Ausbildung und sowohl geistlicher wie wissenschaftlicher Kompetenz.

5. Die IRD als unabhängige Organisation mit besonderen Beziehungen zu Bund und Ländern wird direkter Interessenvertreter der Muslime und Ansprechpartner für Staat und Gesellschaft in allen relevanten Bereichen.

6. In allen Bundesländern unterhält die IRD Vertretungen. Ggf. erhalten die Bezirke unterhalb der Landesebenen zuständige Oberimame. Die Moscheegemeinden selbst werden von der IRD dauerhaft mit entsprechend qualifizierten Imamen versorgt.

7. Die Hauptaufgaben der IRD liegen in der Organisation und Optimierung der religiösen, sozialen, erzieherischen und kulturellen Belange der Muslime. Dazu gehören u. a. die Ernennung und Akkreditierung von geeigneten Imamen, die Festsetzung einer für alle Gemeinden einheitlichen Regelung der islamischen Feiertage mit verbindli-

chem Kalender und einheitlichen Gebetszeiten für das ganze Jahr, die Hausordnung von Moscheen, die grundsätzliche Abstimmung der Freitagspredigten, gemeinsame Wohltätigkeitsinitiativen im Ramadan, die Sammlung und Verteilung der Armenabgabe, die Durchführung der Opfer, die Organisation der Wallfahrt nach Mekka, religiöse Erziehung, religiöse Trauungen, Bestattungen und der Unterhalt von Friedhöfen, die Erstellung religiöser Gutachten (Fatwas).

8. In Kooperation mit den zuständigen Ministerien unterhält die IRD Bildungseinrichtungen, die Islamunterricht an Moscheen und islamischen Religionsunterricht an den Schulen anbieten. Ebenso werden Lehrer für den Religionsunterricht qualifiziert sowie Imame in deutscher Sprache ausgebildet. Die Aus- und Weiterbildung an Hochschulen wären dringende Aufgaben.

Den Reichtum ihres Spektrums sollte die IRD in der Vielfalt ihrer unterschiedlichen muslimischen Prägungen und Ethnien sehen. Drei elementare Faktoren sind es, die sie zusammenschweißen:

1. **Islam** – fernab von nationalen, politischen und ideologischen Einflüssen eines aus anderen Regionen exportierten Religionsverständnisses, eine gemäßigte, ort- und zeitgemäße islamische Lebenshaltung zu verwirklichen.
2. **Deutschland** – das Land, an dem sich die Identität ausrichtet, zu kennen und zu schätzen, das Grundgesetz und die gesellschaftlichen Werte sich zu eigen zu machen und sich aktiv in der Gesellschaft einzubringen.
3. **Deutsch** – anzuerkennen, dass die Sprache unabdingbarer Faktor des Gemeinsamen ist und Deutsch als verbindende Kommunikation und gemeinsame Verkehrssprache in diesem Land einzusetzen ist. Islamische Fachtermini sind in deutscher Sprache zu entwickeln.

Nachdem aus mehreren europäischen Ländern bereits entsprechende Erfahrungen vorliegen, ist die Zeit gekommen, auch in Deutschland ein geeignetes Konzept auf den Weg zu bringen. Obwohl häufig das Gegenteil behauptet wird, kann an der Akzeptanz eines solchen Vorgehens, ja an dem dringenden Wunsch danach, durch die große Mehrheit der Muslime in Deutschland kein ernsthafter Zweifel bestehen. Die bestehenden Verbände werden dazu politische, ideologische und persönliche Interessen beiseiteschieben müssen, damit wir unter dem Leitwort „dem Wohl der Menschen dienen“ den gemeinsamen Weg in die Zukunft einschlagen können.

Als Ergebnis unserer Überlegungen können wir die Frage, wann und wie sich der Islam in Europa integriert haben wird, beantworten: Wenn die europäischen Muslime europäische Werte als ihre eigenen akzeptieren und sich selbst aktiv für den Erhalt dieser Werte einsetzen, wenn Europa die Existenz und die Zugehörigkeit des Islams verinnerlicht und die Institutionalisierung dieser Religion als organisierte religiöse Gemeinschaft verwirklicht – dann wird der Islam in Europa seine momentane, mit vielen Problemen behaftete Übergangsphase überwinden.

Beispiel

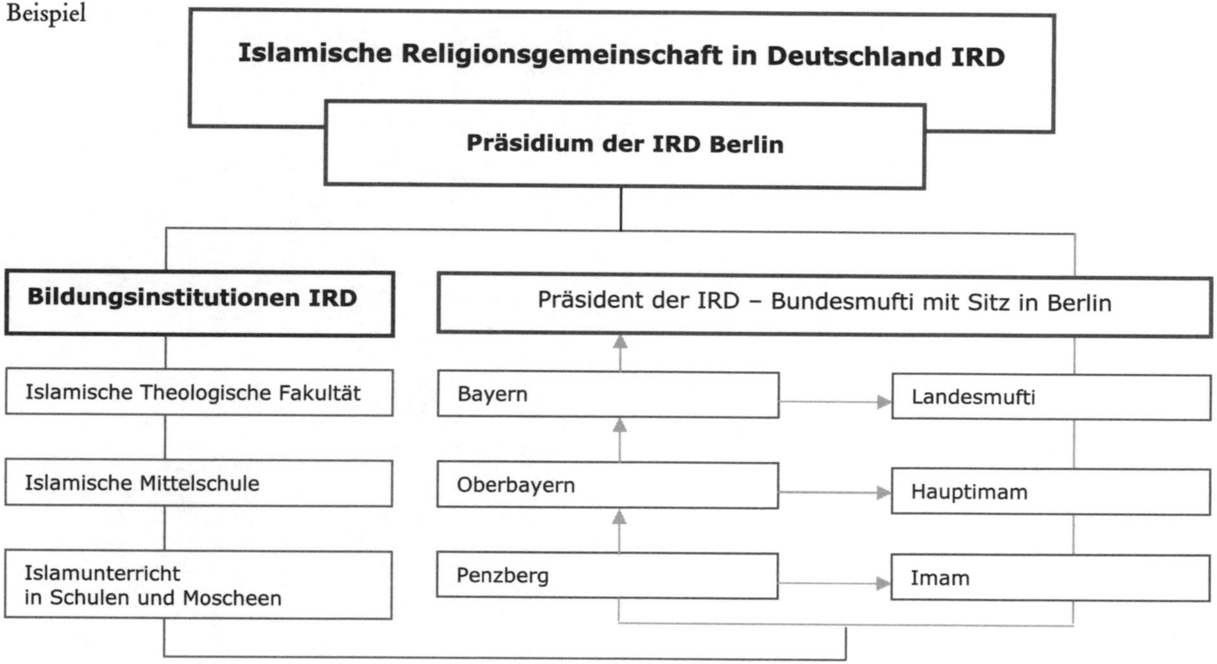
Islamische Religionsgemeinschaft in Deutschland IRD
Präsidium der IRD Berlin
Bildungsinstitutionen IRD
Islamische Theologische Fakultät
Islamische Mittelschule
Islamunterricht in Schulen und Moscheen
Präsident der IRD – Bundesmufti mit Sitz in Berlin
Bayern
Oberbayern
Penzberg
Landesmufti
Hauptimam
Imam

Beispiel der IRD auf Bundesebene

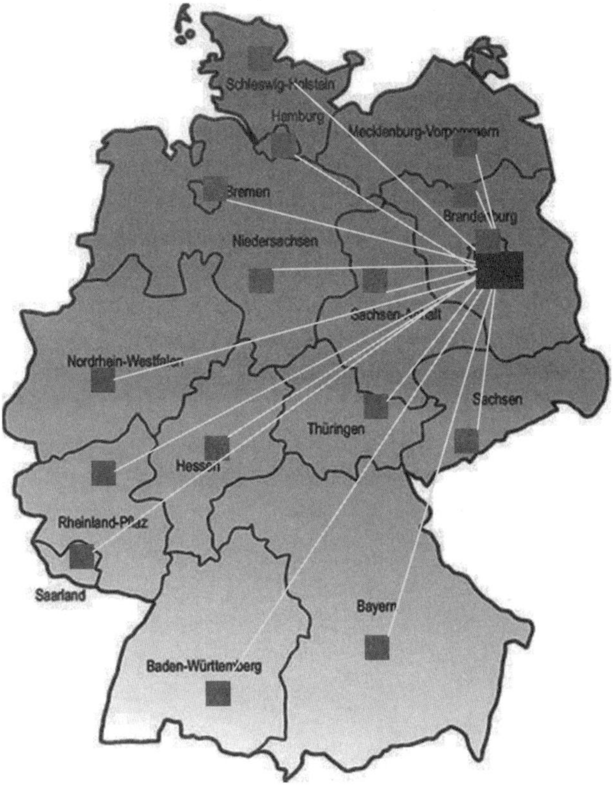

Präsident (Bundesmufti) der IRD mit Sitz in Berlin

16 Landesmuftis mit Sitz in den jeweiligen Hauptstädten der Bundesländer

Beispiel der IRD auf Landesebene

Beispiel Bayern

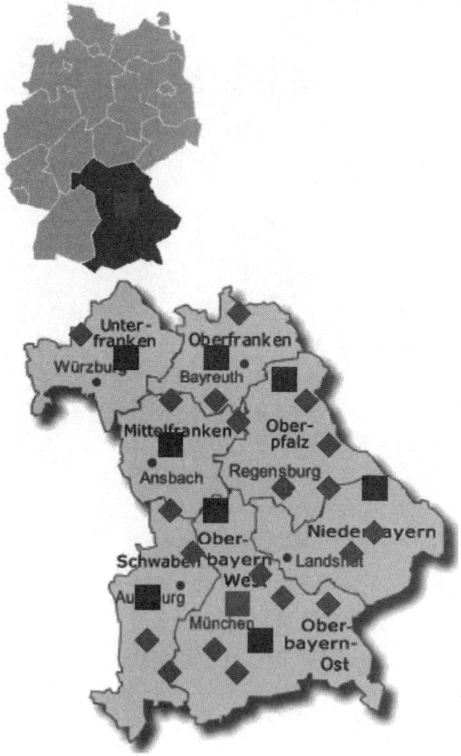

Landesmufti mit Sitz in der Hauptstadt des Landes

Hauptimame mit Sitz in den Hauptstädten der Landesbezirke

Imame in den Städten und Gemeinden mit Moscheebetrieb

Resümee

Benjamin Idriz, Stephan Leimgruber,
Stefan Jakob Wimmer

Der Islam ist nicht fremd in Europa. Mit diesem Fazit ist unserem Buch weder eine neue Entdeckung gelungen noch wirft es eine provozierende neue These auf. Es beschreibt einen Teil dessen, was europäische Wirklichkeit ausmacht, heute nicht anders als in der Vergangenheit. Rainer Oechslen und Stefan Jakob Wimmer gehen in ihren Beiträgen darauf ein, dass der – wie Judentum und Christentum auch – im Orient entstandene Islam seit seiner frühesten Zeit in verschiedenen Regionen Europas präsent war und es immer geblieben ist. Muslime haben mitgeschrieben nicht nur an der politischen Geschichte Europas, sondern auch am bunten Spektrum europäischer Geistes- und Kulturgeschichte, sie haben ihren Anteil an der Architektur, Kunst, Musik, Philosophie und Wissenschaft Europas.

Gleichwohl haben sich die drei „abrahamitischen" Religionen auf ihrem Weg durch die Geschichte in unterschiedlichen Richtungen entwickelt. Das Christentum hat in Rom und Konstantinopel zunächst, später in Moskau, im Katholischen Königreich Spanien, im „Heiligen Römischen Reich Deutscher Nation" und mit der Reformation auch weiter im Norden des Kontinents seine Zentren etabliert, von wo es auszog, um neben dem Evangelium auch europäische Zivilisation und mit sehr viel Gewalt politische und wirtschaftliche Abhängigkeit über die Welt zu verbreiten. Auch das ist zu bedenken, wenn wir sicherlich zu Recht von einer vorrangigen Prägung Europas durch das Christentum sprechen. Juden, die schon etwas früher als Christen in Europa lebten, übernahmen Sprachen und Kulturen, wurden Europäer, erlebten glanzvolle Zeiten (solche besonders in den islamischen Regionen im Südwesten und Südosten Europas), besonders aber Ausgrenzung und Leid in unaussprechlichem Ausmaß, und wurden der geistigen Sehnsucht nach dem geographischen Herzen Israels nie untreu. Muslime kamen zuerst als Eroberer, fassten von Süden her Fuß und prägten Europa in verschiedenen Bereichen mit. Die Zentren der sogenannten „Islamischen Welt" waren aber nicht nur Istanbul (auf europäischem Boden) und zuvor Córdoba, sondern vor allem Damaskus, Bagdad, Kairo, Isfahan, Lahore, Samarkand u. v. a., also Städte und Länder außerhalb Europas, von Nordafrika über den Nahen Osten bis Süd- und Zentralasien.

Von dort sind in jüngster Zeit Muslime in großen Schüben in die Länder des sogenannten „Westens" migriert und nehmen weiterhin an Zahl zu. Sie stellen heute mit fremden Wurzeln, mit von Europa weg statt auf Europa hin orientierter Lebensweise, Europa vor gewaltige Herausforderungen. Die damit verbundenen Probleme sind bekannt und werden intensiv diskutiert. Unser Buch rückt ganz bewusst diejenigen Muslime in den Mittelpunkt, die noch kaum wahrgenommen werden – obwohl, und zugleich: *weil* sie in Europa zuhause sind und immer waren. Weil Muslime auf dem Balkan, wie besonders die Beiträge von Hansjörg Schmid und von Dževad Hodžić verdeutlichen, immer schon Teil der islamischen Ummah und dennoch gleichzeitig nie unter sich waren, immer mit anderen Religionen und Ethnien zusammengelebt und sich mit ihnen gemeinsam definiert haben, weil sie osmanisches und österreichisches Erbe verkörpern, weil sie in

Richtung Mekka beten, aber in Richtung Brüssel ihr Selbstverständnis definieren wollen.

Die bosnischen Muslime verdienen aus vielen Gründen unsere Aufmerksamkeit. Zum Selbstverständnis des modernen Europa gehört es auch, sich den Kapiteln eigenen Versagens zu stellen. Die europäischen Truppen in der UN-Schutzzone Srebrenica schützten 1995 nur sich selbst. Es kommt spät, dass das Europäische Parlament 2009 den 11. Juli erstmals als Jahrestag des schrecklichsten Kriegsverbrechens seit dem 2. Weltkrieg in Europa, zum Europäischen Tag des Gedenkens an die Opfer von Srebrenica erklärt hat, aber es reicht nicht. Haben wir im Westen wirklich realisiert, dass Muslime nicht nur als Eroberer in der Vergangenheit aufgetreten sind, sondern in unseren Tagen und vor unseren Augen mitten in Europa Opfer eines Völkermords wurden? Auch dies gehört zur Geschichte, zur Zeitgeschichte, des Islams in Europa.

Es ist in höchstem Maß beeindruckend, wie konziliant und bei allem Schmerz letztlich sogar versöhnlich die bosnischen Muslime mit der Erfahrung des Leids umgehen. Keine Schwüre nach Rache und Vergeltung bis zum letzten Tropfen Blut, keine endlosen Spiralen von Kampf, Gewalt und Terror, wie sie andere Teile gerade auch der islamischen Welt in immer tiefere Ausweglosigkeit reißen. Hier hat sich besonders eindrucksvoll und glaubwürdig islamische Wirklichkeit in Europa manifestiert. In unser Bewusstsein ist das noch nicht vorgedrungen.

Der geistige Führer der bosnischen Muslime, Großmufti Dr. Mustafa Cerić, der 1993, während der Belagerung und Bombardierung Sarajewos, ins Amt des Reisu-l-ulema gewählt wurde, hat diesen Kurs der Versöhnung maßgeblich mitgetragen und gestaltet. Sein Blick geht konstruktiv und positiv in Richtung Zukunft, und die „Deklaration europäischer Muslime", die im Mittelpunkt dieses Buches steht, ist dafür ein eindrucksvolles Zeugnis. Zur konstruktiv pragmatischen Linie Cerićs passt, dass er die Inhalte und den Wortlaut nicht als dogmatisch fixiertes und abgeschlossenes Dokument festgeschrieben haben möchte, sondern als einen Entwurf, der eine Debatte in Gang bringen und fördern soll, um den in einzelnen Fragen erst noch diskutiert und weiterhin gerungen werden soll. Die drei Stellungnahmen zur Deklaration veranschaulichen, dass der Entwurf aus den unterschiedlichen Perspektiven heraus bereits als weitgehend gelungen bewertet wird und dass er – ganz im Sinne des Urhebers – auch Fragen anregt. So kontrastiert Rainer Oechslen beispielsweise ganz konkret das traditionelle Familienmodell der Deklaration als quasi „Naturgesetz“, zu dem es keine Alternativen geben dürfe, mit der Frage nach anderen Lebensformen bis hin zu den Menschenrechten Homosexueller, die denselben Anspruch auf den Schutz – nicht die Feindschaft – ihrer jeweiligen Religion haben. Lothar Bily macht auf die der Deklaration immanente Spannung aufmerksam, die darin spürbar wird, dass sie zugleich an die moderne und weitgehend säkulare, „westliche“ Gesellschaft Europas und an die an ganz anderen Voraussetzungen orientierte „Islamische Welt“ gerichtet ist. Aziz Hasanović bringt es auf den Punkt, wenn er feststellt: „Die Deklaration möchte die europäischen Normen als eigene Standards in das zeitgenössische Lernen der Muslime einbringen. Die Deklaration ist aber nur ein Ausgangspunkt und noch kein Ziel, an dem man schon angelangt wäre.“

Wir sollten den Muslimen in Europa mehr Aufmerksamkeit widmen, und wir sollten die Deklaration von Dr. Cerić verstärkt diskutieren. Beides wird nicht nur den legitimen Ansprüchen von Seiten der Muslime gerecht. Es wird den gemeinsamen Interessen aller Europäer zugutekommen. Wir haben gerade in Deutschland die Chance, bei der Gestaltung der Zukunft des Islams in Europa auf die dargestellten bewährten Erfahrungen zurückzugreifen und – den eigenen Umständen und Erfordernissen angepasst – damit einem modernen, europäischen Gesicht des

Islams Konturen zu verleihen. Gelingt dies nicht, werden fremde Strömungen nahöstlicher, nordafrikanischer oder südasiatischer Prägung weiter zunehmen, bedrohliche Konflikte heraufbeschwören, die Gesellschaft in Europa letztlich spalten und die europäischen Muslime selbst zu Fremden im eigenen Haus marginalisieren. Eine positive Entwicklung vorausgesetzt, ist umgekehrt denkbar, dass gelungene Modelle des Miteinanders bei uns auch eine gewisse Ausstrahlung auf die weitere islamische Welt ausüben könnten.

Wie solche Entwicklungen konkret verlaufen können, analysiert Stephan Leimgruber am Fallbeispiel Österreich, und speziell anhand der Bemühungen um die Einführung von Islamischem Religionsunterricht in Deutschland. Imam Benjamin Idriz entwirft Vorschläge, wie die nächsten Schritte konstruktiv und entschlossen umgesetzt werden könnten, wenn die Beteiligten es nur wollen.

Dass trotz heftiger Gegenströmungen und bei allen Risiken durchaus Grund zur Hoffnung besteht und wir bereits auf einem guten Weg sind, davon berichtet die Vizedirektorin von Imam Idriz' Gemeinde, Gönül Yerli, am Beispiel der oberbayerischen Kleinstadt Penzberg. Der dortigen Islamischen Gemeinde mit ihrer innovativen Moschee und beispielhaften Integrationsarbeit sprechen bereits zahlreiche Medien, zahllose Besucher und durchaus auch schon Politiker verschiedener Couleur Leuchtturmfunktion zu.

Anmerkungen

Zu: Geleitwort

1 Botschafter Michael Schmunk (Auswärtiges Amt) hat von 2006–2008 die deutsche Botschaft in Bosnien und Herzegowina und davor in Aserbaidschan und im Kosovo zwei weitere Botschaften in islamischen Ländern geleitet. Der Beitrag gibt seine persönliche Meinung wieder.

2 Türkisch: Stadtviertel mit dem Hauptbasar.

3 Sarajewos zentrale Fußgängerzone entlang der Ferhadijastraße – benannt, wie die historische Ferhadija-Moschee (1579) in Banja Luka, die 1993 von serbischen Nationalisten zerstört wurde, nach Großwesir Ferhad Pascha. Das Viertel wird von der Architektur aus der Zeit der Donaumonarchie 1878–1918 bestimmt.

4 Balkanische Bezeichnung arabisch-türkischen Ursprungs für Nachbarschaft; Wohnblock; Stadtviertel.

5 Das Amt des Mutevelija (Administrator) ist sehr einflussreich. Er verwaltet den Besitz, den Vakuf der Institution Gazi Husrev-Beg, einer Stiftung, deren Einnahmen (z. B. die Vermietung von Läden) der islamischen Gemeinde zugute kommen. Vakuf kommt vom arabischen Waqf und steht für ein islamisches Kirchenlehen bzw. eine Stiftung.

6 Bosnisch für türkisch „bey“ = (Unter-)Provinzstatthalter im Osmanischen Reich.

7 Vom zuständigen Bundesinnenminister Wolfgang Schäuble am 27. September 2007 ins Leben gerufene Rahmenkonferenz für den Dialog zwischen dem deutschen Staat und den Muslimen in Deutschland. Der neue Innenminister Thomas de Maizière (seit 2009) beabsichtigt, die Islamkonferenz fortzuführen, allerdings in neuer Zusammensetzung und mit neuen Schwerpunkten.

8 Zitiert nach www.bmi.bund.de/Dt.IslamKonferenz/Pressemitteilungen.

9 63 % davon türkischer Herkunft.

[10] Zahlen vom Bundesministerium des Innern sowie aus der im Juni 2009 vorgestellten Studie des Bundesamtes für Migration und Flüchtlinge (BAMF) „Muslimisches Leben in Deutschland“ (www.bamf.de).

[11] Aus dem sog. „Bosna Srebrena“, dem durch die Silberbergwerke geprägten Zentralbosnien; anders die herzegowinischen Franziskaner, die aufgrund der bosniakisch-kroatischen Auseinandersetzungen (Mostar!) den Muslimen eher distanziert gegenüberstehen.

[12] Vertrag über die Europäische Union (Vertrag von Lissabon) vom 13. Dezember 2007, Bonn 2008; in Kraft seit dem 1. Dezember 2009.

[13] Ebd., Präambel.

[14] Artikel 4 Absatz 2 Grundgesetz; Artikel 10 Absatz 1 Charta der Grundrechte der Europäischen Union.

[15] Artikel 7 Absatz 3 Satz 1 Grundgesetz.

[16] Jenseits der traditionellen Kleidung (bula) der bäuerlichen bosniakischen Bevölkerung verschleierte Frauen, gerade bei Muslimen ungern gesehen, fallen auf und stehen in deutlichem Kontrast zu vielen jungen Muslimas, die gern viel Haut zeigen.

[17] Abt im franziskanischen Ordenssystem.

[18] Siehe hierzu auch Wolf Oschlies: Bosnien und sein „Nachmittag-Islam“, in: Eurasisches Magazin 2, 2006.

[19] Ebd.

[20] Siehe „Deklaration“, Zif. II 6a, die einen informierten, intellektualisierten Islam fordert.

[21] Wissenschaftlich fundierte Zahlen des renommierten Research and Document Center Sarajevo (RDC) gehen so weit von rund 64.341 getöteten Muslimen im Bosnienkrieg (66,2 % aller Kriegsopfer) aus; siehe www.IDC.org.ba/presentation/research_results.htm (Stand: Juni 2009).

[22] Mit dem Phänomen des vom Ausland lancierten Wahabismus (geringe, wenn auch leicht gewachsene Anhängerschaft) und den Vorwürfen, terrorismusbereiten Fundamentalisten „Rückzugs- und Rekrutierungsraum“ zu gewähren, hat sich die bosnische islamische Gemeinschaft bislang souverän auseinandersetzen können. Die Aushebung wahabistischer Camps 2010 hat jedoch gezeigt, dass sie wachsam bleiben muss.

[23] Gegründet 2007; Sitz: Sarajewo.

[24] Die Scharia z. B., so Cerić, hat nach bosnischem Verständnis lediglich beratende Funktion – für ihre vormals rechtliche Aufgabe sind heute die Institutionen der Justiz zuständig. Im

bosnisch-islamischen Verständnis bleibt der Scharia jedoch eine moralisch-ethische Rolle; siehe Cerićs Interview mit Radio Free Europe vom 16. Juli 2009: Bosnia's Grand Mufti defends religious freedom (www.rferl.org).

25 Aus: Ein gemeinsames Wort zwischen Uns und Euch, Offener Brief von Islamgelehrten an Papst Benedikt XVI. und die Führer der Christenheit vom 13. Oktober 2007 (Reis Cerić ist einer der Mitautoren).

26 Theodor-Heuss-Stiftung e.V. (Hg.), „Religion und Integration in Europa", Jahresband 2007, Stuttgart 2007, S. 54 (www.theodor-heuss-stiftung.de/theodor-heuss-preis/archiv der preisverleihung/2007).

27 Siehe: Ein gemeinsames Wort zwischen Uns und Euch, wie oben Fn. 25.

28 Mustafa Cerić, The challenge of a single Muslim authority. In: European View H. 6, 2007, S. 46.

29 Siehe Wissenschaftsrat: Empfehlungen zur Weiterentwicklung von Theologien und religionsbezogenen Wissenschaften an deutschen Hochschulen, Berlin, 29. Januar 2010 (WR Drs. 9678-10), S. 37 ff. und 75 ff.

30 Siehe u.a. Friedrich-Ebert-Stiftung (Hg.), Islam in Bosnien und Deutschland, Sarajewo 2008; ferner verschiedene Beiträge zum Islam in Deutschland auf www.laleakguen.de.

31 Siehe hierzu Alen Jasarević, Anders! Das Islamische Forum in Penzberg. In: Bärbel Beinhauer-Kohler/Claus Leggewie (Hgg.), Moscheen in Deutschland. Religiöse Heimat und gesellschaftliche Herausforderung, München 2009, S. 99 ff.

Zu: Islam in Europa – Eine Annäherung

1 Zahlen hier und im Folgenden aus: Der Fischer Weltalmanach 2009, Frankfurt/M. 2008.

2 Die Formulierung geht zurück auf den Titel einer Tagung im Mai 2007 im Bildungshaus Burg Rothenfels mit Rupert Neudeck (Grünhelme e.V.).

3 So drückte es der Reisu-l-ulema Mustafa Cerić anlässlich der Verleihung des Eugen-Biser-Preises am 22.11.2008 in München aus: „It is in the city of Sarajevo that you see the striking proximity of the Gazi Husrev Beg Mosque with the Old Synagogue, the Serbian Orthodox Church and the Catholic Cathedral – lined up one by one like a rosary or a tesbih."

4 Nach einer im Juni 2009 vom Bundesinnenministerium veröffentlichten Studie des Bundesamts für Migration und Flücht-

linge leben in Deutschland derzeit zwischen 3,8 und 4,3 Mio. Muslime. 45 % von ihnen haben die deutsche Staatsbürgerschaft. Fast zwei Drittel (63,2 %) stammen ursprünglich aus der Türkei, die zweitgrößte Gruppe mit 13,6 % aus „Südosteuropa“ (d. h. vor allem Bosnien und übriges Ex-Jugoslawien sowie Albanien). Drei Viertel sind Sunniten, 7 % Schiiten, 13 % Aleviten. Quelle: Muslimisches Leben in Deutschland. Im Auftrag der Deutschen Islamkonferenz, Forschungsbericht 6, BAMF 2009 (Download über www.bamf.de).

Zu: Muslime in Österreich

1 Strobel, Anna, Einzigartiger rechtlicher Status. Muslime in Österreich, in: Herder-Korrespondenz 60 (2006), 200–204.

2 Derzeit ist eine Überarbeitung der Verfassung der IGGiÖ in Vorbereitung, sodass sich Änderungen ergeben können.

3 http://www.derislam.at/haber.php?sid=157&mode=flat&order=1 (13.02.2009).

Zu: Bosnischer Islam für Europa?
Geschichte, Organisation, Sozialethik

1 Es handelt sich um eine überarbeitete und erweiterte Fassung meines Beitrags: Brücke zur islamischen Welt. Was die bosnischen Muslime modellhaft macht, in: Herder-Korrespondenz 62, 2008, S. 98–103. Der Obertitel ist an den Titel Smail Balić, Islam für Europa. Neue Perspektiven einer alten Religion, Köln 2001, angelehnt. Ich widme diesen Beitrag Dr. Ferid Kugić, dem Vorsitzenden der Islamischen Gemeinschaft Stuttgart, der mir die Augen für den bosnischen Islam geöffnet und zahlreiche Kontakte vermittelt hat.

2 Smail Balić, Das unbekannte Bosnien. Europas Brücke zur islamischen Welt, Köln 1992. Zu Balić vgl. auch Richard Potz/Nedžad Grabus/Bernhard Stillfried, Smail Balić. Vordenker eines europäischen Islam/Misilac evropskog islame, Wien 2008.

3 Vgl. beispielsweise Urs Altermatt/Mariano Delgado/Guido Vergauwen (Hgg.), Der Islam in Europa. Zwischen Weltpolitik und Alltag, Stuttgart 2006; Felice Dassetto, La construction de l’Islam européen. Approche socio-anthropologique, Paris 1996. Positiv hervorzuheben ist dagegen Aziz al-Azmeh/

Effie Fokas (Hgg.), Islam in Europe. Diversity, Identity, and Influence, Cambridge 2007, mit einem Beitrag von Xavier Bougarel, Bosnian Islam as „European Islam“: Limits and Shifts of a Concept (S. 96–124).

4 Vgl. Armina Omerika, The Role of Islam in the Academic Discourses on the National Identity of Muslims in Bosnia and Herzegovina (1945–1980), in: Islam and Muslim Societies. A Social Science Journal 2, 2006, S. 351–376.

5 Vgl. Constitution of the Islamic Community in Bosnia and Hercegovina, Sarajevo 1997, Artikel 4. Einen wichtigen Beitrag zur Aufarbeitung dieser Traditionen leistet die Zeitschrift Bosnian Studies – Journal for Research of Bosnian Thought and Culture 1, 2007 und 2, 2008 (vgl. dazu www.preporod.ba).

6 Im vorliegenden Beitrag wird eine vereinfachte Umschrift arabischer Wörter verwendet.

7 Vgl. Fikret Karčić, The Bosniaks and the Challenges of Modernity. Late Ottoman and Habsburg Times, Sarajewo 1999, S. 35–71.

8 Vgl. dazu ebd., S. 75–154; Mark Pinson (Hg.), The Muslims of Bosnia-Herzegovina: Their Historic Development from the Middle Ages to the Dissolution of Yugoslavia, Cambridge 1994; Valeria Heuberger, Die Habsburgermonarchie und der Islam in Bosnien-Herzegowina, in: Österreichisches Archiv für Recht und Religion 50, 2003, S. 213–233; Srećko M. Džaja, Bosnien in der österreichisch-ungarischen Epoche. Die Intelligenzia zwischen Tradition und Ideologie, München 1994.

9 Der Text findet sich bei Johann Bair, Das Islamgesetz. An der Schnittstelle zwischen österreichischer Rechtsgeschichte und österreichischem Staatsrecht, Wien 2002, S. 109f.

10 Vgl. den Bookshop des Verlags unter www.elkalem.ba/shop/index.php.

11 Vgl. Ludwig Steindorff, Religion und Nationwerdung in Bosnien-Herzegowina. Das Beispiel der Bosniaken (Muslime), Kroaten und Serben in Bosnien-Herzegowina, in: Südosteuropa-Mitteilungen 47, 2007, S. 102–113.

12 Vgl. ’Alija ’Ali Izetbegovic, Islam Between East and West, Washington 1984. Für Izetbegovic sind panislamische Ideen entscheidend. Die spezifische bosnische Islamtradition spielt bei ihm keine Rolle.

13 Vgl. Štěpán Macháček, „European Islam“ and Islamic Education in Bosnia-Herzegovina, in: Südost-Europa 55, 2007, S. 395–428, 407–419.

[14] Vgl. dazu Stefan Kube, Nation und Religion. Wohin entwickelt sich der Islam in Bosnien-Herzegowina?, in: Herder-Korrespondenz 56, 2002, 295–300; Joachim Kinzler, Schwieriges Zusammenleben. Bosnien-Herzegowina zehn Jahre nach Kriegsende, in: Herder-Korrespondenz 59, 2005, S. 423–428.

[15] Vgl. Constitution (s. Anm. 5).

[16] Vgl. Gesetz über die Glaubensfreiheit und die Rechtsstellung der Kirchen und Religionsgemeinschaften in Bosnien und der Herzegowina, in: Österreichisches Archiv für Recht und Religion 53, 2006, S. 353–363.

[17] Vgl. Fikret Karčić, Administration of Islamic Affairs in Bosnia and Herzegovina, in: Islamic Studies 38, 1999, S. 535–561, 554.

[18] Vgl. www.fin.ba/ sowie Fikret Karčić, Doing Islamic Theology in Europe. A Unique Experience of the Faculty of Islamic Studies in Sarajevo, in: Studies in Interreligious Dialogue 18, 2008, S. 105–111; ders., Islamic Revival in the Balkans, 1970–1992, in: Islamic Studies 36, 1997, S. 565–581, 571. Texte und Biografien von wichtigen Akteuren des bosnischen Islams finden sich unter www.bosanskialim.ba; Stefan Schreiner, Islamische Theologie im europäischen Kontext. Die islamisch-theologische Fakultät in Sarajevo und ihr Curriculum, in: Wolfram Weiße (Hg.), Theologie im Plural. Eine akademische Herausforderung, Münster 2009, S. 41–48 (sowie S. 154–168 zu den Studienplänen).

[19] Vgl. Macháček, „European Islam“ (s. Anm. 13), S. 420–427.

[20] Der Terminus „Sozialethik“ wird von den hier behandelten Autoren nicht verwendet. Es handelt sich somit um eine aus einer Außenperspektive vorgenommene Bündelung verschiedener Fragen, die im Rahmen historischer, rechtshermeneutischer, ethischer und systematisch-theologischer Zusammenhänge behandelt werden. Da es hier wesentlich um die Frage geht, welche Rolle der bosnische Islam für die gesellschaftliche Integration des Islams in Europa spielen kann, liegt diese Bündelung nahe und stellt zugleich ein Gegenüber zur christlichen Sozialethik her, die hier m. E. vor allem als dialogisches Gegenüber gefragt ist. Ein solcher Dialog hat stets mitzubedenken, dass Begrifflichkeiten und auch Disziplingrenzen in der Regel nie kongruent sind.

[21] Vgl. dazu Enes Karić, Islamische Reform-Bewegungen bei den Bosniaken, in: Friedrich-Ebert-Stiftung (Hg.), Islam in Bosnien und Herzegowina und Deutschland, Sarajewo 2008, S. 123–204.

[22] Husein Djozo, Islam u vremenu (Izabrana djela Bd. 1), Sarajewo 2006, S. 358 (Übersetzung von Senad Kusur, Sarajewo). Vgl. auch Ibrahim Džafić, Der Korankommentar von Husein Djozo (1912–1982), Marburg 2008.

[23] Adnan Silajdžić, Muslims in Search of an Identity, Sarajevo 2007, S. 70. Vgl. auch ders., Muslim Perceptions of other Religions. Experience of Bosnia and Herzegovina, Sarajewo 2006.

[24] Dževad Hodžić, Verantwortung in der Biotechnologie und das islamische Gemeinwohlprinzip (maslaha), in: Hansjörg Schmid/Andreas Renz/Abdullah Takm/Bülent Ucar (Hgg.), Verantwortung für das Leben. Ethik in Christentum und Islam, Regensburg 2009, S. 203–210 (vgl. auch die Würdigung dieses Ansatzes durch Thomas Eich, in: ebd., S. 211 f.).

[25] Enes Karić, Essays [on Behalf] of Bosnia, Sarajewo 1999, S. 211. Zu Karić vgl. auch Xavier Bougarel, Trois définitions de l'Islam en Bosnie-Herzégovine, in: Archives de Sciences Sociales des Religions 115, 2001, S. 183–201; Hansjörg Schmid, Muslime in Europa zwischen Globalisierung und Lokalisierung: Gesellschaftspolitische und theologische Perspektiven im Anschluss an Enes Karić und Tariq Ramadan, in: CIBEDO-Beiträge 4, 2007, S. 8–16.

[26] Vgl. Fikret Karčić, Applying the Shari'ah in Modern Societies: Main Development and Issues, in: Islamic Studies 40, 2001, S. 207–226; ders., From Law to Ethics. The Process of Modernization and Reinterpretating the Sharia in Bosnia, in: www.akademie-rs.de/fileadmin/user_upload/pdf_archive/schmid/Bosnischer_Islam _fuer_Europa/Vortrag_Karcic.pdf.

[27] Nedžad Grabus, Die europäische Erfahrung des Islam in Bosnien-Herzegowina, in: Ost-West. Europäische Perspektiven 5, 2004, S. 51–57, 55. Ähnlich auch Dževad Hodžić, Muslimische Auffassungen der Geschichte des Islam und die Erfahrung des Leids, in: Hansjörg Schmid/Andreas Renz/Jutta Sperber/Abdullah Takm (Hgg.), Prüfung oder Preis der Freiheit? Leid und Leidbewältigung in Christentum und Islam, Regensburg 2008, S. 112–118.

[28] Vgl. die deutsche Übersetzung des Textes im vorliegenden Band. Die Originalfassung sowie mehrere Übersetzungen finden sich unter www.rijaset.ba/index.php?option=com_-content&task=view&id=45.

[29] Darauf bezieht sich Cerić im Vorspann seiner Erklärung, der im vorliegenden Band nicht aufgenommen wurde. Auf der offiziellen Website (s. Anm. 28) findet sich der Vorspann nur

in der bosnischen und arabischen Textfassung (überprüft am 22.10.2008): „Evropa nije ni daru-l-islam (dom islama), ali nije niti daru-l-harb (dom rata). Evropa je daru-l-sulh – dom dogovora ili ugovora. Evropa nije dom islama, jer muslimani ne sac/injavaju većinu Evropskog stanovnitva, pa zbog toga nije moguća primjena muslimanskog prava u potpunosti. Ali Evropa nije ni dom rata, jer se neki pogledi muslimanskog prava mogu primijeniti. Prema tome, Evropa je dom dogovora, jer je u njoj moguće živjeti u skladu sa islamom u kontekstu drutvenog dogovora (The Social Contract)." („Europa ist weder *dar ul-Islam*, das Haus des Islams, noch *dar ul-harb*, das Haus des Krieges. Europa ist *dar us-sulh* – das Haus des Vertrages oder der Absprache. Europa ist nicht Haus des Islams, weil die Muslime nicht die Mehrheit der europäischen Bevölkerung darstellen und daher die Anwendung des islamischen Rechts nicht vollständig möglich ist. Allerdings ist Europa nicht Haus des Krieges, weil einige Aspekte des islamischen Rechts angewendet werden können. Demzufolge ist Europa Haus des Vertrages, weil es hier möglich ist, im Rahmen des Gesellschaftsvertrags im Einklang mit dem Islam zu leben.") Der Gesamttext in englischer Sprache findet sich unter www.livingincommunity.org/Declaration%20of%20European%20Muslims_Ceric.pdf.

30 Vgl. dazu Majjid Khadduri, War and Peace in the Law of Islam, Clark 2006, 144f. Das Konzept wird vor allem in der schafiitischen Rechtsschule vertreten. Die hanafitische Schule rechnet dagegen solche Staaten oder Gebiete dem *dar ul-Islam* zu.

31 Damit steht er im Kontext anderer zeitgenössischer muslimischer Denker wie Yusuf al-Qaradawi. Vgl. dazu den Hinweis bei Dilwar Hussain, Faith and Social Capital, in: Nick Johnson (Hg.), Citizenship, Cohesion and Solidarity, London 2008, S. 52–60, 58.

32 Vgl. die deutsche Ausgabe John Rawls, Eine Theorie der Gerechtigkeit, Frankfurt 1979, S. 28: „Es sind diejenigen Grundsätze, die freie und vernünftige Menschen in ihrem eigenen Interesse in einer anfänglichen Situation der Gleichheit zur Bestimmung der Grundverhältnisse ihrer Verbindung annehmen würden."

33 Ebd., S. 33.

34 Vgl. auch Jean-Jacques Rousseau, Der Gesellschaftsvertrag oder die Grundzüge des Staatsrechts (1758), Stuttgart 2003. Hier dient der auf der volonté générale beruhende Gesell-

schaftsvertrag der Konstitution des Staates aus Individuen. Dabei spielt die religiöse Zugehörigkeit keine Rolle (I/6), zumal Rousseau insgesamt eine stark religionskritische Position einnimmt (IV/9).

35 Dietrich F. R. Pohl, Islam und Friedensvölkerrechtsordnung. Die dogmatischen Grundlagen der Teilnahme eines islamischen Staates am modernen Völkerrechtssystem am Beispiel Ägyptens, Wien/New York 1988, S. 74. Vgl. auch Tariq Ramadan, Western Muslims and the Future of Islam, Oxford/New York 2004, S. 66: „the addition of the third concept [...] is not enough to extract us from this binary view of the world." Kritisch zu diesem Aspekt bei Cerić auch Nina Wiedl, Da'wa – Der Ruf zum Islam in Europa, Berlin 2008, S. 42f.

36 Vgl. dazu Fikret Karčić, The Issue of Citizenship in Contemporary Islamic Legal Thought, in: Giovanni Filoremo (Hg.), Teologie politiche. Modelli e confronto, Brescia 2005, S. 275–287.

37 Vgl. auch Mustafa Cerić, The Challenge of a Single Muslim Authority in Europe, in: European View 6, 2008, S. 41–48, 42–44 (http://springerlink.com/content/40280g3825750494/fulltext.pdf). Dieser Text greift Aussagen aus der „Erklärung europäischer Muslime" auf und kommentiert sie.

38 Ein Großteil der weiteren Ausführungen hat stark individualethischen Charakter, wenn Tugenden wie Lernbereitschaft, Respekt vor den Eltern, Frömmigkeit und Aufrichtigkeit propagiert werden (II.6.). Damit steht Cerić in der Tradition islamischer Ethik, die über weite Strecken nicht Sozialethik, sondern Tugendethik ist.

39 Vgl. Cerić, Challenge (s. Anm. 37), S. 45. Dort bezeichnet er den Gesellschaftsvertrag auch als „a genuine part of Islamic doctrine and history". Folgender Satz belegt, dass es Cerić um eine Veränderung des bestehenden Konzepts von einem Gesellschaftsvertrag geht: „Our difficulty lies, however, in the lack of a genuine concept of the social contract that could be applied in the context of a European environment and that would guarantee the status of Islam as a way of life and of Muslims as citizens of Europe" (S. 46).

40 Vgl. auch die kritische Analyse des Dokuments von Christian Moe, A Sultan in Brussels? European Hopes and Fears of Bosnian Muslims, in: Südost Europa 55, 2007, S. 374–394, 376–382.

41 Enes Karić, Essays on our European Never-Never Land, Sarajewo 2004, S. 28.

[42] Vgl. Silajdžić, Muslims (s. Anm. 23), S. 77, 81, 96–99. Silajdžić spricht auch von einem „Euro-Christian model of culture".

[43] Vgl. Jörg Lau, Der islamische Reformator, in: Die Zeit Nr. 49, 30.11.2006 (www.zeit.de/2006/49/Mustafa-Ceric).

[44] Vgl. Xavier Bougarel, Fin de l'hégémonie du S.D.A. et ancrage institutionel du néo-salafisme, in: Politorbis 43/2, 2007, S. 39–64, 53, 55 f.

[45] Vgl. das Themenheft der Zeitschrift Balkanologie – Revue d'études pluridisciplinaires 9, 2005, S. 59–211; Samuel M. Behloul, From „Problematic" Foreigners to „Unproblematic" Muslims. Bosniaks in the Swiss Islam-Discourse, in: The Refugee Survey Quarterly 26, 2007, S. 22–36; Hansjörg Schmid/Ayşe Amıla Akca/Klaus Barwig, Gesellschaft gemeinsam gestalten. Islamische Vereinigungen als Partner in Baden-Württemberg, Baden-Baden 2008, 28, S. 109–114, 159–161, 273 f. In der neuesten Gesamtdarstellung zum Islam in Deutschland (Ina Wunn, Muslimische Gruppierungen in Deutschland. Ein Handbuch, Stuttgart 2007) wird den bosnischen Muslimen gegen Ende zwar ein eigenes Unterkapitel gewidmet (S. 196–202), dies jedoch in der etwas seltsam anmutenden Verbindung mit dem Islam aus Mali unter der Überschrift „Der traditionell liberale Islam aus Bosnien und Mali".

[46] Vgl. die Zusammenstellung unter www.bihor-petnica.com/Islam-Mudize.htm.

[47] Vgl. www.izb-dachverband.com/cms/.

[48] Vgl. www.igbd.eu.

[49] Vgl. Islamische Gemeinschaft e. V. (Hg.), Kamp-Lintfort 1983–2003. Monografija džemata, Kamp-Lintfort 2003.

[50] Thomas Bremer, Kleine Geschichte der Religionen in Jugoslawien, Königreich – Kommunismus – Krieg, Freiburg 2003, S. 63.

[51] Karić, Reform-Bewegungen (s. Anm. 21), S. 136.

[52] Vgl. auch Michael Weninger, Europa ohne Gott? Die Europäische Union und der Dialog mit den Religionen, Kirchen und Weltanschauungsgemeinschaften, Baden-Baden 2006, S. 256; Michael Daxner, Islam auf dem Balkan. Realitäten, Ängste und Projektionen, Wien 2007, S. 13, 45.

[53] Vgl. Christian Moe, „Is Multi-Cultural Man Circumcised?" Bosnian Muslim and European Identity Discourses, in: Monika Wohlrab-Sahr/Levent Tezcan (Hgg.), Konfliktfeld Islam in Europa, Baden-Baden 2007, S. 261–281.

[54] Zu Lernmöglichkeiten in Bezug auf westeuropäische Kontexte vgl. Hansjörg Schmid, „Es gibt keine Alternative ...“ Interreligiöser Dialog und interreligiöses Zusammenleben in Deutschland, in: Friedrich-Ebert-Stiftung, Islam (s. Anm. 21), S. 223–245, 243 f.

Zu: Husein Djozo (1912–1982)
Islamischer Reformer in Bosnien-Herzegowina

[1] In bosnischer Schreibweise auch: Husejn Đozo; sprich (annähernd): Dschoso. – Die jüngste deutschsprachige Publikation zu Djozo ist Ibrahim Džafić, Der Korankommentar von Husein Djozo (1912–1982). Moderne Koraninterpretation in Bosnien, Marburg 2008.

[2] Siehe Adnan Slajdžić, Menschlicher Mut und islamische Verantwortung des Hadži Husein efendi Đozo, in: Sammlung der Arbeiten der Islamwissenschaftlichen Fakultät in Sarajewo, 11/2006, Sarajewo 2006, S. 125–139, bes. S. 129.

[3] Vgl. Hilmo Neimarlija, Sinn einer glaubwürdigen islamischen Praxis, in: Sammlung der Arbeiten der Islamwissenschaftlichen Fakultät in Sarajewo, 11/2006, Sarajewo 2006, S. 141–142.

[4] Husein Djozo, Ausgewählte Werke, I–V, IC El-Kalem und die Islamwissenschaftliche Fakultät in Sarajewo, Sarajewo 2006 (bosnisch; im Folgenden: Djozo, ID).

[5] Zu den Quellen von Husein Effendi Djozo siehe: Enes Karić, Husein Djozo und der islamische Modernismus, (Vorwort) in: Djozo, ID, I, S. 5–43, bes. S. 11–38.

[6] Djozo, ID, III, S. 592.

[7] Djozo, ID, I, S. 332.

[8] Djozo, ID, I, S. 186.

[9] Djozo, ID, I, S. 53.

[10] Rešid Hafizović, Theologisches Aggiornamento im Werk von Husein Đozo, in: Sammlung der Arbeiten der Islamwissenschaftlichen Fakultät in Sarajewo, 11/2006, Sarajewo 2006, S. 115–124, bes. 115–116.

[11] Vgl. Djozo, Das Problem der religiösen Erneuerung, in: ID, I, S. 72–78; ders., Der Sinn der Erneuerung des islamischen Denkens, in: ID, I, S. 247–255, 670–675.

[12] Djozo, Die Geschichte des Korans, in: ID, II, S. 387.

[13] Djozo, ID, I, S. 697.

[14] Rešid Hafizović, a. a. O., S. 116–117.

[15] Djozo, ID, I, S. 608–609.
[16] Djozo, Vernunft und Herz im Koran, in: ID, I, S. 562–570.
[17] Djozo, Der Mensch und seine Freiheit, in: ID, I, S. 684–693.
[18] Djozo, Der Mensch – die Mission und der Kern seines Wesens, in: ID, I, S. 617–627.
[19] Djozo, Dialog, in: ID, I, S. 663–670.
[20] Djozo, Die Frage der Moral und der Lage des Menschen, in: ID, I, S. 676–684.
[21] Djozo, Einführung in das Gute und Wegführung vom Schlechten, in: ID, I, S. 161–197.
[22] Neimarlija, a. a. O., S. 144.

Zu: Stellungnahme aus katholischer Perspektive

[1] Im Internet: www.freunde-abrahams.de – Als Informationsblatt erscheint „Abrahams Post", die auch über das Internet zugänglich ist, als wissenschaftliches Organ „Blätter Abrahams. Beiträge zum interreligiösen Dialog", hgg. von Manfred Görg und Stefan Jakob Wimmer.
[2] Erwähnt sei hier auch die „Christlich-Islamische Begegnungs- und Dokumentationsstelle" (CIBEDO) in Frankfurt, die als offizielle Einrichtung der Deutschen Bischofskonferenz für alle Fragen des christlich-islamischen Gesprächs tätig ist. Einen guten Überblick über den Stand des christlich-islamischen Gesprächs gerade in Deutschland geben auch die (katholische) „Zeitschrift für Missions- und Religionswissenschaft" (ZMR), deren Heft 3/4 des 91. Jahrgangs 2007 diesem Thema gewidmet ist, sowie die (evangelische) „Zeitschrift für Mission" (ZfM) mit ihrem Themenheft „Feindbild Islam – Feindbild Christentum" (Heft 3–4 des 33. Jahrganges 2007).
[3] Eine knappe Zusammenfassung der christlich-muslimischen Geschichte findet sich in dem Buch von Thomas Lemmen, Muslime in Deutschland. Eine Herausforderung für Kirche und Gesellschaft, Baden-Baden 2001, S. 193–210, in welcher v. a. die islamische Herausforderung für die katholische Theologie thematisiert wird.
[4] Zum Verhältnis von Christentum und Islam sei hier aus der Menge der erschienenen Literatur vor allem verwiesen auf Hans Zirker, Christentum und Islam, Düsseldorf 1989; ders., Islam. Theologische und gesellschaftliche Herausforderungen, Düsseldorf 1993. – Zirker versucht v. a. eine theologische Bewertung des Islams und ist der Meinung, dass das Chris-

tentum in seiner Verkündigung durch den Islam nicht eigentlich berührt werde. (Die Erfahrung der Konkurrenz sei allenfalls ein beiläufiges Moment der späteren Kirchengeschichte.) Für den Islam sei schon von seinem Verständnis der Offenbarungsgeschichte her das Christentum ein fundamentales Moment. Viele Autoren sehen es jedoch eher umgekehrt. Dass das Christentum von seinem Verständnis als abschließende Offenbarung Gottes in Jesus Christus her große Probleme hatte und hat, mit dem Islam zurechtzukommen. So wird der Prophet Mohammed schon sehr bald als Lügenprophet und Antichrist abqualifiziert und eine theologische Wertung des Korans ist zumindest in kirchenamtlichen Stellungnahmen bis heute unterblieben. Übrigens hat der Islam in etwa dieselben Probleme mit dem Anspruch von Offenbarungen, die nach Mohammed aufgetreten sind, am deutlichsten im Falle der Baha'i, deren Gründer Baha'u'llah – aus dem schiitischen Islam kommend – im 19. Jahrhundert den Anspruch erhebt, Gottes Offenbarer für unsere Zeit zu sein.

5 Vgl. Thomas von Aquin, Summa contra gentiles I, 2 = Opera omnia 12, hrsg. von Stanislaus Eduard Frette, Paris 1874, S. 3ff.

6 Hier sei v.a. auf Nikolaus von Kues und seine Schrift „Vom Frieden zwischen den Religionen“ verwiesen, 1453 als Reaktion auf die Eroberung Konstantinopels durch die Osmanen verfasst und 2002 in neuer Übersetzung durch Klaus Berger und Christiane Nord wieder neu aufgelegt. – Bereits aus früherer Zeit wären auch zu erwähnen Petrus Venerabilis, der die erste lateinische Übersetzung des Korans erarbeitet hat, Raimundus Lullus und schließlich auch der hl. Franz von Assisi, der inmitten der militärischen Auseinandersetzungen seiner Tage eine argumentative Auseinandersetzung mit den Muslimen suchte.

7 Papst Johannes XXIII. war einige Zeit apostolischer Delegat in der Türkei gewesen und seitdem besonders am Gespräch mit dem Islam interessiert. Er trieb auch ganz persönlich die Ausarbeitung des Dokumentes „Nostra Aetate“ auf dem Konzil voran.

8 Zur Vor- und Entstehungsgeschichte der jeweiligen Dokumente vgl. Lemmen, a.a.O., S. 197ff.

9 Zitiert nach „Kleines Konzilskompendium“, hrsg. von Karl Rahner und Herbert Vorgrimler, Freiburg 1966 u.ö., S. 357.

10 Ebd., S. 141. – Es ist aber nicht unbemerkt geblieben, dass die Konzilsväter ebenso wie spätere Dokumente und Verlaut-

barungen des Vatikans bei aller erklärten Wertschätzung des Islams einige „brisante" Fragen stets ausgeklammert haben: So die Frage nach dem Anspruch Mohammeds, ein Prophet Gottes zu sein, oder die Bewertung des Korans als Schrift gewordenes Gotteswort. Auch vom „Islam" wird in der Regel nicht gesprochen, da dieser Begriff untrennbar mit dem Anspruch der „Umma" als umfassender, von Gott gewünschter Gemeinschaft verbunden ist. Vgl. Lemmen, a. a. O., S. 204–207.

11 Hierfür ist natürlich in bleibender Erinnerung das Gebetstreffen von Vertretern verschiedener Religionen in Assisi am 27.10.1986, das begeisterte Zustimmung gefunden, bei traditionalistischen Katholiken aber auch ebenso vehemente Ablehnung erfahren hat.

12 Zum ff. vgl. v. a. Matthias Kopp, Dialog und Religionsfreiheit. Johannes Paul II. und der Islam, in: Herder-Korrespondenz 55. Jg. 2001, S. 551–555.

13 Die Ansprachen Johannes Pauls II. während seiner sämtlichen Reisen sind nach wie vor über die Internetseiten des Vatikans abrufbar (häufig in mehreren Sprachen): www.vatican.va/holy_father/john_paul_ii/travels/index_ge.htm.

14 „Address of His Holiness John Paul II to young Muslims" in Casablanca, Marokko, am 19. August 1985. Abrufbar a. a. O.

15 Vgl. Ansprache von Johannes Paul II. anlässlich seines Treffens mit der moslemischen Gemeinschaft beim Besuch der Omaijaden-Moschee in Damaskus am 6. Mai 2001. Abrufbar: www.vatican.va

16 Nicht verwunderlich, dass diese Regensburger Universitätsrede inzwischen selbst eine Fülle kommentierender und weiterführender Literatur hervorgebracht hat: Z. B. Claude Ozankom, Einander in der Wahrheit begegnen. Die Regensburger Vorlesung Papst Benedikts XVI. und der interreligiöse Dialog, Regensburg 2007; Knut Wenzel (Hg.), Die Religionen und die Vernunft. Die Debatte um die Regensburger Vorlesung des Papstes, Freiburg 2007. Die Rede selbst wurde – neben den offiziellen vatikanischen Dokumentationen – noch einmal im Herder-Verlag herausgegeben unter dem Titel „Benedikt XVI.: Glaube und Vernunft. Die Regensburger Vorlesung, kommentiert von Gesine Schwan, Adel Theodor Khoury, Karl Kardinal Lehmann", Freiburg 2006.

17 Einen ersten größeren zusammenfassenden und wertenden Bericht bietet Christian Troll, Neubeginn im Dialog. Die erste Konferenz des Katholisch-Muslimischen Forums, in: Her-

der-Korrespondenz 62, 12/2008, S. 605–610. – Dieses Forum ist auch eine Folge des Schreibens von 138 muslimischen Theologen und Geistlichen an Papst Benedikt und weitere kirchliche Würdenträger (der berühmte „Brief der 138“ vom 13.10.2007).

18 „Discorso di Giovanni Paolo II ai capi religiosi musulmani“ – Ansprache Johannes Pauls II. anlässlich seiner Begegnung mit moslemischen religiösen Führern in der Handelskammer von Dakar, Senegal, am 22. Februar 1992. Abrufbar www.vatican.-va – Der Papst betonte in dieser Ansprache, es sei natürlich, dass sich die an einen Gott Glaubenden brüderlich begegneten. Er verwies dabei ausdrücklich auf die „abrahamitische Tradition“ beider Glaubensgemeinschaften und rief auch noch einmal seine Ansprache in Casablanca in Erinnerung.

19 Diese „Leitlinien für multireligiöse Feiern von Christen, Juden und Muslimen. Eine Handreichung der deutschen Bischöfe“ wurden am 25. Januar 2003 als „Arbeitshilfen“ Nr. 170 veröffentlicht, am 24. Juni 2008 in einer überarbeiteten und aktualisierten Auflage. Ergänzend dazu sind die „Arbeitshilfen“ Nr. 172 zu sehen, „Christen und Muslime in Deutschland“ vom 23. September 2003, in denen ausführlich auf Gemeinsames und Trennendes zwischen Muslimen und Christen eingegangen und die Präsenz der Muslime in unserer Gesellschaft bedacht wird. Dort wurden zahlreiche Einzelfragen in Stichpunkten wie „Altersheim“ oder „Schächten“ behandelt.

20 Karl Kardinal Lehmann: Das Christentum – eine Religion unter anderen? Zum interreligiösen Dialog aus katholischer Perspektive, Bonn 2002 (= Eröffnungsreferat zur Herbstvollversammlung der DBK in Fulda am 23.9.2002).

21 Hinreichende Belege dafür lassen sich finden bei Wolfgang Beinert (Hg.), Katholischer Fundamentalismus. Häretische Gruppen in der Kirche?, Regensburg 1991. Der Band enthält einen umfangreichen Dokumentationsteil (S. 90–110), in welchem Stimmen unterschiedlichster traditionalistischer Gruppen auch zum Thema Religionsfreiheit und Toleranz zu Wort kommen.

22 Dem Verf. lag die durch Stefan J. Wimmer in Kooperation mit der Islamischen Gemeinde Penzberg erarbeitete Übersetzung aus dem Englischen vor, die in diesem Band abgedruckt wird.

23 Natürlich kann man hinter der Forderung nach eigenständiger Regelung der Personenstandsangelegenheiten auch eine

teilweise Einführung der Scharia „durch die Hintertüre" vermuten. Die Frage nach der Möglichkeit einer teilweisen Anerkennung der Scharia durch die westliche Gesetzgebung wurde zunächst in England aufgeworfen, hat aber inzwischen – wie die Vorgänge um die dann gescheiterte Berufung des Landtagsabgeordneten Dr. Georg Barfuß (FDP) zum bayerischen Integrationsbeauftragten zeigen – auch Deutschland und Bayern erreicht. Diese Frage müsste eigens diskutiert werden. Es scheint aber vom Grundsatz her wenig überzeugend, dass ein freiheitlich-demokratischer Rechtsstaat gewissermaßen „unterschiedliche Rechtsräume" in seinem Geltungsbereich tolerieren sollte oder gar könnte.

24 Bewusstsein für die Vielschichtigkeit des säkularen Umfeldes; Förderung des gegenseitigen Verständnisses, Achtung der Unterschiede, Anerkennung von Gemeinsamkeiten; Förderung der eigenen religiösen Identität; Beteiligung an der Menschenrechtsdebatte; Akzeptanz des Andersseins des Anderen; Einfügung in die komplexen Beziehungen von Religion, Kultur, Politik, Wirtschaft usw. in einer pluralen, modernen Gesellschaft; Benennung religiöser Prinzipien, moralischer und ethischer Werte und Normen, die für das Zusammenleben unabdingbar sind; Herausstellung der positiven historischen Erfahrungen und Erinnerungen (wohl: in der Beziehung zwischen Muslimen und Nichtmuslimen, LB); Gründung einer gemeinsamen Plattform für religiöse Koexistenz.

25 Z.B. Die „Allgemeine Erklärung der Menschenrechte im Islam des Islamrats für Europa" von 1981 oder die „Kairoer Erklärung der Menschenrechte im Islam" von 1990. Beide abgedruckt in Heft Nr. 180 der Texte der „Evangelischen Zentralstelle für Weltanschauungsfragen" (EZW) in Berlin, Ulrich Dehn (Hg.), Islam in Deutschland – quo vadis?, 2005, S. 85–91.

26 Auch diese Dokumente finden sich im Heft Nr. 180 der Texte der „Evangelischen Zentralstelle für Weltanschauungsfragen", S. 105–114.

27 Diese „Islamische Deklaration" war dem Verfasser nur in Auszügen zugänglich über den englischsprachigen Wikipedia-Beitrag zu Alija Izetbegovic. Vgl. http://en.wikiquote.-org/wiki/Alija_Izetbegovi%C4%87) .

28 Zur „Islamischen Deklaration" und zum bosnischen Islam allgemein einige Hinweise: Michael Daxner: Islam auf dem Balkan. Realitäten, Ängste und Projektionen, Wien 2007;

ders. (Hg.): Bilanz Balkan, München 2005; Rudolf Grulich/Adolf Hampel: Maastricht starb in Sarajevo, Gießen 1993; Agilolf Keßelring (Hg.): Bosnien-Hercegowina, Paderborn – München – Wien – Zürich 2005 (Reihe „Wegweiser zur Geschichte"); Christine von Kohl: Balkan – europäischer Kulturraum, Wien 2005; Marlene Kurz (Hg.): Islam auf dem Balkan, Wien 2005 (Heft 2/05 der „Wiener Zeitschrift zur Geschichte der Neuzeit"); Erich Rathfelder: Schnittpunkt Sarajevo. Zehn Jahre nach dem Krieg, Berlin [2]2007.

29 Dies festzuhalten ist auch insofern wichtig, als Mustafa Cerić selbst im Gefolge der Kriegsereignisse verdächtigt oder beschuldigt wurde, islamistischen Extremisten – v.a. aus arabischen Ländern kommend – mehr und mehr Spielraum zu geben. Tatsächlich hat sich aber gezeigt, dass Bosnien für Islamisten ein undankbares Feld ist. Nach Abklingen der Kämpfe sind die islamistischen „Freiwilligen" sehr schnell isoliert worden. Daxner (Islam auf dem Balkan, S. 45) kommt zum Urteil, dass der Balkan auf Grund seiner extremen Fragmentierung kein ideales „Aufmarschgebiet" für globale und großflächige Ideologien sei. Die gegensätzlichen Positionen würden sich eher entlang nationaler und weniger religiöser Spannungen definieren, zudem sei der Islam auf dem Balkan von seinen Ursprüngen an stark europäisch geprägt und orientiert.

30 Abgedruckt ebenfalls in Heft Nr. 180 der Texte der „Evangelischen Zentralstelle für Weltanschauungsfragen", S. 115–117. Quelle: www.schura-hh.de.

31 Vgl. Bassam Tibi, „Euro-Muslime" als Brücke zwischen Orient und Okzident?, in: Das Parlament Nr. 2/3, 1993.

32 Vgl. v.a. die wichtigste Veröffentlichung von Abdelwahab Meddeb: Die Krankheit des Islam, Heidelberg 2002. – In einem Interview der ZEIT (Nr. 39 vom 21.9.2006) hat Meddeb auch ausdrücklich Papst Benedikt in Zusammenhang mit der Regensburger Universitätsrede gegen muslimische Angriffe verteidigt.

33 Dass die von Muslimen vielfach beklagte Ausgrenzung aus den westlichen Gemeinschaften zu einem erheblichen Teil auch Folge einer Selbst-Gettoisierung ist, belegen Untersuchungen in Großbritannien: Während zugewanderte Inder mit hinduistischem Hintergrund versuchen, vor allem ihre Kinder in das britische Schulsystem einzugliedern, und spätestens mit der zweiten oder dritten Generation bereits eine deutliche Verbesserung ihrer sozialen Position erreicht haben,

verschlössen sich Inder muslimischer Herkunft nicht selten einer Integration bewusst und würden auch in der zweiten oder dritten Generation nicht über eine gesellschaftliche Randposition hinausgelangen.

34 Vgl. Fuad Kandil, Der Dialog zwischen den abrahamitischen Religionen. Einige Überlegungen aus der islamischen Sicht, in: Islam und der Westen 8, 1988, Heft 3.

35 Sejjed Mohammad Chatami in FAZ Nr. 224 vom 26.9.1998.

36 Paul Griffiths, Zu Dominus Jesus. Komplementarität ist vorstellbar, in: Concilium 39. Jg., Heft 4 vom Oktober 2003, S. 407–410.

37 Auch für Chatami entspricht die eine Position keineswegs einem Relativismus oder gar der Unmöglichkeit, zur absoluten Wahrheit vorzustoßen. Aber der Weg zu dieser Wahrheit führe nicht alleine über die Vernunft. Der sichere Weg führe über das Herz. Es sei derjenige Weg, der in den großen mystischen Traditionen aller Religionen immer wieder besonders hervorgehoben worden ist. Chatami, a. a. O.

38 Der in Algerien wirkende katholische Bischof Msgr. Pierre Claverie scheint hier noch einen Schritt weiterzugehen, wenn er sagt: „Ich persönlich bin überzeugt, dass die Menschheit nur als Plural existiert und dass wir dem Totalitarismus verfallen, sobald wir behaupten, die Wahrheit zu besitzen oder im Namen der Menschheit zu sprechen. Niemand besitzt die Wahrheit, jeder sucht sie." Zit. bei Ignace Berten, Pluralismus der Überzeugungen und Wahrheitssuche in der Gesellschaft, in: Concilium 39. Jg., Heft 4 vom Oktober 2003, S. 410–418, hier: S. 413. – Im Blick auf diese Aussage gewinnt der Umstand, dass Msgr. Claverie 1996 von islamistischen Terroristen ermordet wurde, noch einmal eine ganz besondere Tragik.

39 In englischer Sprache wurde die Erklärung am 7.11.08 von Radio Vatikan in dessen Online-Nachrichtendienst veröffentlicht. „Vatikan: Zufrieden über Gespräch mit Moslems", www.oecumene.radiovaticana.org/ted(Articolo.asp?c=243145. Zum Ganzen vgl. noch einmal den entsprechenden Artikel Christian Trolls „Neubeginn im Dialog" in der Herder-Korrespondenz 63, 12/2008, S. 605–610.

40 So Bundesinnenminister Schäuble in einem Vortrag über den Islam in Deutschland, den dieser auf dem Jahresempfang des Augsburger Bischofs am 28. September 2007 im Diözesanzentrum Haus St. Ulrich hielt. Bischof Dr. Walter Mixa sekundierte ihm mit der Feststellung: „Wir haben eine heilige

Pflicht zum Frieden" und ließ mit seinen eigenen Ausführungen deutlich erkennen, dass die katholische Kirche den Dialog mit den Muslimen doch anders bewerte als die evangelische Kirche, deren Landesbischof Friedrich kurz vorher gemeinsamen Gebeten und Gottesdiensten von Christen und Muslimen wegen der Unterschiede im Gottesglauben eine klare Absage erteilt hatte.

41 Es ist überhaupt die Frage, wer eigentlich hinter dieser Deklaration steht. Offensichtlich hat Mustafa Cerić die Deklaration im Alleingang ausformuliert und erst nachträglich die Zustimmung weiterer Vertreter des bosnischen Islams eingeholt. Dies ist ein nicht unwesentliches Manko der gesamten Erklärung im Blick auf ihre mögliche Breitenwirkung.

Zu: Stellungnahme aus evangelischer Perspektive

1 Leo Baeck, Das Wesen des Judentums, Frankfurt a.M. ²1922, S. 7, zitiert nach: Friedrich-Wilhelm Marquardt, Auf einem Schul-Weg – kleinere christlich-jüdische Lerneinheiten, Berlin 1999, S. 64f.

2 Ebd., S. 68f.

3 Stefan Schreiner, Das „christliche Europa" – eine Fiktion, in: Jürgen Micksch (Hg.), Vom christlichen Abendland zum abrahamischen Europa, Frankfurt a.M. 2008, S. 126.

4 Mustafa Cerić, The challenge of a single Muslim authority in Europe, in: European View, 2007, S. 43.

5 Ebd., S. 4.

6 Vgl. Mark Saperstein, Jüdische Predigten zum Buch Levitikus, in: Begegnungen – Zeitschrift für Kirche und Judentum, 2008, Nr. 4, S. 28ff.

7 Friedrich-Wilhelm Marquardt, Perspektiven der Noah-Tradition für die Weltgestaltung aus der Sicht des Christentums, in: Ulrich Dehn (Hg.), EZW-Texte 2002, Nr. 163, S. 34f.

8 Ebd., S. 40.

9 Vgl. dazu die eingehenden Erörterungen in Jochen Teuffel, Mission als NAMENSzeugnis – eine Ideologiekritik in Sachen Religion, Tübingen 2009, vor allem Kapitel 3 „Die Übersetzbarkeit der christlichen Botschaft", Kapitel 4 „Kulturelle Auswirkungen der Mission" und Kapitel 5 „Indigene Gesellschaften und die Mission".

10 Ebd., S. 54.

Zu: Islamischer Religionsunterricht als Integrationsfaktor

1 Vgl. Lehrplan Alevitischer Religionsunterricht an bayerischen Grundschulen. Klasse 1 bis 4, München (Stand 01.09.08). Ismail Kaplan, Das Alevitentum, Köln 2004.

2 ZdK (Hg.), Islamischer Religionsunterricht als Chance für Integration und Dialog (3. November 2008). www.zdk.de (Nov. 2008).

3 Ralph Kunz/Matthias Pfeiffer/Katharina Frank-Spörri/József Fuisz (Hgg.), Religion und Kultur – Ein Schulfach für alle?, Zürich 2005.

4 Vgl. Performativer Religionsunterricht (Themenheft), in: Religionsunterricht an höheren Schulen 45, 2002.

5 Herbert Stettberger, Religionsdidaktische Einordnung des canisianischen Katechismuskonzepts, in: Petrus Canisius, Der Große Katechismus, Regensburg 2003, S. 323–334; 326.

6 Herausgegeben vom Bayerischen Staatsministerium für Unterricht und Kultus, München 2005.

7 Lehrplan für die islamische Unterweisung in deutscher Sprache, München 2005, S. 2.

8 Ebd., S. 3.

9 Stephan Leimgruber, Interreligiöses Lernen, München 2007, S. 100.

10 ZdK (Hg.), Islamischer Religionsunterricht als Chance für Integration und Dialog (3. Nov. 2008, Kapitel 2.1) www.zdk.de.

Zu: Perspektiven aus Deutschland – Überlegungen zur Zukunft der Muslime in Europa

1 Ein besonders deutliches Beispiel für das Gemeinte ist der Fall der Islamischen Gemeinde Penzberg. Während deren langjähriges Wirken von allen Sektoren der Gesellschaft, den Parteien, den Kirchen und den Medien als besonders vorbildlich anerkannt wird, wird die Integrationsarbeit der Gemeinde vom Bayerischen Innenministerium verstärkt behindert. Der Gemeinde wurde die Gemeinnützigkeit aberkannt, Schulen dürfen die als progressiv und modern bekannte Moschee nicht mehr besuchen, und durch nachweislich falsche und diffamierende, aber vom Innenministerium wiederholte Extremismusvorwürfe wird zunehmend gesellschaftlicher Unfrieden in der Kleinstadt geschürt. Siehe dazu www.islam-penzberg.de.

[2] Formulierung aus der Präambel des Grundgesetzes.

[3] Darauf baut die Dialoginitiative „A Common Word Between Us and You" auf, mit der sich 138 muslimische Autoritäten und Gelehrte aus aller Welt ein Jahr nach der Vorlesung Papst Benedikts in Regenburg an den Papst und an die Christen in aller Welt wandten. Stellvertretend für die Initiatoren wurde der bosnische Großmufti Dr. Mustafa Cerić dafür 2008 in München mit dem Eugen-Biser-Preis ausgezeichnet.

[4] Julius Wellhausen, Skizzen und Vorarbeiten. Viertes Heft: Muhammads Gemeindeordnung von Medina, Berlin 1889.

Literaturverzeichnis

Zu: Muslime in Österreich

BASTEL, Heribert u.a. (Hgg.), Das Gemeinsame entdecken – Das Unterscheidende anerkennen. Projekt eines konfessionell-kooperativen Religionsunterrichts. Einblicke – Hintergründe – Ansätze – Forschungsergebnisse, Wien 2006.

DÖRLER, Elisabeth, Verständigung leben und lernen am Beispiel von türkischen Muslimen und Vorarlberger Christen, Feldkirch 2003.

JÄGGLE, Martin, Gemeinsames entdecken, Unterschiede erkennen, Wien 2006.

ders., Ich bin Jude, Moslem, Christ, Wien 1998.

KALB, Herbert/POTZ, Richard/SCHINKELE, Brigitte, Religionsrecht, Wien 2003, 623–641.

KHORCHIDE, Mouhanad, Der Islamische Religionsunterricht zwischen Integration und Parallelgesellschaft. Einstellungen der islamischen ReligionslehrerInnen an öffentlichen Schulen, VS Verlag für Sozialwissenschaften, Wien 2007.

STROBEL, Anna, Einzigartiger rechtlicher Status. Die Muslime in Österreich, in: Herder-Korrespondenz 60 (2006), 200–204.

dies., Islam in Österreich. Eine religionspädagogische Untersuchung, Frankfurt 1997.

Die Verfassung der IGGiÖ gem. IslamG 1912 RGBl 1912/159 idF BGBl 1988/164 und 466 ist abgedruckt in: Österreichisches Archiv für Recht und Religion 46 (1999), 453–467.

Internetadressen

http://www.kurier.at/nachrichten/290206.php

http://oe1.orf.at/inforadio/101669.html

http://www.derislam.athaber.php?sid=157&mode=flat&order=1

http://www.kurier.at/nachrichten/290206php (13.02.2009) Quelle: Falter 5/09

http://www.derislam.at/haber.php?sid=157&mode=flat&order=1 (13.02.2009)

http://www.mjoe.at

Zu: Islamischer Religionsunterricht als Integrationsfaktor

BLASBERG-KUHNKE, Martina, Islamischer Religionsunterricht im Spiegel der ersten Religionsbücher, in: KatBl 135 (2010) 142–147.

BEHR, Harry Harun/ROHE, Matthias/SCHMID, Hansjörg (Hg.): „Den Koran zu lesen genügt nicht!" Fachliches Profil und realer Kontext für ein neues Berufsfeld. Auf dem Weg zum Islamischen Religionsunterricht, Münster/Berlin 2008.

BEYER, Ina, „Cocugumuz Bize Bir Armagan" – „Unser Kind ist ein Geschenk". Türkische Familien mit einem geistig behinderten Kind in Deutschland, Marburg 2003.

KADDOR, Lamya (Hg.): Islamische Erziehungs- und Bildungslehre, Berlin/Münster 2008.

KULD, Lothar/SCHMID, Bruno (Hg.): Islamischer Religionsunterricht in Baden-Württemberg. Zur Differenzierung des Lernfeldes Religion, Berlin/Münster 2009.

LEIMGRUBER, Stephan, Neue Wege interreligiösen Lernens, in: Lothar Kuld/Bruno Schmid (Hg.): Islamischer Religionsunterricht in Baden-Württemberg. Zur Differenzierung des Lernfeldes Religion, Berlin/Münster 2009, 71–86.

ders., Das wissenschaftliche Selbstverständnis der Religionspädagogik, in: Mizrap Polat/Cemal Tosun (Hg.): Islamische Theologie und Religionspädagogik. Islamische Bildung und Erziehung zur Entfaltung des Selbst, Frankfurt/M./Wien 2010, 107–118.

MEYER, Karlo, Lea fragt Kazim nach Gott. Christlich-muslimische Begegnungen in den Klassen 2–6. Göttingen 2006.

POLAT, Mizrap/TOSUN, Cemal (Hg.): Islamische Theologie und Religionspädagogik. Islamische Bildung und Erziehung zur Entfaltung des Selbst, Frankfurt/M./Wien 2010.

SCHMID, Hansjörg, Wie der islamische Religionsunterricht die Gesellschaft verändert, in KatBl 135 (2010) 136–141.

SCHWEITZER, Friedruck/BIESINGER, Albert/EDELBROCK, Anke (Hg.): Mein Gott – Dein Gott. Interkulturelle und interreligiöse Bildung in Kindertagesstätten, Weinheim/Basel 2008.

Glossar

Ahlu-l kitâb – arab., wörtl.: Die „Völker (oder: Leute) der Schrift (oder: des Buches)". Der Koran bezeichnet damit Gläubige, die sich an Heiligen Schriften orientieren, die schon vor dem Koran offenbart wurden, wie z.B. Tora *(taurâ)*, Psalter *(sabûr)*, Evangelium *(indschîl)*. In erster Linie bezieht sich die Bezeichnung auf Juden und Christen, die somit klar von sogenannten „Ungläubigen" abgegrenzt werden.

Al-Azhar – (sprich: al-ás'har) Moschee und islamische Universität in Kairo, gegründet im 10. Jahrhundert, die unter sunnitischen Muslimen (→ Sunniten) als renommierteste Institution der Islamischen Welt gilt. Entsprechend hohes Ansehen genießen die Lehrmeinungen der → Ulamâ von Al-Azhar. Dabei ist jedoch nicht unüblich, dass an der Al-Azhar zu vielen Fragen unterschiedliche Positionen vertreten werden. Selbst die → Fatwas des Groß-Imams sind für die Gläubigen nicht zwingend verbindlich. Als Nachfolger des im März 2010 verstorbenen Groß-Imams und Scheichs von Al-Azhar, Muhammad Sayyid Tantawi, wurde der bisherige Leiter der Abteilung für interreligiösen Dialog, Dr. Ahmed al-Tayeb (geb. 1946), ernannt.

Aleviten – Religionsgemeinschaft, die sich im 13. Jahrhundert in Anatolien aus dem schiitischen Islam entwickelt hat (daher türk. *Alevi* < „Anhänger Alis", vgl. → Schiiten), von dem sie sich jedoch in der Rechtsauffassung stark unterscheidet. Aleviten lehnen das Konzept der „Fünf Säulen" des Islam ab, beten nicht in Moscheen und vertreten eine betont mystische Auslegung des Korans. Teilweise bezeichnen sich Aleviten selbst als Muslime, teilweise auch als eigene Religionsgemeinschaft. In der Türkei, wo die Aleviten zwischen 15 und 30 % der Bevölkerung ausmachen (zuverlässige Angaben fehlen), sehen sich Aleviten nach eigenen Angaben einem starken Assimilierungsdruck ausgesetzt. Unter der Regierung der AKP von Tayyip Erdoğan schreitet der Dialog mit den Aleviten voran. In westlichen Ländern sind häufig geringere Probleme bei der Integration von Aleviten im Unterschied zu orthodoxen Muslimen zu beobachten. Der Anteil der Aleviten an der muslimischen Bevölkerung in Deutschland liegt bei 13 %. Viele von ihnen sind in der „Alevitischen Gemeinde Deutschland e. V.“ mit Sitz in Köln organisiert.

Amanet – (bosn. < arab. *amâna,* wörtl. „Vertrauen“) bezeichnet hier die Verantwortlichkeit des Menschen gegenüber Gott, die sich daraus ergibt, dass Gott im Vertrauen auf den Menschen ihm seine existenzielle Freiheit zugesteht.

Ankara-Schule – Eine reformorientierte theologische Strömung, die in den 1990er-Jahren an der Universität Ankara entstand und auf moderne Koran-Hermeneutik gestützt ist; zugleich Name eines Verlages, der die Schriften dieser Denkschule publiziert. In Deutschland ist Ömer Özsoy, Professor für Islamische Religionswissenschaft an der Johann-Wolfgang-Goethe-Universität Frankfurt am Main, ein prominenter Vertreter der Ankara-Schule.

Asbâbu-n-nuzûl – arab., wörtl.: „Gründe für die Herabsendung (der Offenbarung)“. Von zentraler Bedeutung für die richtige Auslegung (→ Tefsir) von Korantexten sind die jeweiligen, zeitbedingten Umstände, auf die bestimmte Passagen bezogen sind. Während Teile des Korans zeitübergreifende Allgemeingültigkeit beanspruchen, müssen andere Stellen als spezifische Antworten auf konkrete Situationen zu Lebzeiten des Propheten Muhammad hin gedeutet werden. Besonders deutlich wird dies im Fall von Stellen, die aus dem Kontext losgelöst zahllosen anderen Stellen des Korans, wie auch ganz grundsätzlich dem Geist des Islam, widersprechen würden. Da der koranische Text den spezifischen Kontext meist voraussetzt, ihn aber nicht darstellt, macht die Wissenschaft von den Asbâbu-n-nuzûl einen wesentlichen Bereich der islamisch-theologoischen Debatte aus.

ATİB – türk. „Avrupa Türk-İslam Birliği“, „Union der Türkisch-Islamischen Kulturvereine in Europa e. V.“, ein türkisch-national orientierter Dachverband mit Sitz in Köln, gegründet 1987.

BiH – Abk. für bosn. „Bosna i Hercegovina“, „Bosnien und Herzegowina“, ehemalige Teilrepublik Jugoslawiens, unabhängig seit 1992 und seit dem Friedensabkommen von → Dayton bestehend aus zwei sog. Entitäten: „Föderation von Bosnien und Herzegowina“ und „Serbische Republik“ sowie dem gemeinsam verwalteten Bezirk Brčko.

Bosniaken – Die Bürger des Staates Bosnien und Herzegowina werden unabhängig von ihrer ethnischen und religiösen Zugehörigkeit heute als „Bosnier“ *(Bosanci)* bezeichnet. Darin sind Muslime, Serben, Kroaten, Juden und Roma eingeschlossen. Während bosnische Muslime seit den 1960er-Jahren in Jugoslawien als „Musliman“ bezeichnet wurden, beanspruchten sie nach Ausbruch der vor allem gegen sie gerichteten Aggression in den 1990er-Jahren die Eigenbezeichnung „Bosniaken“ *(Bošnjaci)* für sich, die jetzt zum Synonym für bosnische Muslime als Ethnie geworden ist. Bosniaken machen seit dem Ende des Bosnienkriegs knapp die Hälfte der Bevölkerung von → BiH aus. Außerhalb Bosniens leben große Gruppen von Bosniaken in der Region Sandschak *(Sandžak)*, die zu den Staaten Serbien und Montenegro gehört, in der Türkei, Mazedonien, Kosovo, Kroatien, Slowenien, USA, Österreich und Deutschland (hier: ca. 80.000).

„Common Word“ – Als Reaktion auf die von vielen Muslimen als anstößig empfundenen Äußerungen in einer Vorlesung von Papst Benedikt an der Universität Regensburg im September 2006 verfassten 38 angesehene islamische Religionsgelehrte auf Initiative des jordanischen Prinzen Ghazi bin Muhammad bin Talal einen Offenen Brief an den Papst, der als Grundsatzdokument zu den Fragen „Islam und Vernunft“, „Islam und Gewalt“ und „Islam und Christentum“ Stellung nimmt. Diesem sogenannten „Brief der 38“ vom 12.10.2006 folgte genau ein Jahr später der an die gesamte Christenheit gerichtete „Brief der 138“, der bei einem um 100 weitere prominente Autoritäten erweiterten Autorengremium die Gemeinsamkeiten zwischen Islam und Christentum vom Doppelgebot der Gottes- und Nächstenliebe herleitet und die Bedeutung der gemeinsamen Grundlage für beide Religionen ausführlich erläutert. Der Titel dieses Dokuments „A Common Word Between Us and You“ nimmt Bezug auf die Koranstelle: „O Völker der Schrift, kommt zusammen zu einem Wort, das uns und euch gemeinsam ist!“ (3:64), die als Aufforderung zum interreligiösen Dialog gedeutet wird. Der „Brief der 38“ wurde im internationalen *Islamica Magazine* (Amman, Los Angeles, London) veröffentlicht (www.islamicamagazine.com); für eine deutsche Übersetzung s. www.freunde-abrahams.de/fa_dt/Doku/OffenerBrief.pdf. – Der „Brief der 138“ und seine Wirkungsgeschichte ist in www.acom monword.com dokumentiert.

Dâr al-Islâm, Dâr al-harb

Dâr as-sulh, Dâr al-'ahd – Nach einer mittelalterlichen Rechtsauslegung, die weder im Koran noch in der Sunna verankert ist, gelten Gebiete unter muslimischer Herrschaft als *Dâr al-Islâm* (arab. „Haus [oder: Gebiet] des Islam" oder: *Dâr as-salâm*, „Gebiet des Friedens"), während nichtmuslimische Länder als *Dâr al-harb*, „Gebiet des Kampfes [oder: des Krieges]", bezeichnet werden, weil Muslime dort nicht geduldet wurden. Durch die neueren Kategorien wie *Dâr al-'ahd*, „Gebiet des Vertrags", und *Dâr as-sulh*, „Gebiet der Versöhnung", werden die überkommenen Begriffe, die der heutigen Wirklichkeit nicht gerecht werden können, aufgebrochen.

Dayton, Friedensvertrag von – In Dayton (Ohio) wurde 1995 unter Leitung von US-Präsident Bill Clinton und unter Beteiligung der EU ein Abkommen ausgehandelt, das nach dreieinhalb Jahren den Bosnienkrieg beendete. Es wurde am 14.12.1995 in Paris von den Präsidenten Bosniens, Serbiens und Kroatiens unterzeichnet. Der Vertrag bestätigt die Unabhängigkeit von Bosnien-Herzegowina in den Grenzen der ehemaligen jugoslawischen Teilrepublik, teilt das Land aber als Resultat des Krieges auf in zwei sogenannte „Entitäten": die „Föderation Bosnien und Herzegowina" (inoffiziell auch „Muslimisch-kroatische Föderation") mit zehn überwiegend von → Bosniaken und Kroaten bewohnten sogenannten „Kantonen" (insgesamt 51 % des Staatsgebiets) und die „Serbische Republik" *(Republika Srpska)* mit 49 %. Eine angestrebte Verlagerung der Kompetenzen auf die gesamtstaatliche Ebene ist nur sehr zögerlich umgesetzt worden, sodass die in Dayton geschlossenen Kompromisse zwar den Krieg erfolgreich beendeten, die weitere Entwicklung des Landes aber eher behindern.

DIK → Islamkonferenz

DİTİB – türk. *Diyanet İşleri Türk İslam Birliği*, „Türkisch-Islamische Union der Anstalt für Religion e. V.", mit Sitz in Köln-Ehrenfeld, ist der größte Dachverband türkischer Moscheegemeinden in Deutschland. Er untersteht dem „Präsidium für religiöse Angelegenheiten" (Diyanet İşleri Başkanlığı) des türkischen Staates und vertritt offiziell ein mit dem Laizismus der Türkei konformes Islamverständnis. DITIB regelt die Entsendung hauptamtlicher → Imame (türk. *hoca*/Hodscha bzw. Religionsbeauftragter, *din görevlisi*) aus der Türkei, die als Staatsbedienstete für wenige Jahre nach Deutschland kommen und vom jeweiligen Konsulat besoldet und beaufsichtigt werden. Häufig wird kritisiert, dass diese Imame mit den Lebensumständen von Muslimen in Deutschland nicht vertraut sind und unzureichende Sprachkenntnisse mitbringen, wodurch die Integration der Gemeindemitglieder ebenso nachteilig beeinflusst wird wie durch die starke Türkei-Bindung des Verbands. DITIB unterhält eine Abteilung für interreligiösen Dialog unter Leitung von Bekir Alboğa. (www.ditib.de)

Dschihâd – arab., wörtl. „Bemühen, Anstrengung". Der von der Religion gebotene, leidenschaftliche Einsatz für eine bessere Welt. Der „große Dschihad" bezeichnet die innere, spirituelle Auseinandersetzung des Menschen mit sich selbst. Als „kleiner Dschihad" gilt das nach außen gerichtete Wirken im Sinne des Islam. Im Verteidigungsfall kann auch gewaltsamer Kampf bis hin zum Krieg als Teilbereich von Dschihad eine Rolle spielen. Dieses Verständnis wurde zu unterschiedlichen Zeiten unterschiedlich gewichtet. Extremistische Strömungen propagieren heute wieder verstärkt einen konfrontativ verzerrten Dschihad-Begriff und dominieren damit nahezu exklusiv die Wahrnehmung der Medien. Dennoch sollte Dschihad in keinem Fall mit „Heiliger Krieg" übersetzt werden – eine Begrifflichkeit, die mit dem Islam grundsätzlich unvereinbar ist.

Eid el-Adha – arab. „Opferfest", türk. *Kurban Bayramı*. Das höchste Fest im islamischen Kalender, am 10. Tag des Monats Dhu'l-hidscha. Es ist der Erinnerung an Abraham gewidmet, dessen bedingungsloser Glaube von Gott mit der Preisgabe seines Sohnes auf die Prüfung gestellt wurde. Wegen unterschiedlicher Auffassungen zur Bestimmung des Monatsbeginns kann der Festtermin in verschiedenen Ländern variieren.

Fatwa – arab., wörtl. „(Rechts-)Gutachten". Die kompetente Stellungnahme islamischer Religions- bzw. Rechtsgelehrter auf eine entsprechende Anfrage. Eine Fatwa hat keinen bindenden Charakter im Sinne eines Dogmas; ihre Akzeptanz beruht allein auf der Qualifikation und dem Ansehen dessen, der sie erteilt. Im Gegensatz zu der von einer Fatwa von Ayatollah Khomeini gegen den Schriftsteller Salman Rushdi dominierten Wahrnehmung im Westen haben Fatwas keineswegs konfrontativen Charakter und können jeden beliebigen Bereich des alltäglichen Lebens behandeln.

Fiqh – arab., wörtl. „Erkenntnis" i.S.v. Rechtserkenntnis. Der Umgang mit den Quellen des islamischen Rechts und ihre Auslegung. Im Gegensatz zur → Schari'ah als der göttlichen Quelle für religiöse Normen muss Fiqh zeitliche und kulturelle Entwicklungen reflektieren, sodass die Auslegung unveränderlicher Quellen zu unterschiedlichen Zeiten und in unterschiedlichem Kontext notwendig zu unterschiedlichen Ergebnissen führen muss.

Gazi Husrev Beg – Osmanischer Provinzgouverneur von Bosnien von 1521–1541. Husrev Beg prägte die Stadt Sarajewo durch seine Bauten und Stiftungen nachhaltig. Der bis heute erhaltene, besondere Charakter der Altstadt mit ihrem in Europa beispiellosen Ensemble aus Moscheen, Kirchen und Synagogen geht maßgeblich auf die Zeit und das Wirken Gazi Husrev Begs zurück. Zur Stiftung (→ Vakuf) der nach ihm benannten Hauptmoschee der Altstadt und zugleich kulturhistorisch bedeutendsten Moschee des Landes (1531) gehörte eine Bibliothek, die heute zu einer der wichtigsten islamischen Bibliotheken Europas angewachsen ist, die Gazi Husrev-Beg-→Medrese (islamische Schule zur Ausbildung von Theologen), ein Derwisch-Kloster, aber auch Einrichtungen zur Wasserversorgung, Marktbauten usw. Gazi Husrev Beg war Sohn einer Tochter des türkischen Sultans und eines bosnischen Vaters.

Hadîth – arab., wörtl. „Mitteilung, Nachricht, Gespräch". Überlieferte Aussprüche des Propheten Muhammad und instruktive Erzählungen über dessen Leben und Verhalten. Mehrere Zigtausend Hadithe (arab. Plural: *ahadîth*) sind überliefert. Von großer Bedeutung ist jeweils die Gewichtung nach dem Grad an Zuverlässigkeit, die die Überliefererkette beanspruchen kann. Die Hadith-Wissenschaft umfasst daher einen weiten Bereich der islamischen Theologie. Viele Muslime sehen in den Hadithen die wichtigste Quelle zur religiösen Orientierung nach dem Koran (→ Sunna).

halâl – arab., wörtl. „gelöst, zulässig". Von der Religion Erlaubtes, im Gegensatz zu *harâm*, „verboten", und im engeren Sinn auf Speisevorschriften bezogen.

Halife → Kalif

Hatib – bosn. < arab. *chatîb*, „Prediger". Die Person, die qualifiziert ist, zu den Freitags- und Feiertagsgebeten die → Hutba (Predigt) zu halten.

Hidschra – arab., wörtl. „Auswanderung". Die Übersiedlung des Propheten Muhammad und seiner Gefolgsleute von seiner Heimat Mekka nach Jathrib, dem späteren Medina, im September 622 n. Chr. Die Lossagung aus den heimatlichen Verhältnissen und Neugründung einer zukunftsweisenden Gemeinschaft bedeutete, wie bei früheren Propheten, z.B. Abraham und Mose, eine so einschneidende Zäsur, dass damit der Beginn der islamischen Zeitrechnung verknüpft wurde. Da das islamische Mondjahr um 11 bzw. 12 Tage vom Sonnenjahr abweicht, entspricht das Jahr 2010 dem Jahr 1431/1432 nach der Hidschra.

Hutba – bosn. < arab. *chutba*, „Predigt". Als Hauptgebet für Muslime gilt das Mittagsgebet am Freitag. Es unterscheidet sich im Ablauf von den übrigen Gebeten in erster Linie dadurch, dass der → Imam bzw. → Hatib eine Predigt hält. Im Gegensatz zum Gebet selbst wird die Predigt nicht zwingend in arabischer Sprache gehalten, sondern in der jeweiligen Sprache der Gemeinde. Voraussetzung für die Predigt ist eine entsprechende theologische Ausbildung des → Imams oder des → Hatibs.

Idschtihâd – arab., wörtl. „Bemühen, Anstrengung". Zur Auslegung der Quellen (Koran und Sunna) sind grundsätzlich zwei Wege vorgesehen: die Bezugnahme auf früher getroffene Rechtsentscheidungen und darauf basierende Ableitung (→ Taqlîd) und die selbstständige Auswertung der Quellen auf Grundlage veränderter Umstände und eigener Kompetenz (Idschtihâd). Nach Meinung einiger Gelehrter sei, bildlich gesprochen, das „Tor zum Idschtihâd" seit etwa dem 10. Jahrhundert „geschlossen", d.h. Idschtihâd nicht mehr angebracht, weil für alle Entscheidungen genug Präzedenzfälle vorlägen. Die Weiterentwicklung islamischer Gesellschaften ist dadurch blockiert worden, und für die heutige, sich rasant verändernde Welt erweist sich die ausschließliche Bezugnahme auf mehr als tausend Jahre zurückliegende Rechtsfälle als geradezu verheerend.

IGBD – „Islamische Gemeinschaft der Bosniaken in Deutschland e.V.", bis 2007: „Vereinigung Islamischer Gemeinden der Bosniaken in Deutschland e.V. (VIGB)". 1994 gegründeter Dachverband bosnisch-islamischer Gemeinden (→ Bosniaken) mit Sitz in Kamp-Lintfort (NRW). Als erster gewählter Vorsitzender und → Mufti amtiert Mustafa Klanco. Die IGBD entsendet zwei Delegierte in die Hauptversammlung der Islamischen Gemeinschaft in Bosnien-Herzegowina (→ Sabor) und ist dem → Reisu-l-ulema als Oberhaupt der bosnischen Muslime unterstellt. (www.igbd.eu)

IGD – „Islamische Gemeinschaft in Deutschland e.V.". 1958 als „Moscheebaukommission" in München gegründet, seit 1982

„IGD“, 1993 Gründungsmitglied des „→ Zentralrats der Muslime in Deutschland“. Ein Zusammenschluss mehrerer, nichttürkischer, islamischer Zentren in deutschen Städten, die sich auch an deutschsprachige Muslime wenden, wobei die Verbandsfunktionäre meist arabischer Herkunft sind. Das Islamische Zentrum in München-Freimann gibt (inzwischen nur noch online) die Zeitschrift Al-Islam heraus. Die IGD gilt als konservativ und an der arabischen Welt orientiert. (www.igd-online.de)

IGMG – „Islamische Gemeinschaft Milli Görüş e.V.“ (türk. „Nationale Sicht“) ist eine länderübergreifende Organisation mit Wurzeln im national-konservativen Parteienspektrum der Türkei. Der deutsche Verband mit Sitz in Köln ist Mitglied im → Islamrat. Während den von der IGMG betriebenen Moscheegemeinden eher abgrenzende Tendenzen gegen die deutsche Mehrheitsgesellschaft unterstellt wurden, gewinnen heute, nach einem Generationenwechsel, stark divergierende Tendenzen zunehmend an Bedeutung. (ww.igmg.de)

IGSGD – „Islamische Gemeinschaft der schiitischen Gemeinden Deutschlands e.V.“, 2009 gegründeter Dachverband mit Sitz in Hamburg. Vorsitzender ist Ayatollah S. A. Hosseini Ghaemmaghami. (www.igs-de.de)

Imâm – arab., wörtl. „der vorne steht, Vorsteher“. Bei jedem Gemeinschaftsgebet führt einer der Betenden das Gebet an und fungiert so als „Imam“. Davon abgeleitet bezeichnet Imam, türk. *hoca* (Hodscha), aber vor allem das Amt eines Geistlichen, der auf Grundlage einer theologischen Ausbildung eine Gemeinde leitet und seelsorgerisch betreut. Zu seinen regelmäßigen Aufgaben gehört die Freitagspredigt (→ Hutba). → Schiiten verwenden die Bezeichnung Imam als Titel für Heilsgestalten aus der Nachkommenschaft des Kalifen Ali.

Islâh – arab., wörtl. „Richtigstellung, Verbesserung“. Der Koran fordert in der Umsetzung von Rechtgläubigkeit die fortwährende Anpassung der Gläubigen an veränderte Verhältnisse. Insofern ist der Reformgedanke dem Islam immanent.

Islamkonferenz – „Deutsche Islamkonferenz“, DIK. Auf Initiative und unter Vorsitz des damaligen Bundesinnenministers Wolfgang Schäuble kamen am 27.09.2006 erstmals 15 Vertreter von Bund, Ländern und Kommunen mit 5 Repräsentanten muslimischer Verbände plus 10 nichtorganisierten Musliminnen und Muslimen (darunter dezidierte Islamkritiker) mit dem vom Bundesinnenministerium vorgegebenen Ziel zusammen, „das Verhältnis zwischen dem deutschen Staat und den in Deutschland lebenden Muslimen auf eine tragfähige Grundlage zu stellen und sie religions- und gesellschaftspolitisch besser zu integrieren". Als Folge der Konferenz konstituierte sich 2007 der → „Koordinierungsrat der Muslime in Deutschland". Während Schäubles Eröffnungsworte „Der Islam ist ein Teil Deutschlands" von vielen als programmatisches Signal gewürdigt wurde, wird die Arbeit der DIK inzwischen für ihre kaum oder nur langsam erkennbaren Fortschritte kritisiert. Wolfgang Schäuble wurde für die Initiative zur Gründung der Islamkonferenz 2010 mit dem Toleranzpreis der Evangelischen Akademie Tutzing ausgezeichnet.

Islamrat – Der „Islamrat für die Bundesrepublik Deutschland e.V." (IR) mit Sitz in Köln wurde 1986 als Rechtsnachfolger der „Zweigstelle Berlin des Islamischen Weltkongresses" (1932) gegründet und gilt neben dem → Zentralrat als einer der wichtigsten muslimischen Dachverbände in Deutschland. Die mitgliederstärkste Organisation innerhalb des IR ist die → IGMG, die den Vorsitzenden des IR, Ali Kızılkaya, stellt. 2007 wurde der IR Gründungsmitglied des → Koordinierungsrats. (www.islamrat.de)

Kadi – arab. *qâdî*, wörtl. „Richter". Heute auch im säkularen Sinn gebrauchte Amtsbezeichnung; traditionell ein Richter im Sinne der → Schari'ah.

Kalif – arab. *chalîfa*, türk. *halife*, wörtl. „Stellvertreter". Der Koran bezeichnet den Menschen als „Stellvertreter" i.S.v. „Sachwalter" Gottes auf Erden (2:30 u.a.), eine Vorstellung, die mit der Gottebenbildlichkeit wie auch mit dem Auftrag zur Verantwortlichkeit für die Erde nach Genesis vergleichbar ist. – Derselbe Begriff bezeichnete in der Vergangenheit auch die weltlichen und religiösen Leiter der islamischen → Ummah. Der Prophet Muhammad selbst hat keine Nachfolger ernannt oder vorgesehen. Das Kalifat als Institution verlor nach dem Mongolensturm auf Bagdad 1258 faktisch seine Bedeutung, bestand aber formell weiter bis zu seiner offiziellen Aufhebung 1924 durch die Türkische Republik.

Koordinierungsrat – Der KRM, „Koordinierungsrat (auch: Koordinationsrat) der Muslime in Deutschland", wurde 2007 auf Anregung der Deutschen → Islamkonferenz als Spitzenverband muslimischer Organisationen gegründet. Mitglieder sind → DITIB mit drei , → Islamrat, → Zentralrat und → VIKZ mit jeweils zwei stimmberechtigten Vertretern. Der KRM hat keine

Rechtsform und basiert bisher lediglich auf einer gemeinsamen Geschäftsordnung. Die Funktion des Sprechers wechselt im halbjährlichen Turnus.

KRM → Koordinierungsrat

Maslaha – arab., wörtl. „Gemeinwohl". Die Anpassung von Rechtsprinzipien innerhalb der → Schari'ah an veränderte Umstände im Sinne des Gemeinwohls.

Médrese – arab. *mádrassah*, „Schule". Im religiösen Sinn eine traditionelle Schule mit Koran- und Hadith-Ausbildung. In Bosnien sind die Medresen in das staatliche Schulsystem integriert und unterrichten alle gängigen Schulfächer.

Mekteb – bosn. > arab. *maktab*, „Büro, Schule". In Bosnien übliche Bezeichnung für den von Moscheen erteilten Religions- und besonders Koranunterricht.

Millet-System – türk. *millet* > arab. *milla*, „[Religions-]Gemeinschaft". Im Osmanischen Reich wurde den anerkannten Religions- und Konfessionsgruppen (wie z. B. griechisch-orthodox, armenisch, jüdisch) interne Selbstverwaltung zugestanden. Deren Anzahl stieg bis 1914 auf 17. Für ihre Anhängerschaft galt das jeweilige Kirchenrecht bzw. die jüdische Halacha etc. Damit förderte das System allerdings auch eine relativ starke Separation zwischen den Religionsgruppen.

Milli Görüş → IGMG

Muallim – arab., wörtl. „Gelehrter". In Bosnien übliche Bezeichnung für Koranlehrer in → Mekteb- bzw. Koran-Schulen.

Muderris – arab., wörtl. „Lehrer". In Bosnien übliche Bezeichnung für Lehrer in → Medrese-Schulen.

Mufti – arab., ursprünglich jeder, der qualifiziert ist, eine → Fatwa zu erteilen. Im engeren Sinn ein hochrangiges Amt islamischer Gelehrter (→ Ulamâ), in manchen Ländern auch die höchste islamische Autorität (→ Reisu-l-ulema).

Preporod – bosn., wörtl. „Wiedergeburt". Zeitung der Islamischen Gemeinschaft von Bosnien und Herzegowina in bosnischer Sprache, Untertitel: „Islamische informative Zeitung", erscheint seit 1970 vierzehntägig.

Reisu-l-ulema – bosn. < arab. *Ra'îs ul-'ulamâ*, „Oberhaupt der [Religions-]Gelehrten" (→ Ulamâ). Das Oberhaupt der bosnischen Muslime, zugleich als Großmufti (→ Mufti) von Bosnien und Herzegowina bezeichnet. Das Amt wurde während der österreichisch-ungarischen Verwaltung Bosniens 1882 von Kaiser Franz Joseph eingeführt und dem Rang eines Erzbischofs gleichgestellt. Heute wird der Reisu-l-ulema von den Abgeordneten des → Sabor auf sieben Jahre gewählt. Wiederwahl ist nur einmal möglich. Ihm steht die → Rijaset als höchstes Gremium der Islamischen Gemeinschaft von Bosnien und Herzegowina zur Seite.

Rijaset – bosn. < arab. *riyâsa*, „Präsidium, Führung". Oberstes administratives Organ der Islamischen Gemeinschaft von Bosnien und Herzegowina, bestehend aus 14 Mitgliedern und dem → Reisu-l-ulema als Oberhaupt. (www.rijaset.ba)

Sabor – bosn. „Versammlung, Parlament". Die Hauptversammlung der Islamischen Gemeinschaft von Bosnien und Herzegowina mit Sitz in Sarajewo. Zu den 83 Mitgliedern gehören auch Repräsentanten der → Bosniaken im Ausland. Die Abgeordneten werden von den Mitgliedern der Moscheegemeinden bzw. den muslimischen Bürgern des Landes gewählt und wählen ihrerseits die Mitglieder der → Rijaset, des Präsidiums der Islamischen Gemeinschaft von Bosnien und Herzegowina.

Sadakatu-l-fitr – arab. „Spende zum Fastenbrechen", üblicherweise über die Moscheegemeinden eingezogen, aus Anlass von Eid el-Fitr, dem Fest des Fastenbrechens nach Abschluss des Monats Ramadan.

Schahadah – arab. „(Glaubens-)Zeugnis, Bekenntnis". Die erste der Fünf Säulen des Islam, bestehend aus dem zweiteiligen Bekenntnis: „Ich bekenne, dass es nichts Gotthaftes gibt, außer Gott, und ich bekenne, dass Muhammad Gesandter Gottes ist."

Schari'ah – arab., wörtl. „Weg zur Wasserquelle". Der Begriff wird im heutigen Sprachgebrauch für islamisches Recht gebraucht. Dabei ist jedoch Schari'ah als göttliche Quelle für Rechtsnormen zu unterscheiden von → Fiqh als deren menschlichem Verständnis und ihrer Umsetzung. Schari'ah kann auch als Bund Gottes mit den Menschen verstanden werden, der insofern nicht verhandelbar und nicht kündbar ist. Die praktische Umsetzung dessen, was aus diesem Bund resultiert, darf hingegen nicht nur, sondern *muss* dynamisch und wandelbar den veränderten Verhältnissen in verschiedenen Ländern zu unterschiedlichen Zeiten immer wieder angepasst werden.

Shaikh ul-Islam – türk. *Şeyhülislam* < arab., wörtl. „Ältester (Scheich) des Islam". Titel im Osmanischen Reich für den höchsten Beamten der islamischen Religionsbehörde und Oberhaupt der → Ulamâ, identisch mit dem Amt des Großmuftis (→ Mufti) von Konstantinopel. Das Amt wurde von der Türkischen Republik abgeschafft und durch das „Präsidium für Religiöse Angelegenheiten" (Diyanet) ersetzt. In manchen Ländern wird der Titel noch gleichbedeutend mit Großmufti verwendet.

Schiiten – < arab. *shi'at 'Alî*, „die Partei Alis". Im Streit um die Nachfolge des Propheten Muhammad vertreten Schiiten die Ansicht, dass dessen Schwiegersohn Alî ibn Abi Tâlib (gest. 661) und seine Söhne Hassan (gest. 669) und Hussein (ermordet 680) die rechtmäßigen „Imame" i.S.v. Heilsgestalten des Islam wären. Sie unterscheiden sich in Einzelheiten der Rechtsauffassung von der sunnitischen (→ Sunniten) Mehrheit und sind in zahlreiche Strömungen, wie z.B. Ismaeliten (Indien), Zaiditen (Jemen) und → Aleviten (Türkei), gespalten. Die Anhänger der mehrheitlichen sog. „Zwölferschia" leben vor allem im Iran, Südirak und Südlibanon. In Deutschland sind ca. 7% der Muslime Schiiten (ohne Aleviten).

Schura(-Rat) – arab., wörtl. „Beratung, Rat". Schura bezeichnet verschiedene beratendende oder auch parlamentarische Gremien. In der „Islamischen Glaubensgemeinschaft in Österreich" ist der Schura-Rat ein legislatives Organ und wählt zugleich den → Mufti für Österreich.

Sîra – arab., wörtl. „Bahn, Verlauf". Die Biographie bzw. Hagiographie des Propheten Muhammad. Die älteste und berühmteste wurde verfasst von Ibn Is'hâq (704–767) unter dem Titel *Sîrat rasûlu-llâh*, „Der Weg des Gesandten Gottes". Im Gegensatz zur → Sunna kommt diesem oder anderen, narrativen Werken zur Sira kein normativer Charakter zu.

Srebrenica – In der UN-Schutzzone um die bosnische Stadt Srebrenica wurden im Juli 1995 bis zu 8000 muslimische Männer und Jungen von bosnisch-serbischen Streitkräften und serbischen Paramilitärs ermordet. Der Name Srebrenica steht seitdem für den Genozid an bosnischen Muslimen, den größten Kriegsverbrechen in Europa seit dem 2. Weltkrieg. 2009 hat das Europäische Parlament den 11. Juli zum Srebrenica-Gedenktag für die Europäische Union erklärt.

Sunna – arab., wörtl. „Brauch, Überlieferung". Die auf das Vorbild des Propheten Muhammad, seine Aussagen, seine Taten und seine Lebensweise zurückgeführte Überlieferung. Die Sunna stellt die zweite Quelle religiöser Normen nach dem Koran dar. Die einzelnen Überlieferungen zur Sunna heißen → Hadith(e).

Sunniten – In Abgrenzung zu → Schiiten verstehen sich ca. 85–90 % der Muslime weltweit als Sunniten. Sie erkennen gemeinsam die ersten vier → Kalifen als „rechtgeleitet" an und haben seit dem 9. Jahrhundert auf Grundlage der → Sunna vier anerkannte Rechtsschulen entwickelt, die bis heute nebeneinander Bestand haben. In Deutschland sind 74 % der Muslime Sunniten.

Tadschdîd – arab., wörtl. „Erneuerung". Mit Bezug auf ein → Hadith: „Zu Beginn eines jeden Jahrhunderts wird Gott jemand in dieser Gemeinschaft berufen, der aufklärend die Religion vergegenwärtigen und regenerieren wird" (Sunan Abu Dawud 5/100) setzt die Vitalität der Religion Dynamik und Anpassungsfähigkeit voraus. Vgl. auch → Taghyîr.

Taghyîr – arab., wörtl. „Veränderung". Mit Bezug auf den Koranvers „Allah ändert die Lage eines Volkes nicht, ehe sie (die Menschen) nicht selbst das ändern, was in ihrem Leben ist" (13:11) wird die Bereitschaft der Gläubigen zu Wandel und Erneuerung vorausgesetzt. Vgl. auch → Tadschdîd.

Taqiye – arab., wörtl. „Furcht, Schutz". Nach einer besonders, aber nicht ausschließlich unter → Schiiten verbreiteten Lehrmeinung ist es Muslimen erlaubt, bei Zwang oder Gefahr für Leib und Besitz rituelle Pflichten zu missachten und den eigenen Glauben zu verheimlichen. Dem Schutz des Lebens wird damit ein höherer Wert zugemessen als dem eigenen Martyrium. Der von islamophoben Kreisen zunehmend verbreitete, verhängnisvolle Vorwurf, Taqiye (auch: Takiyye) erlaube oder gebiete Muslimen Lüge und Verstellung, hat keine Grundlage in den Quellen und stellt eine schwere Verunglimpfung dar.

Taqlîd – arab., wörtl. „Nachahmung, Ableitung". Die Bezugnahme auf früher getroffene Rechtsentscheidungen und darauf basierende Ableitung bei der Auslegung der Quellen (Koran und Sunna). Im Gegensatz dazu steht → Idschtihâd. Die in der Vergangenheit erfolgte Einengung der Rechtspraxis auf Taqlîd führte zu einem Verlust an Dynamik und Anpassungsfähigkeit an die Erfordernisse der Moderne.

Tanzimât – türk. < arab. „Reorganisation". Eine Periode tiefgreifender Reformen im Osmanischen Reich zwischen 1839 und

1876, die die zuvor unumschränkte Autorität des Sultans begrenzte, das Finanz-, Justiz- und Heereswesen neu organisierte und vor allem die rechtliche Gleichheit aller Untertanen unabhängig von ihrer Religionszugehörigkeit erwirkte.

Tefsir – türk. < arab. *tafsîr*, „Auslegung". Die Koranexegese gehört zu den zentralen Bereichen islamischer Gelehrsamkeit und geht schon auf die Generation der Zeitgenossen des Propheten Muhammad selbst zurück. Sie kann sich mit philologischen, juristischen, moralischen, historischen u. a. Aspekten befassen. Während die klassischen Kommentarwerke, wie das von at-Tábari aus dem 9./10. Jahrhundert, höchstes Ansehen genießen, werden bis heute weiterhin Tafsire verfasst. Bedeutend sind u. a. die Tafsire von Reformern wie Muhammad Abduh (1849–1905), Muhammad Rashid Rida (1865–1935) oder Elmalılı Hamdi Yazır (1878–1942).

Tesbih – türk. < arab. *tasbîh* (auch: *masbaha*), wörtl. „Lobpreisung". Islamische Gebetskette mit 33 oder 99 Perlen, ähnlich dem christlichen Rosenkranz. Wird zur Rezitation der 99 sog. „Schönsten Namen Gottes" oder (jeweils 33-mal) der Formeln *subhân Allah* (Erhaben ist Gott), *al-hamdu-llah* (Lob sei Gott) und *Allahu akbar* (Gott ist größer/am größten) verwendet.

UIAZD – „Union der Islamisch-Albanischen Zentren in Deutschland e. V." Der Dachverband muslimischer Albaner in Deutschland mit Sitz in Hamburg wurde 2008 gegründet und ist Mitglied im → Zentralrat. (www.uiazd.de)

Ulamâ – arab., wörtl. „Gelehrte" (Sg. *'âlim*). Im religiösen Leben der Muslime spielen „Gelehrte", also in den Quellen und in der Rechtstradition ausgebildete und entsprechend qualifizierte Amtsträger wie → Imame, → Muftis, → Kadis u. a., eine bestimmende Rolle. Im Gegensatz zum Klerus mancher Kirchen beruht ihre Autorität nicht auf Weihegraden, sondern ausschließlich auf einem entsprechenden Grad an Wissen. (→ Reisu-l-ulema)

Ummah – arab. „Gemeinschaft". Zurückgehend auf die „Verfassung von Medina", mit der zur Zeit des Propheten Muhammad die gegenseitigen Rechte und Pflichten der muslimischen und nichtmuslimischen Gemeinden geregelt wurden, verstehen sich alle Muslime, unabhängig von ihren verschiedenen Schulen und Strömungen, als der „Gemeinschaft Muhammads" zugehörig. Eine institutionelle oder organisatorische Struktur ist damit nicht verbunden.

Vakuf – bosn. < arab. *waqf*, „Stiftung". Religiöse Stiftungen, z.B. für Schulen (→ Medrese), Spitäler, Waisenhäuser, waren und sind z.T. heute noch von großer Bedeutung für das Bildungs- und Sozialwesen. Auch die Verwaltung von Heiligen Stätten und Moscheen ist häufig als Vakuf organisiert.

VIGB → IGBD

VIKZ – „Verband der Islamischen Kulturzentren e.V." 1973 gegründeter Dachverband konservativ orientierter türkischer Muslime in Deutschland mit Sitz in Köln. Der VIKZ trat im Jahr 2000 aus dem → Zentralrat aus, wurde aber 2007 Gründungsmitglied des → Koordinierungsrates.

Wahhabiten – Anhänger einer im 18. Jahrhundert auf der Arabischen Halbinsel um Muhammad ibn Abd al-Wahhâb (1703–1792) entstandenen Bewegung, aus der schließlich das heutige Königreich Saudi Arabien hervorging. Der Wahhabismus gilt als puritanisch und streng, befürwortet Körperstrafen und lehnt jede dynamische Auslegung der → Schari'ah (→ Fiqh) ab. Unter König Abdullah bin Abdulaziz, der sich seit einigen Jahren auf internationalen Konferenzen im interreligiösen Dialog engagiert, erlebt das Land allerdings einen vorsichtigen Wandel. Während des Bosnienkrieges (1992–1995) unterstützten wahhabitische Kämpfer aus dem Ausland die mit einem Genozid konfrontierten bosnischen Muslime. Seitdem wurde ihr Einfluss in Bosnien in den Hintergrund gedrängt, zumal ihre Ideologie von den → Bosniaken überwiegend als fremd und als unvereinbar mit ihrem eigenen Selbstverständnis empfunden wird.

Zekat – bosn. < arab. *zakât*, „Spenden, Almosen". Eine der Fünf Säulen des Islam umfasst die Verpflichtung zu sozialem Ausgleich. Sie wird durch die obligatorische Abgabe eines bestimmten Teils des jährlich erwirtschafteten Überschusses geleistet. Darüber hinaus spielen freiwillige Spenden und Abgaben (arab. *sadaqa*) eine wesentliche Rolle.

Zentralrat – Der „Zentralrat der Muslime in Deutschland e.V.", gegründet 1994 mit Sitz in Köln, gilt als wichtiger muslimischer Dachverband von überwiegend nichttürkischen Muslimen in Deutschland. 2007 Gründungsmitglied des → Koordinierungsrates. Der ZMD hat 2002 unter seinem damaligen Vorsitzenden Nadeem Elyas eine „Islamische Charta" mit Grundsatzpositionen zu Islam und Menschenrechten und Islam in Deutschland veröffentlicht. 2006 wurde Ayyub Axel Köhler als Vorsitzender gewählt. Generalsekretär ist Aiman Mazyek. (www.islam.de)

ZIE-M – „Zentrum für Islam in Europa – München e.V." Eine 2009 gegründete Initiative, die in Kooperation mit Stadt, Staat und Gesellschaft eine erfolgreiche Integration der Muslime auf der Grundlage von in Europa beheimatetem Islam anstrebt. Das Projekt steht für eine religiöse, kulturelle, soziale und wissenschaftliche Einrichtung in einem räumlichen Gefüge aus fünf Bausteinen: Soziales und kulturelles Zentrum, Islam-Akademie, Moschee, Islamische Bibliothek, Islamisches Museum. Vorsitzender ist Imam Benjamin Idriz. (www.zie-m.de)

ZMD → Zentralrat

Personenregister

(Nicht aufgenommen sind Gestalten aus Koran und Bibel)

Die Autoren

Dr. Mustafa Cerić
geb. 1952 in Visoko (Bosnien-Herzegowina), seit 1993 Großmufti und Reisu-l-ulema (geistiges Oberhaupt) der Islamischen Gemeinschaft von Bosnien und Herzegowina; Absolvent der islamischen Gazi-Husrev-Beg-Medresa in Sarajewo, 1974–1978 Stipendiat an der Kairoer Al-Azhar-Universität in Islamischer Theologie und Philosophie; Imam des Islamic Cultural Center in Northbrook (Illinois) und 1987 Promotion an der University of Chicago; 1991–1993 Professor am „International Institute of Islamic Thought and Civilization" der Islamischen Universität in Kuala Lumpur (Malaysia); 1996 Gründungsmitglied des European Council for Fatwa and Research (ECFR); Mitglied der World Conference of Religions for Peace. Zahlreiche Preise und Ehrungen, u.a. Theodor-Heuss-Preis (zusammen mit Rita Süssmuth, 2007), Eugen-Biser-Preis (für die islamisch-christliche Dialoginitiative „A Common Word between Us and You", 2008); zahlreiche Publikationen, darunter: „Declaration of European Muslims", „Wahl zwischen Krieg und Frieden", „Medizin und Islam", „Menschliches Leben", „Islam zwischen Religion und Nation", „Islamische Theologie".

Prof. P. Dr. Lothar Bily SDB
geb. 1952 in Regensburg, Ordenspriester der Salesianer Don Boscos, seit 2002 Professor für Fundamentaltheologie und seit 2005 auch Rektor der Philosophisch-Theologischen Hochschule in Benediktbeuern. Arbeitsschwer-

punkte: interreligiöser Dialog, v.a. mit dem Islam; Religion, Glaube und Christentum in der Moderne und Postmoderne. Jüngste Publikationen: Lesen im Buch des Herrn. Gedanken zur Schriftwerdung des Gotteswortes, in: J. Wehrle/S. van Meegen, Gottes Wort – unser Leben (2007); Sich seiner selbst nicht zu sicher sein. Das Christentum als „fremde" Religion neu entdecken?, in: G. Hoff/H. Waldenfels, Die ethnologische Konstruktion des Christentums (2008); Religious Turn – Die Wiederkehr der Religion als gesellschaftliche und kirchliche Herausforderung, in: M. Lechner/A. Gabriel, Religionssensible Erziehung (2009).

Dr. Aziz Hasanović

geb. 1965 in Srebrenica (Bosnien-Herzegowina), absolvierte die islamische Gazi-Husrev-Beg-Medresa in Sarajewo, Studium an der Fakultät für Islamische Studien in Sarajewo sowie an der katholischen Fakultät in Zagreb, Promotion 2009 an der Universität Novi Pazar in der serbischen Provinz Sandžak; Imam der Moschee von Zagreb und derzeit stellvertretender Mufti von Kroatien, Dozent für Islamische Rechtswissenschaft an der Ahmed-Smajlović-Medresa sowie für Islamische Kultur und Zivilisation an der Philosophischen Fakultät und an der Militärschule in Zagreb. Autor zahlreicher Publikationen und Kurzkommentare, zuletzt in „Freitagspredigten der Gegenwart".

Dr. Dževad Hodžić

geb. 1960 in Pokrivenik (Bosnien-Herzegowina), absolvierte 1980 die islamische Gazi-Husrev-Beg-Medresa in Sarajewo, Studium an der Fakultät für Islamische Studien in Sarajewo, 2008 Promotion an der Philosophischen Fakultät in Sarajewo; 1987–1990 Imam der bosnischen Gemeinde in Köln und 1994–1998 Imam in Zagreb; derzeit Dozent an der Fakultät für Islamische Studien in Sarajewo für Ethik, Moral und Philosophie; 2000–2008 Chefredakteur des Wissenschaftsmagazins „Muallim" (Sarajewo); Autor zahlreicher Beiträge und Monographien, zuletzt „Verantwortung in der Zeit von Technologie und Wissen".

Imam Benjamin Idriz
geb. 1972 in Skopje (Mazedonien), entstammt einer viele Generationen zurückreichenden Familie von Imamen und wurde schon im Alter von 11 Jahren „Hafis" (Ehrentitel für jemanden, der den Koran vollständig auswendig beherrscht). 1994 Islamisch-theologisches Gymnasium in Damaskus, Abschlussdiplom über die Emanzipation der Frau im Islam; 1994–1998 Fernstudium an der Europäischen Fakultät für Islamische Studien in Frankreich, 2000 Magister in Islamischer Theologie an der Al-Ouzai-Universität Beirut, seit 1994 Imam der Islamischen Gemeinde Penzberg (Oberbayern); Initiator des Projekts ZIE-M (Zentrum für Islam in Europa – München, 2009) zur theologischen Ausbildung von Imamen in deutscher Sprache in Kooperation mit deutschen Hochschulen.

Prof. Dr. Stephan Leimgruber
geb. 1948 in Windisch (Schweiz), katholischer Priester und Religionslehrer, seit 1998 Professor für Religionspädagogik und Didaktik des Religionsunterrichts an der Katholisch-Theologischen Fakultät der Universität München. Forschungsschwerpunkt: Didaktik der Weltreligionen. Jüngste Publikationen: Interreligiöses Lernen, München ^{2}2007; Religionsdidaktik (zus. mit G. Hilger und H.-G. Ziebertz), München ^{6}2010.

Dr. Rainer Oechslen
geb. 1955 in Leutershausen (Mittelfranken), evangelischer Theologe, Promotion in Erlangen, Pfarrer in Schweinfurt, ab 1999 Dekan in Nürnberg; seit 2007 Beauftragter für interreligiösen Dialog und Islamfragen der Evangelisch-

Lutherischen Kirche in Bayern mit Sitz in München. Veröffentlichungen: Kronzeuge Paulus. Paulinische Theologie im Spiegel katholischer und evangelischer Exegese und die Möglichkeit ökumenischer Verständigung, Gütersloh 1993; Resonanz. Walther Lüthi als Vorbild der Predigtkunst, Zürich 1997; Aufsätze zur Praktischen Theologie.

Dr. Hansjörg Schmid

geb. 1972 in Donaueschingen (Baden), Studium der Theologie in Freiburg, Jerusalem und Basel; seit 2002 Referent an der Akademie der Diözese Rottenburg-Stuttgart mit Schwerpunkt christlich-islamischer Dialog, Mitglied des Gesprächskreises „Christen und Muslime“ beim Zentralkomitee der deutschen Katholiken. Publikationen: Gesellschaft gemeinsam gestalten. Islamische Vereinigungen als Partner in Baden-Württemberg (zus. mit A. A. Akca und K. Barwig), Baden-Baden 2008; Verantwortung für das Leben. Ethik in Christentum und Islam (Mithg.), Regensburg 2008.

Botschafter Michael Schmunk

geb. 1951 in Wiesbaden, Studium der Rechts- und Politikwissenschaften; 1977–1983 Außen- und sicherheitspolitischer Referent im Deutschen Bundestag; 1983 Eintritt in den Auswärtigen Dienst; 1987–1990 Referent im Referat Nord-Süd-Dialog, Bonn; 1994–1997 Botschafter in Baku (Aserbaidschan); 1997–2000 Stellvertretender Referatsleiter USA, Kanada, Transatlantische Beziehungen, G 8, Bonn/Berlin; 2000–2002 Leiter der deutschen diplomatischen Vertretung in Priština (Kosovo); 2002–2004 Sonderbotschafter, Leiter Sonderstab Afghanistan, Berlin; 2004–2005 Gastwissenschaftler (Visiting Diplomat in Residence) in der Stiftung Wissenschaft und Politik (SWP), Berlin; 2005–2006 Senior Fellow am Weatherhead Center for International Affairs, Harvard University; Cambridge,

MA; 2006–2008 Botschafter in Sarajewo (Bosnien und Herzegowina); seit 2008 Botschafter, Beauftragter des Auswärtigen Amtes für die außen- und sicherheitspolitische Kooperation mit Universitäten, Stiftungen und Think Tanks, Berlin. Deutsche und internationale Veröffentlichungen zu Grundfragen ziviler und militärischer Aspekte deutscher Auslandseinsätze, Konfliktprävention und Konfliktbewältigung.

PD Stefan Jakob Wimmer, Ph.D.
geb. 1963 in München, 1984–1992 Studium und 1994 Promotion in Jerusalem, 1995–1998 wiss. Mitarbeiter an der Orientabteilung der Bayerischen Staatsbibliothek; seit 1998 Forschung und Lehre an der Universität München (Kulturwissenschaftliche Fakultät und Kath.-Theol. Fakultät), 2008 Habilitation; Schwerpunkte: Ägypten und Alter Orient, Israel/Palästina, Religionsgeschichte und interreligiöser Dialog, Judentum, Christentum, Islam; Mitgründer und 2. Vorsitzender der Gesellschaft Freunde Abrahams e.V. zum interreligiösen Dialog; zahlreiche Publikationen, „Maschallah – Muslime in München", München ³2009; „Von Adam bis Muhammad. Bibel und Koran im Vergleich", Stuttgart ²2007 (zus. mit Stephan Leimgruber); Mitherausgeber der Zeitschrift „Blätter Abrahams. Beiträge zum interreligiösen Dialog" (zus. mit Manfred Görg, München).

Gönül Yerli
geb. 1976 in Sivas (Türkei), seit 1980 in Bayern; verheiratet, 3 Kinder; islamisch-religionspädagogische Ausbildung in Deutschland, derzeit Fernstudium Katholische Theologie der Domschule Würzburg; seit der Eröffnung des Islamischen Forums in Penzberg (2005) Vizedirektorin des Forums und zuständig für das Referat Öffentlichkeit und Dialog. Mitinitiatorin des Projekts ZIE-M (Zentrum für Islam in Europa – München).

In derselben Reihe ebenfalls erschienen:

HERMAN
VAN ROMPUY

Christentum und Moderne

Werte für die Zukunft
Europas

192 Seiten
Format: 13 x 21 cm
Gebunden mit Schutzumschlag

ISBN 978-3-7666-1395-0

Herman van Rompuy, Präsident des Europäischen Rates und eine der profiliertesten christlichen Persönlichkeiten Europas, steht als denkender und schreibender Politiker in der Tradition der großen Essayisten. In diesem Buch stellt er provozierende Fragen: Was hat uns Europäern die Moderne gebracht? Wie leben wir unsere Werte? Sind wir glücklich? Van Rompuys pointierte Analysen decken die Widersprüche unseres Weltbilds auf. Gegen die Rastlosigkeit unseres Alltags, gegen die Ökonomisierung aller Lebensbereiche setzt er die inspirierende Kraft des christlichen Denkens und Handelns.

BUTZON BERCKER

www.religioeses-sachbuch.de
www.bube.de

Weitere Titel in dieser Reihe:

LEONARDO BOFF

Die Erde ist uns anvertraut.

Eine ökologische Spiritualität

255 Seiten, Format: 13 x 21 cm, gebunden mit Schutzumschlag

ISBN 978-3-7666-1355-4

LEONARDO BOFF

Tugenden für eine bessere Welt

352 Seiten, Format: 13 x 21 cm, gebunden mit Schutzumschlag

ISBN 978-3-7666-1285-4

In Gemeinschaft mit Publik-Forum Edition

HANNA BARBARA GERL-FALKOVITZ

Frau – Männin – Menschin

Zwischen Feminismus und Gender

286 Seiten, Format: 13 x 21 cm, gebunden mit Schutzumschlag

ISBN 978-3-7666-1313-4

JÜRGEN HOLTKAMP

Verblöden unsere Kinder?

Neue Medien als Herausforderung für Eltern

239 Seiten, Format: 13 x 21 cm, gebunden mit Schutzumschlag

ISBN 978-3-7666-1286-1

HANS KESSLER

Evolution und Schöpfung in neuer Sicht

221 Seiten, Format: 13 x 21 cm, gebunden mit Schutzumschlag

ISBN 978-3-7666-1287-8

FLORIAN KÜHRER

Vampire

Monster – Mythos – Medienstar

297 Seiten, Format: 12,5 x 20,5 cm, Klappenbroschur

ISBN 978-3-7666-1396-7

UTE LEIMGRUBER

Der Teufel

Die MAcht des Bösen

206 Seiten, Format: 13 x 21 cm, gebunden mit Schutzumschlag

ISBN 978-3-7666-1358-5